風雪！旅役者水滸伝

橋本正樹

現代書館

風雪！旅役者水滸伝＊目次

まえがきにかえて――旅のはじまり　5
父子勝負　二代目・大川龍昇　11
チビ玉三兄弟の父　若葉愛　24
美里一途　寿美英二　37
世界のトヨタで　橘菊太郎　48
涙をこぶしで握りしめ　龍児　60
伊勢太夫のＤＮＡ　紅あきら　72
橘幸夫の前座歌手　見城たかし　84

百点満点　初代・藤ひろし……95
出と入り　甲斐文太……106
獅子丸　鷹丸　吉三郎　中村龍鷹……118
これぞ誠の　松井誠……130
いきなり親父がドロンして　二代目・澤村章太郎……145
神わざ二本扇子　南條すゝむ……157
舞台いのちと心にきめて　藤間新太郎……170
親の十四光り　市川市二郎……181
いの一番の半畳で　島崎寿恵……193

追悼　二代目・片岡長次郎……205
追悼　四代目・三河家桃太郎……218
追悼　美里英二……236
あとがき　258
参考文献　260

まえがきにかえて――旅のはじまり

大衆演劇を初めて見たのは小学一年だった。祖母に手をひかれていった、隣村の農家の軒先に舞台がしつらえられていた。その薄ぼんやりした照明の下で、真っ白な化粧の役者たちが見得を切るたびに、ギュウギュウ詰めのムシロ席がわいた。外題は『国定忠治』だったみたいで、おひねりがワンサととんでいたのを、いまも鮮やかに覚えている。

それから三年後、こんなこともあった。少し離れた村の神社に掛け小屋が建ち、夕方友だちと物めずらし気にながめていたら、役者らしき浴衣がけの男があらわれ、「ボク、芝居の切符あげるよって、その自転車、ちょっとの間、貸してくれへんか」と、手を伸ばしてきた。ただただビックリしたのと怖かったので、友だちを置き去りにして一目散に逃げ帰った。昭和二十九（一九五四）年と昭和三十二年の話である。

土地の古老によると、僕が生まれ育った兵庫県尼崎市の北西部の農村（現在は住宅街）では、戦前より通称〝豆芝居〟が盛んだったそうだ。そら豆の収穫が終わった五月中旬に公演したから豆芝居で、田植え前の田んぼに掛け小屋を建て、三日ほど興行した。娯楽がとぼしかった時代背景もあり、豆芝居は一年に一度の、一家総出で見物する唯一の娯楽で、夕暮れの畔《あぜ》道を弁当とゴザをもった老若男女がかけつけ、連日大入りだったという。

昭和三十三年ごろ、尼崎市には寿座、パーク座、二光劇場、若葉劇場の常設劇場があった。人波でごった返す尼崎中央商店街に程近いパーク座と二光劇場の前を、僕はいつも素通りしていた。幟がはためく劇場で芝居を常打ちしているなんて知らなかったし、もし知っていたとしても、絶対に入場しなかっただろう。ただ界隈の電柱に貼りつけられていたポスターの、市川おもちゃという名前が、なぜだか妙に気になった。

中学、高校時代、親戚の風呂屋でもらった招待券で、座頭市、若大将、渡り鳥シリーズなどを見るうち、映画が無茶苦茶好きになり、シナリオライターになりたくて、東京の大学に進み、演劇学を専攻した。邦画、洋画を問わず、浴びるように映画を見たし、シナリオ研究所では一年間習作にはげみ、アルバイトで自宅に牛乳配達していた縁で、日活の映画監督だった熊井啓先生に公私にわたって指導をあおいだ。日本の芸能については、小沢昭一、永六輔、竹中労の著作に学び、アングラ演劇の状況劇場、早稲田小劇場にも熱中した。いっぱしの映画青年を気どる、ネクラな大学生だった。

大学を卒業した翌年の昭和四十五（一九七〇）年二月、東京浅草の東洋劇場で博多淡海を見た。博多にわか出身で、大劇場やテレビで活躍していた淡海を、旅役者と同列に見なしてよいのか、判断はちょっと難しい。それはさておくとして、観客を芝居に引きずりこむ淡海の芸は、半端ではなかった。独特の博多弁が芝居の程よいアクセントとなり、軽妙な台詞まわしは秀逸。十八番芸の、座ったまま一メートルほど跳びあがるジャンプをはじめ、千変万化のアクションにただただ圧倒された。僕が大阪のテレビでなじんでいた松竹新喜劇や吉本新喜劇とはまったく異質の、アクの強い〝笑劇〟だった。東洋劇場には立てつづけに二回通い、終演後の楽屋口で、買い求めていたLPレコード『日本禁歌集・波まくら博多淡海』にサインしてもらった。

そのすぐ後に完治していたはずの肝臓病が再発し、尼崎に帰り一年近く入院生活を送った。退院したものの肝機能の数値はあいかわらず高く、自宅療養を余儀なくされた。いい若い者が家でぶらぶらしているのは気詰まりで、絶望感は深まるばかり。そうした憂悶《ゆうもん》を解きはなってくれたのが大衆演劇だった。

たまたま目にした新聞記事にさそわれ、博多淡海の舞台を思いうかべながら、尼崎市杭瀬の寿座に足をはこんだのは昭和四十六年五月。ゴールデンウイーク直後の、しかも雨の夜の部で、前狂言が開演しても、観客は僕をふくめ二人しかいなかった。

この当時のプログラムは、前狂言、中狂言、ショー、切狂言の四本立てで、公演時間は三時間四十分で、入場料が二百円。ショーがはじまるころに風呂屋帰りの家族がやってきたが、この夜の部の観客は十人に満たなかった。舞台には役者が十三名。わずかな客にもかかわらず、汗みどろで熱演した旅役者たちに、身をのりだして拍手を送っていた。

この劇団は情熱座といい、女座長の大日方八重子が一座を率いていた。八重子の父親は、女剣劇で一世を風靡した大江美智子劇団の大幹部だった酒井淳之助。孫は劇団九州男の座長・大川良太郎である。この時、八重子の夫・大日方満は、藤山寛美の要請で松竹新喜劇に在籍していた。三日やったら役者はやめられないと言うが、芝居を三回見たら病みつきになって、バス一本で行ける寿座に通いつめた。そこはかとなく心寂《うらさび》しい佇《たたず》まいの芝居小屋にいると、妙に心がなごんだ。そして必死懸命に舞台をつとめる役者と熱い声援を送りつづける観客が織りなす〝舞台空間〟に身をゆだねていると、大袈裟だと思われるかも知れないが、宙ぶらりんだった僕にも、明るい未来を切り開いていけそうな気がした。

半月替りで寿座にやってくる劇団を次から次へと見ていると、剣劇、新派、歌舞伎、喜劇、社会劇などのさまざまなジャンルの、立ち役、女形、仇役、老け役などを巧みに演じる、旅役者の芸域の広さと器用さにびっくりした。総じてクサイと蔑視される、大衆演劇特有の、ねばっこい台詞や大仰な仕草や見得ではあるが、まっすぐに個々の演技を凝視すると、高水準な器量が僕には見てとれた。

丁度そのころ、僕は京都の町を歩きまわっていた。「竹田の子守唄」「翼をください」がヒットしていたフォークグループ「赤い鳥」のリーダーで、高校時代の親友だった後藤悦治郎に、「「竹田の子守唄」のルーツをさがして欲しい」と依頼された。十分すぎるほど時間を持てあましていたし、人気上昇中の「赤い鳥」とお近づきになりたいという、みみっちい計算も働いて、よろこんで承諾した。

資料調べにはじまり、ドシロウトなんだから「駄目で元々」と腹をくくって多くの人をたずねた。この時、京都をめぐりながら心に刻んでいたのは、熊井啓先生に教授いただいた言葉だった。「物書きは、机にかじりついたままで、原稿用紙に向かうな。ともかく現場におもむいて人や空気にふれ、必要ならカメラやテープレコーダーにおさめ、その取材を基にイメージをふくらませば、作品の世界はおのずとひろがる」。

ようやく「竹田の子守唄」を採譜した作曲家をさがしあて、伝承者のおばあさんにもじっくりと話を聞いた。京都市伏見区の子守唄が、フォークソング「竹田の子守唄」として誕生するまでの経緯や子守唄の背景などをまとめ、昭和四十八（一九七三）年七月に自費出版した。その本をかねてより尊敬していた永六輔さんに謹呈したところ、『オール讀物』（昭和四十九年一月号）の「大日本大絶讃」で紹介してくれた上、望外なことに雑誌『話の特集』への寄稿を勧めてくれた。そして『話の特集』昭和四十九年八月号に、「クレイジー・タイガース」と題し、甲子園球場で阪神タイガースを死に物狂いで応援する男たちを描いたルポルタージュを発表した。シナリオライターではなく、ルポライターのスタートを切ったのである。

執筆だけで世渡りする才腕がなく、しかも生来の飽き性で、転職をかさねた。四年ほど東京でサラリーマンをしていた時、梅沢武生劇団をよく見たが、客入りはまあまあで、ハイティーンだった梅沢富美男はきわだって光る存在ではなかった。付かず離れずの距離をとりながら、一ファンとして大衆演劇に寄り添ってきたのは、観客サービスにひたすら徹する旅役者に、芸能の原点を見いだしたからである。低料金で、気軽に楽しめる、わかりやすい芝居に、今風に言うなら、僕は癒《いや》され、元気をもらっていたのだ。大衆演劇の世界をきっちりと記録にまとめておきたいと思い立ったのは、昭和五十三（一九七八）年六月、大阪・新世界の浪速クラブで四代目・三河家桃太郎を見たのが切掛だった。桃太郎はどんなジャンルの芝居も見事にこなす芸達者で、僕は、子別れの時代人情劇では声をあげて泣き、喜劇では腹がよじれるぐらい笑い、義士物では端整な所作に酔った。それまでに関西を中心に見てきた二十余の劇団の、座長たちの演技とは明らかに異なり、所作も表情も声音も雰囲気も、一頭地を抜いていた。兄弟のように仲がよかったという、博多淡海の芸をかさねあわせていたのかも知れない。僕が思い描いていた究極の旅役者に、ようやくめぐりあったと思った。

大衆演劇を取材するなら、舞台だけでなく、是非とも楽屋で密着してみたい。出来うるなら劇場やヘルスセンターに泊まりこみ、数日間生活をともにしたい。とはいえ、新聞社やテレビ局のマスコミ関係者ならともかく、僕のような、どこの馬の骨ともわからない無名のライターを、劇団は受けいれてくれるだろうか。

唯ひとり、相談にのってくれそうなのが、寿座の座主・枡原岩五郎だった。昭和二十四（一九四九）年に開場した寿座は、大阪市の吉野劇場、池田市の呉服座とならぶ高い格式を誇り、寿座にのれない劇団は関西では一流と見なされなかった。気のぬけた芝居をして、「ここ、誰の小屋やと思とんねん」と木刀で追いかけられた座長もいたそうで、鬼小屋のゴリガン（我を押し通す）親父と陰口を叩かれた。その反面、成績不振の劇団には、出演料を上乗せする人情家でもあった。劇団と劇場の親睦団体である「関西芸能新共栄会」の会長を長くつとめた、大衆演劇界の〝ドン〟だった。寿座で顔をあわすたびに、いつも挨拶していたので、ゴリガン親父は僕のことを憎からず思ってくれていたみたいだ。取材の件を依頼すると、「あんたも物好きやな。こんな毒にも薬にもならへん芝居のことを調べて、どないすんねん……」とにっこり笑い、女性事務員をよんで、紹介状を書くように指示した。その紹介状を深くお辞儀して受けとると、「まあ、そんなことはないと思うが、もし、こまったことがあったら、いつでも遠慮なく言うてこい」。その枡原岩五郎の言葉が、どれほど心強かったことか。

取材術が未熟な僕が、役者たちの生活の場でもある楽屋で起居をともにしながら、座長の内懐にとびこんでいくには、どうすればいいのだろうか。礼を尽くし、誠実に接していくしか方法はなかった。通り一遍の、からかいや興味半分ではなく、「こいつは、本気で取材にきたんだ」と認めてもらうには、彼らがハードだと実感していることを手伝うのが一番だろう。肝臓病もすっかり完治し、僕にも手助けが可能だと考えついたのが、深夜の乗りこみだった。

想像していた以上に、乗りこみはしんどかった。背中にうまく担ぐコツがあるらしいが、いずれの荷物もずっしりと重く、劇場とトラックを五往復するころには息が切れ、大粒の汗がふき出す。陣頭指揮はたいてい座長で、休憩なしの一時間半ほどで積みこみ作業は終了。次の公演先にワゴン車などで移動し、荷物をすべて搬入して楽屋の整頓。夜明け前まで手伝った甲斐があって、座長や劇団員とは急速に親しくなった。

そうした乗りこみの段取りや様相で、一座のおおよその内情がつかめた。人気劇団は次の場所へも意欲的だから、万事がスピーディーだが、酒をあおってだらだらと作業する劇団もあった。ある劇団の花形には、運送会社の助手と勘ちがいされ、重い荷物ばかりを押しつけられた。その後、花形は座長に就任したが、取材に行く気にはなれない。——僕が三十一歳で、三十八年前の話である。

父子勝負

二代目・大川龍昇

お客さまは　神様と
ひたすら　サービス精神で
大事にするのが　昔から
大衆演劇の　モットーで
低料金で　お気楽に
楽しさ　たっぷり　テンコ盛り
浮き世の憂さを　リフレッシュ
明日の活力　呼び起こし
みんな元気だハッピィハッピィ
元気の源　大衆演劇
拍手　掛け声　いただいて
舞台と客席　溶けあって
心寄せあい　結びあい
楽しい　ひととき　ご一緒に
時間くるまで　終りまで
よろしく　ご覧を願います

この詞は、平成二十四（二〇一二）年七月に発表した河内音頭のCD「大衆演劇元気音頭」の結びのフレーズである。平成二十三年三月十一日に発生した東日本大震災以降、大衆演劇界の景況が、かんばしくないという話があちこちから聞こえてきた。僕が足を運んだ常設劇場やヘルスセンターでも、残念ながら集客はかなり落ちているように思えた。この先、消費税が段階的にアップすると、国民生活全般に逼迫感がただよい、明るい未来がまったく見えてこない。こんな時こそ、大衆演劇の応援歌をつくろうと企画、作詞したのが「大衆演劇元気音頭」。

出雲のお国の歌舞伎をふりだしに、新派、節劇（浪曲劇）、新国劇の芝居を吸収しながら発展してきた旅芝居の芸脈を忠実につづりあわせた約十二分の内容で、いささかなりとも大衆演劇界の役にたてればと、心をこめて書きあげた。我ながら、上々の出来だという自負もある。

演唱は「河内音頭の超新星」とよばれている、二十四歳の堺家小利貴丸。近い将来に千五百人いるといわれている音頭界のトップに立つ逸材である。落ち目の国定忠治をえがいた「赤城しぐれ」〈作詞・堺家利貴丸〉とカップリングで、音頭通たちの評価も高い。

常設劇場やヘルスセンターの、開演前や休憩時間のバックグラウンドミュージックとして、演歌が流れることが多い。大衆演劇の全劇団で、是非とも「大衆演劇元気音頭」を採用してもらいたいと願い、ＣＤを送付したが、残念ながらあまり歓迎されなかった。親しい座長にそれとなく理由を聞いたら、「よその劇団と、同じ曲を流したくない」との答え。大衆演劇の大概のことは承知しているつもりでいたが、目論見がみごとにはずれた。

二代目・大川竜之助、のちの二代目・大川龍昇は昭和三十一（一九五六）年一月、佐賀県唐津で生まれた。ところで本文での呼称だが、「龍昇という名に愛着がある」と当人がいい、末弟が三代目・大川竜之助を襲名してすでに活躍しており、それゆえに「龍昇」に統一する。

龍昇の父親は、東京・浅草の常磐座で旋風をおこした大衆演劇界のスーパースター、初代・大川竜之助。母親は、結婚後に舞台をふみ、初代の相手役をつとめた中島節子。初代の父、つまりは龍昇の祖父は、九州で名高い浪曲師・中川伊勢太夫で、祖母の中島初子は三味線で伴奏する曲師だった。関西派浪曲の四代目・中川伊勢吉の八番弟子だった伊勢太夫は、十八番物の『紀伊国屋文左衛門』で一世を風靡し、その後に「中川興行社」を設立して浪曲、旅芝居、漫才などをプロモートして成功をおさめ、唐津に常打ち小屋の近松座を所有した。

旅役者としては二代、芸人としては三代の血を継いだ龍昇なのだが、子供時代は芝居におよそ興味がなかった。乳児のころは楽屋ぐらしで、抱き子で舞台に出されたらしいが、記憶はまったくない。物ごころがついて、父親が多忙な役者であることはわかったが、その役者がどんな仕事なのかは理解できなかった。

大川龍昇は小学入学と同時に、母の節子の実家である福岡市の祖母宅に預けられた。「ハカタンばあちゃん」と龍昇がよんでいた祖母は、福岡大生向けの下宿屋を営んでいた。かつては寿司屋だった祖父は亡くなり、このハカタンばあちゃんに中学卒業まで親がわりで育てられた。同じ屋根の下に大学生たちが同居しているので、その気になれば読み書きや計算を教えてもらえたはずなのに、勉強が大嫌いで、下校するや日が暮れるまで遊び呆けた。

春、夏、冬休みは両親がいる大川竜之助劇団に居つづけた。飛ぶ鳥をおとす勢いの大川劇団には、劇団員が四十名。青年部に美里英二と大川京之助（後の美川竜二）、姉の美鈴京子の三姉弟も在籍していた。妻子がいると人気に支障があると考えるのは、いまも昔も同じようで、当時発行されていた大衆演劇専門誌『えんげき』には、中島節子はなんと実妹と紹介されている。親子でも他人をよそおうのが習い性となり、劇団員の前でも、龍昇は両親に思いきり甘えることができなかった。みずからの存在を、とりわけ父親に認めてもらいたい気持は、つねに胸にたたんでおり、従って大川竜之助が初めて小学校の運動会にきてくれると聞いて有頂天になった。格好いいところを見てもらおうと意気ごみすぎて、徒競走のスタートでつまずいて転んだ。

大川龍昇は四人兄弟の長男である。次男の紅あきらと四歳、三男の椿裕二と十歳、四男の三代目・大川竜之助と十六歳齢が離れている。三代目とは、大衆演劇界では親子といっても珍しくない年齢差だ。この四人の演劇観、フィーリングは、「剣劇の大川」を標榜しながらまったく異なる。いずれにしても四人兄弟が四人とも、座長に就任したケースは、大衆演劇で初めてであるまいか。

ところでハカタンばあちゃん宅で、龍昇が一緒に暮らした弟は紅あきらだけだった。小学高学年になると、ソフトボール、さらに野球に夢中になった。やや小柄だが、体幹がめっぽう強く、運動神経にもめぐまれ、クリーンナップを打ち、どこのポジションも巧みにこなした。スポーツは万能で、水泳も得意だった。中学時代、唐津の一・五キロの遠泳大会に出場し、上位で完泳した。その達者な泳ぎが、平成二十（二〇〇八）年九月二十五日、若い女性の一命をとりとめる。

おふくろが亡くなった翌日、一人になって思いきり泣こう、と家から近い西が浜にいった。城跡を見あげる、昔は海水浴場でさかえた唐津湾の浜辺。すると、「娘が死ぬ」と、女性が身もだえしながら声をはりあげている。自殺をはかって沖へ泳いだらしく、百メートルほど先で浮いたり沈んだりしている。ヤジ馬がわいわい騒ぎながら、誰も助けようとせん。「なんで、助けん」「泳げません」、咄嗟にズボンを脱いで海へとびこんだ。

近くまでいって、「なに、しよるんや」と怒鳴りつけたら、「死なせてください」「バカ。俺の母親、昨日死んだばかりや。二日つづけて、目の前で死なれてたまるか。……、おいちゃんに、つかまれ」。そう言ってから、おいちゃんやなく、おにいちゃんと言うべきやったと後悔した。そんなこと考える余裕が、俺、あったんやね。腕をつきだしたら、からみつかれて二人ともドボッと沈んだ。なんとか浮きあがって体勢をたてなおし、女性を横抱きにしながら泳いだ。消防隊もかけつけ、浜辺で浮き輪をくりよる。「なに、しよんか。お前らも、海へこい」とさけんだのに、誰もきよらん。娘さんを無事助けあげたが、腹の虫がおさまらず、消防署に電話して、「唐津市長を、よう知っとる。……、本当は知らんけど。市長に直訴する」と声を荒げたら謝りにきて、人命救助の感謝状をおいていった。

お母さんは、命の恩人と家までお礼にきてくれた。娘さんとは、その後、会っていない。俺の顔を見て、また変な気をおこされても困るし……。

あの海は、よく考えたら、中学のとき、遠泳大会で泳いだ会場やった。それに、俺、無我夢中だったので、自分の心臓が悪いのを忘れてた。冠動脈にステントがはいっていて、激しい運動はとめられているんや。きっと、おふくろが助けてやりなさい、と引きあわせてくれたんやろね。

中学三年の冬休みに遊びに行ったら、劇団員がごっそりやめていた。昭和四十年代の大衆演劇は、テレビの普及、レジャーの多様化、都市再開発などの影響で、観客動員数がじり貧となり、常設劇場があいついで廃業した。公演会場を失い、その上に集客数がままならないと、多人数の劇団員をかかえるのが困難となり、いずれの一座も人員の縮小を余儀なくされた。超人気の大川竜之助劇団も、例外ではなかった。

「長男やから、劇団にはいれ」と強く勧めたのが大川京之助（美里英二の弟で、のちに美川竜二と改名）。初代・竜之助は、実妹の大川敬子と結婚した京之助に、一座の後継を託す心づもりで、その後すぐに大川竜之助の二代目をゆずっている。情味があって玄妙な演技術は卓越しており、昭和を代表する名役者の一人だと僕は高く評価している。役者になる気などさらさらなかった龍昇だが、大川京之助がせっかく誘ってくれたのだから、「まあ、いいか」と幕内にとびこんだ。

大川竜之助の伜として、それなりの厚遇があるのだろうと安直に劇団にはいったけれど、ずっと下積みがつづいた。入団して早々、幕間の舞台転換を腕組みして見ていたところ、「お前はいいな。座長の息子やからボオッとしていて」と京之助に嫌味をかまされた。「誰も、何も教えてくれない」と心でつぶやきながら恨めし気に見返したが、京之助には黙殺された。目で覚えて、さっさと動くのが、旅芝居のみならず芸全般の修行のイロハなのだ。

大川竜之助にも中島節子にも、血のつながった正真正銘の親子なのか、と本気で疑うぐらい冷遇された。五年間は子分役や「ご用、ご用」ばかりで、一人踊りは夢のまた夢。財布はいつもすっからかん。親にかくれて吸いはじめたタバコを買う金がなく、客席の灰皿の吸いがらをあつめて吸った。まるで終戦直後の楽屋みたいだ。

みじめな思いいっぱいしたけど、意地でもやめようと思わなかった。あのころ、上の人が病気になって倒れんやろか、とそればかり考えていた。すぐに代わりに出て、どんな役でもやれる自信があった。役者根性、というのかな。

本名をそのままに、大川敏郎と名づけられていた駆け出し時代、大衆演劇のメッカとよばれていた九州ではあるが、常設劇場にかわってヘルスセンター公演が主流になっていた。そんな中、秋まつりなどの花興行によばれ、大川竜之助劇団は山奥や小島の神社の掛け小屋でも芝居をした。肩にくいこむ重い荷物をかついで、気の遠くなるような石段を往復したり、農家に分宿したり、にわかづくりの楽屋の化粧前でひとかたまりになって寝た。いかにも旅役者らしい旅暮らしを体験した、龍昇は最後の世代である。

初めて大川龍昇の舞台を見たのは、昭和五十二（一九七七）年八月、福岡県北九州市の若戸スポールだった。大衆演劇にのめりこんで七年目、地元の関西やサラリーマンをしていた関東の舞台は見ていたが、本場だという九州の劇団を是非とも見たいと思いたち、アルバイトでせっせと金をためて新幹線にとびのった。そのときの大川竜之助劇団の陣容は、大川竜之助、中山新太郎、大川敏郎、紅あきら、大川修治、大倉栄子、中島節子、大川久美子、大川あけみ、松田千恵子で、龍昇に劇団入りを勧めた大川京之助の名はなかった。

雨のウィークデイで観客は三十名ほど。芝居とショーの二本立の舞台は、胸おどらせて遠征してきた期待に、残念ながら応えてはくれなかった。しかしながら、長年のファンらしいおばちゃんに兄弟だと教えられた大川敏郎と紅あきらの、無骨なほど必死懸命な熱演ぶりに心うたれた。終演後、いっぱしの取材者を気どって楽屋に大川竜之助をたずね、少し話を聞いてから、二人を紹介してほしいと依頼すると、「藤間流の稽古で、いましがた博多に出かけた」

観察眼と言えば少し大袈裟かも知れないが、人物を見定める識見には自信がある。子供のころから、よく言えば気ばたらきにすぐれ、悪く言うなら人の顔色をうかがいながら臨機応変に、僕は行動してきた。相手の動作、表情および声音のちょっとした変化で、心の動きをキャッチする術はたけている、と我ながら思う。ルポライターという仕事にとっては、こうした鋭敏な識見は不可欠で、大衆演劇の取材ではつねに全神経をフル稼働して、役者の生きざまや人となりを掌握してきたつもりだった。

ところが、である。気のおけない心友として、およそ三十五年親しくつきあってきた二代目・大川龍昇を温厚でおおらかな人柄だとずっと確信していたが、そうではなかったようだ。いま、いろいろと思い返してみると、楽屋ばなしで龍昇が話題にのぼったとき、「龍昇さんは、おだやかで気がやさしい」と僕が評すると、その場にいた人たちが怪訝《けげん》な顔をしたことが幾度かあった。僕が自信満々に言い切ったので、あえて誰も反論しなかったが、大川龍昇は、幕内ではガンコで怖い人で通っているそうだ。このたびの取材で、その点を質すと、「俺は、根っからのガンコ者で、すぐに頭に血がのぼるアンポンタン。この性格でずいぶんと損をし、後から深く反省するけど、アンポンタンはなおらん」、と龍昇はあっさりと認めた。

ルポライターとえらそうに御託《ごたく》をならべたけれど、つまるところ、僕の眼は節穴だったわけだ。しかしながら、よしんばガンコで短気でアンポンタンだったとしても、まちがいなく相性がよい龍昇とは、終生仲よくつきあっていくつもりである。

来る日も来る日も、子分などの脇役に明け暮れた修業時代に、大川敏郎が熱中したのが日本舞踊。手ほどきを受けたのは大川竜之助の妹、つまりは敏郎の叔母である大川敬子。西川流の名取で、踊りの基本をみっちりと叩きこまれた。覚えが悪いと、当然のように扇子で手足を容赦なく打たれた。叔母のきびしい指導には、初代・大川竜之助の思わくが働いていた。

人気浪曲師の子に生まれた初代・大川竜之助は、歌手にあこがれていたが、役者になる気はさらさらなかった。ところが、義兄が突然に座長をやめたために、その後釜に抜擢され、類《たぐい》まれなる天資にめぐまれていたのだろう、名実ともに大看板にのぼりつめた。しかし初代当人にしてみれば、修行がにわか仕込みのまま、声名を高めたのが不本意だったらしく、「型物（歌舞伎物）と踊りが苦手なのが、私のキズ」と打ちあけてくれたことがある。それゆえに敏郎が本格的な役者をめざすなら、芝居の基礎ともなる日本舞踊を「きびしくきたえてくれ」と妹に要請したのだ。

好きこそ物の上手なれで、大川敏郎の踊りは見る見るうちに上達した。ところが手ほどきしてくれた叔母の大川敬子は、夫の大川京之助とともに一座を去った。そこで出演の先々で、流派はまったく問わず、西川、藤間、花柳流の門を叩き、稽古をかさねた。四歳年下の直弟・紅あきらも一緒に習ったが、敏郎のように目の色をかえてまで稽古に励むことはなかった。そうして幾人かに教えを乞ううち、大川敏郎は、福岡市の藤間流の師匠に心酔した。日本舞踊は、歌舞伎舞踊の別名がある通り、歌舞伎役者の踊りをベースに発展してきた。芸譜的に歌舞伎の流れをくむ旅役者の大川敏郎が、藤間流の技芸にぞっこん惚れこみ、そのパフォーマンスの極みに魅了されたとしても、なんら不思議はない。成熟した芸の稔る、師匠の域へと半歩でも近づきたいと一心不乱で精進し、古典にも意欲的に挑戦した。祝儀舞の代表作の一つである「鶴亀」、勇壮な中にやさしさをにじませる長唄「雨の五郎」もしっかりとマスターした。敏郎の非凡なる才幹を見てとった師匠は、「名取よりも上の、師範の技量が十分にある」と太鼓判を押し、免許の取得を強く勧めたが、「先生の踊りにあこがれて指導を仰いでいるのであって、資格などどうでもいいです」、とあっさりと辞退してしまった。恬淡な大川龍昇らしい話ではある。


踊りの上手下手は、帯の動きを見ればわかる。下手な人の踊りは、足と腰が安定していないから、帯が上下する。それと手足の位置と動き。藤間の先生には、しくじる毎に物さしで手加減なしで叩かれ、足を蹴りつけられた。

大衆演劇では「芸は盗め」で、確かにそうではあるが、踊りは、ぶたれたり蹴られたりと痛い思いをしないと、芸はのびない。俺が指導するときは、泣こうがわめこうが、仕あがるまで徹底的に教えこむ。ある日、だらだら稽古しているので、「ええ加減にせんかい」と手近にあった物を投げつけたら、弟子の額を直撃し、血がタラリと流れて、一瞬、蒼ざめたこともある。

大川敏郎は、ショーでは日本舞踊を主に踊った。演歌を情感たっぷりに踊る、いわゆる「新舞踊」はいっさい踊らず、精魂こめて習い覚えた舞踊を披露したのだ。あっぱれなプロ根性と賞讃する向きもあるだろうし、僕自身、懐ふかく品格に富む龍昇の踊りを見るのを楽しみにしている。だが、何よりも観客サービスを大切にし、ひたすら舞台を楽しんでもらうのが大衆演劇の美点だとしたら、悠然とわがパフォーマンスをつらぬく敏郎は、風狂な役者と非難されるかも知れない。で、多くの大衆演劇ファンは、「見ていて肩がこる」と言ってはばからぬ、堅苦しい日本舞踊をあまり好まない。実際に敏郎が袴物を踊りはじめると、当てつけがましくアクビする、行儀の悪い観客が関西の常設劇場にはいた。日本舞踊にこだわると客の反感を買い、人気商売の役者としてプラスにならないことを、大川敏郎は十分に承知していたはずだが、そのスタイルを決してくずそうとはしなかった。

二十七歳で二代目・大川竜之助を襲名し、座長となった。竜之助という名に特段の執着もなく、敏郎のままでよかったし、正直なところ、大衆演劇ファンなら誰でも知っている、大川竜之助劇団を継承していく自信もなかった。その当時の大川劇団では、明るくエネルギッシュで社交的な紅あきらの人気がずば抜けていた。「大衆演劇のテッペンに立つ」と直言し、その野望に向かって邁進する紅を、役者としては引っこみ思案な敏郎は快くサポートし、大規模な座長大会の出演をすべてゆだねた。その結果、紅あきらは九州、その後に進出した関西、関東でも頭角をあらわし、人気役者の仲間入りをはたした。それまでの兄のやさしい心づかいを、弟は当然ながら汲みとっており、大川劇団を継ぐのは敏郎しかいないと強力に後押しし、みずからは独立して紅あきら劇団をたちあげた。

いまにして思えば、座長なんて、ガキが小僧になった程度のもので、たいしたことではない。でも、俺は、座長になって芝居にめざめたというか、芝居が俄然面白くなり、演技、演出へのこだわりが強くなった。

親子でも師弟でもなく、初代・大川竜之助改め初代・大川龍昇との、役者同士としてのガチンコ勝負で、二代目・竜之助の役者魂が覚醒したのだ。無論、舞台人として尊敬する初代からは多くのことを学んできた。開演の一時間前には楽屋入りして化粧前に座り、十分前には衣裳をつけて出番にそなえる。あわてふためいて仕度したら、絶対にいい芝居はできない、と修業時代から戒められていた。

剣劇の役者は、歌舞伎と異なり、足まで化粧をしないというのも、教えの一つ。「化粧のずぼらを覚えたら、役者はのびん」と聞こえよがしに劇場関係者に言われたとき、「大川では、足は塗らんです。もし、どうしても塗らなければならないなら、俺、役者やめます」と突っぱねたこともある。

スピーディで流麗な殺陣も、初代・大川竜之助のオリジナル。他劇団とちがうのは、立ち回りで刀をいっさい交じえず、当てる寸前に切先を返して互いの体勢をいれかえ、その鮮やかな連続のコンビネーションで、殺陣をダイナミックに見せる。断るまでもなく、長年の修練を要する高等テクニックで、初代との一騎打ちの場面で阿《あ》吽《うん》の呼吸で立ち回りできたのは二代目だけである。

時おり興にのると初代・大川竜之助は二代目に無断で一騎打ちの立ち回りで真剣を用いた。本物の日本刀はジュラルミンとは質感や重味が異なり、抜刀した瞬間にそれとなくわかる。いかに殺陣の名手とはいえ、まかりまちがえば大怪我はまぬがれない。受けて立つ二代目はおのずと及び腰となり、ぎこちない立ち回りが終わって幕にはいると、「お前、度胸がないな」「当り前やろ、いきなり本身をつかって」と口論になった。舞台がらみの言い争いは日常茶飯事で、芝居の最中なのに無性に向かっ腹がたってきて、「なんか、貴様」と舞台上で親子喧嘩をおっぱじめたことは、一再ではない。

股旅やくざや浪人の立ち姿と所作の美しさ、的確な人物描写、上質な芝居づくりなど、小柄なのに舞台で大きく見えた初代・大川竜之助の神髄を、二代目は誰よりも了知していた。それらの敬愛する芸を守りつつも、同時に、偉大なる先達を超えていく努力を、二代目はみずからに課した。日本舞踊に精励したのも、そのためである。もっと芸域をひろげ、いろんな役どころにチャレンジしようと、役者にとっては命だと言われる声をつくるため、真冬の海で血を吐きながら喉をきたえた。

座長に就任して五年目の、一九八八年（昭和六十三）年十一月、神戸・新開地劇場でのことだった。大川劇団の代表作の一つである『座頭市と平手酒造』を上演し、夜の部がはねて、二代目が楽屋で一息いれていたら、初代が顔をのぞかせ、ぼそっと一言つぶやいた。よく聞きとれなかったので、「親父、なんね」と尋ね、耳をそばだてると「負けた」。「負けたって、なんのことや」と、つい声を荒らげると、初代は二代目の目をじっと見つめ、「お前に、芝居で負けた」と言って、足早に去っていった。その刹那《せつな》、体温が一気に上昇したみたいにトリハダがたったが、引きつづいて二代目・大川竜之助の心を染めたのは、嬉しいような泣きたいような、どっちつかずの寂寞感だった。

いま、もし、「おすすめの役者は」と質問されたら、僕はためらいなく二代目・大川龍昇を推す。明瞭で抑揚のきいた一言一句の台詞と節度ある所作に、得も言われぬ滋味があり、じんわりと芝居を堪能させてくれる、超一流の演技者なのだ。心を丸ごと実写する踊り、とりわけこまやかな表情だけで見せる『無法松の一生』は、必見である。

役者人生で悔いがあるとしたら、四十ちょっとで座長をおりたこと。パワー全開の、一番輝いていた、役者の盛りやったからね。

いま、こんなことを言ったら、座長引退に猛反対した興行師たちが、「それ、見たことか」と怒り狂うかも知れんね。

若葉　愛

チビ玉三兄弟の父

なぜ、あんなにも熱中したのか、と我ながら不思議に思うほど、大衆演劇にのめりこんだ時期があった。現在も当然ながら舞台を見つづけているが、月に四、五回見るのが精一杯。地元である関西をふりだしに、まるで課せられたノルマをこなすように常設劇場やヘルスセンターへせっせと通いつめた、昭和五十三（一九七八）年夏からの七年間が、いまではやたらと懐かしい。

いつしかファンを卒業し、本腰をいれて取材をはじめたのがこのころで、カメラ、テープレコーダー、寝袋をもって北は栃木県、南は熊本県へと経《へ》めぐった。少しカッコをつけて言うなら、長きにわたって芸能の最底辺に置き去りにされてきた、ありのままの旅役者たちを正確に描出したいと考えたのだ。当時、大衆演劇と言えば、いまもそうかも知れないが、一万円札の乱舞などの派手やかな印象のみが浸透し、予断や偏見によってつくりあげられた、下品で阿漕《あこぎ》な芝居世界というイメージが、非常に根強かった。そんなうわべだけのイメージを払拭し、芸能の原点と言うべき大衆演劇の面白さを多くの人に知ってもらいたくて、正攻法で僕は取材にのぞんだつもりである。

名もなきライターの哀しさで取材を拒まれたり、金銭の騙りにあったりするなど、幾つかのトラブルにまきこまれ、おちこんだり自信を喪失したのは一再ではない。でも、誰に頼まれたわけでなく、自分が好きではじめたのだから「まあ、いいか」と気持を切りかえ、劇団を追いつづけた。そうして楽屋で寝食をともにし、インタビューをかさねるうちに、程よい距離での取材術を身につけた気がする。およそ三十年にわたって東京錦糸町河内音頭大盆踊り大会を共同プロデュースしてきた、ルポライターの朝倉喬司さんに、「役者さんや芸人さんの懐にとびこみ、本音を聞きだすのが一番うまいライター」と評価してもらったのも、大衆演劇の取材の賜物だと思う。

とりわけ印象に残る取材の一つが、一九七八年十一月上旬の、茨城県・笠間稲荷神社での若葉しげる劇団だった。『雪之丞変化』の早替りをメインにした四十分間の舞踊ショーを一日に四回上演する、菊人形展のアトラクション興行だった。同じプログラムのくり返しで、舞台は単調きわまりなかったが、宿舎に借りていた古ぼけた貸し家の生活ぶりが忘れがたい。吹きこんでくるすきま風でほの暗い裸電球がゆれ、タンスの引き出しをならべて仕たてた食卓で、インスタントラーメンと沢庵でかきこむ夕食は、客分の分際でとやかく言ってはいけないが、味気なかった。暇をもてあまして見に行ったピンク映画が、じれったいほど中途半端な作品で、みじめさを一層つのらせた。下町の玉三郎の登場を契機にまきおこる、大衆演劇ブーム到来の数年前の、貧しく切ない旅興行の日暮らしを体験できたことは幸運だったと思う。

僕が笠間稲荷神社に滞在した三日間、若葉愛の姿がなかった。それとなく質問すると、近日中に参加するという。関西や九州の劇団では、若葉愛と同世代の若手が、一座をもりあげるために先頭に立って奮闘しているのに、地方のアトラクションだからと手抜きしているのだろうか。若葉しげるが愛を甘やかしているのか、あるいは愛がわがままを通しているのか。いずれにしても、関係者から将来を嘱望され、大器の片鱗をうかがわせる愛が、みずからの芸に過信し、若くして舞台のずぼらを覚えたら、先々がおぼつかない。その日から三十五年が経過したいまも、僕は、若葉愛にあうたびに耳の痛い話ばかりを直言してきた。もしかして、これは、若葉しげるとの強い絆で結ばれた、身内意識なのかも知れない。

若葉愛は、大阪市西成区で出生した。父親は、長崎県生まれの旅芝居の座長であった三門八郎だと、愛は、二十歳すぎまで思いこんでいた。三門八郎劇団は昭和二十三（一九四八）年に和歌山県田辺市に拠点を移し、十八番物の節劇（浪曲劇）と、八郎の次男である三門小八郎のチンコ芝居（関西でさかんだった子供芝居）で人気をあつめた。やがて和歌山まわりから、念願だった京阪神まわりに出世したのを機に、一座をゆずり受けた三門小八郎が若葉しげると改名した。で、三門八郎の兄が経営していた西天劇場に若葉しげる劇団が二年間専属出演していた時期に、若葉愛が誕生したそうだ。

愛は物ごころがついた時、三門八郎の妻、つまりは「母親」に楽屋で育てられていた。明るく利発で楽天的で、何ごとにも動じない子供だった。本名の実から「みー坊」とよばれていた愛は、一方で手のつけられない腕白で、悪さをしては容赦なく「父親」に叩かれたが、決してめげなかった。

自然の成りゆきで子役として舞台をふんだ。芝居そのものにもまったく抵抗感がなかったし、出演するならカッコよくやりたいと思っていた。『直八子供旅』『親子舟唄』『別れ涙』などで観客の涙と拍手をさそい、名子役と評判をよんだ。

若葉愛がどっさりもらったおヒネリは、「父親」がそっくりもって行き、ギャンブルで消えたみたいだ。昔の九州の旅役者は、博打好きの猛者ばかりで、特別興行を開催した夜は、あたかも賭博大会の様相を呈し、大金がとびかったそうだ。『しのだづま考』『山椒大夫考』など、一人芝居の第一人者である中西和久の祖父は、尾上小鶴円という九州の旅役者の座長で、所有していた共楽座と荒尾劇場を一晩の博打で失ったという。こんな剛気な九州役者の血を、三門八郎は濃く受け継いでいたのだろう。

その後、若葉しげる劇団は東京へ進出し、世田谷区三軒茶屋の太宮館の専属劇団となった。子役を演じるには柄が大きくなりすぎた若葉愛は、小学三年でひとまず舞台を離れ、劇団へ出入りしなくなった。両親は北区十条に住居をかまえ、猫かわいがりで末っ子を溺愛した。

小学三年の運動会で家族席がさわがしいので、よく見ると、若葉しげる劇団の楽団が演奏しており、「みー坊、ガンバレ」と父親がさけんでいる。さしもの悪童のみー坊もきまりが悪く、知らん顔を通した。小学、中学とも学業にまったくついていけず、絵に描いたような劣等生だった。

十条のF中学の三年の夏、「卒業証書を必ずわたすから、学校にこないでくれ」と、担任にマジに頼まれた。俺がいると、風紀が乱れる、と。学ランをそれなりに仕立てて、リーゼントでバリバリ。酒、タバコ、シンナーはやりません。いわゆる暴力沙汰。喧嘩が武者ぶるいするほど大好きで、楽しかった。東京二十三区の中学をシメて、総番長になるつもりだった。

放課後によその中学に無断でのりこみ、「ここの番長は、誰だ」とよびだす。行くのはいつも一人。つれと一緒だと、みっともないでしょ。番長が顔を出したら、「俺はF中の前田だ。覚えておけ」と名のって、いきなり殴りつける。そして相手に反撃の隙を与えないうちにノシちゃう。

そのうちに喧嘩と聞きつけて、先生が駆けつけてきて止めるのをガキなりにちゃんと計算している。そうして北区の七校を制覇したけど、なぜか腰くだけになって、総番長の夢ははたせなかった。


若葉愛はずっと競輪選手にあこがれていた。ギャンブル好きの三門八郎の影響を受けたようで、相談すると「お前のやりたいようにやれ」と反対されなかったので、中学を卒業すると埼玉県・大宮競輪場の練習生になった。身軽で敏捷だった愛は、中学時代に体操部に所属していた。鉄棒の大車輪やバック転は難なくこなす。運動能力が秀でていたので、練習生の研修期間も成績はつねに上位をキープし、競輪学校の入学試験もつぎつぎと審査をパスした。ところが最終審査の面接で不合格となった。近親者に興行にたずさわる旅役者がいるのが、どうやら問題視されたようだ。

十六歳で若葉しげる劇団に入門し、若葉みのると命名された。劇団員は総勢十七名おり、先輩の弟子が八名もいた。座長の弟といえども、待遇はペイペイで、掃除や雑用でこきつかわれた。芝居に出るといっても子分役ばかりで、面白くも何ともない。みじめな明け暮れに耐えかねて、一年後にドロンし、和歌山県の親戚宅で建設作業員としてはたらいた。一度もいい思いをした覚えがなかったから、劇団にまったく未練などなかった。

三門八郎によびもどされ、渋々若葉劇団に復帰したが、あいかわらず子分役ばかりの毎日だった。その当時の関東の常打ち小屋は、足立区北千住の寿劇場、北区十条の篠原演芸場、葛飾区立石の小台演芸場、豊島区大塚

の大塚鈴本亭、神奈川県川崎の大島劇場の五館。その中で若葉劇団は大島劇場で人気が高く、二十歳の若葉みのるにも大勢の女子中、高生のファンがついた。そこで客足の伸びる土曜日に、「一度でいいから」と座長に頼みこみ、カッコいい役をつけてもらった。ところが本番では大事な台詞をとちり芝居をつぶしてしまった。

芝居が終わって、楽屋にはいってくるなり、手元にあった分厚い電話帳で座長にボコボコになぐりつけられました。すごい剣幕で、「見てみろテメェ。役をつけても、からっきしできないじゃないか」　あの若葉しげるが、と誰も信じてくれないと思いますが、本当の話です。

「一生懸命にやりました」と口答えしたら、「一生懸命でも、しくじったじゃないか。だから、お前は、まだ子分で十分なんだ」。楽屋の誰ひとり仲裁にはいってくれません。「今日きてくださったお客さんに、お金を返してこい。木戸銭五百円のうち五十円でもいい。客席をまわって『下手な芝居をお見せして、すみませんでした』とお詫びしてこい」と、さらに電話帳でなぐられました。

いくらボコボコになぐられても、若葉みのるはいっさい手むかいせず、しかしその夜のうちにドロンした。

「俺、いま、舞台に一生懸命にとりくんでいます。芝居がこんなにも面白く、奥深いものだと実感したのは、正直言って、初めての経験です。いい歳してこんなことを言うと、他の座長たちは腹をかかえて笑いころげているでしょうけど、ホント、俺、芝居の魅力にようやく目ざめました……もし、機会があれば、『瞼の母』を橋本さんに是非とも見て欲しい。演技、演出ともに練りあげて工夫し、番場の忠太郎は、誰がやるよりも、俺が一番だという自信があります」

このたびの取材のインタビューで、若葉愛はなぜか『瞼の母』のことを熱っぽく語りかけてきた。平成十二（二〇〇〇）年一月二十二日、東京・篠原演芸場で若葉愛が番場の忠太郎を演じた『瞼の母』を見ている。水熊のおはまを龍千明（現・龍児）がつとめていたが、その時の忠太郎にさしたる印象は残っていない。若葉愛の忠太郎が、この十数年でどんな変貌をとげたのか、実に楽しみである。

かてて加えて、僕は、こと長谷川伸に関してはちょっとウルサイ。平成六（一九九四）年に刊行した『瞼の母・沓掛時次郎』（ちくま文庫・絶版）の解説を担当し、その際に長谷川伸の戯曲をそれなりに研究したし、滋賀県米原市番場にある、蓮華寺の忠太郎地蔵尊をたずねてもいる。

長谷川伸の股旅物の代表作と言うべき『瞼の母』『沓掛時次郎』『関の弥太っぺ』『一本刀土俵入』『雪の渡り鳥』『暗闇の丑松』を収録したちくま文庫に、「大衆の味方でござんす」と題して書いた解説文が、手前味噌で恐縮だが、悪くない文章なので紹介させていただく。

——世間という荒波をのりきるために、不幸な生き方を選ばざるを得なかった主人公が、心のいちばん弱い部分を律しながら運命に立ちむかい、やがて抗いきれずに自らの人生を切り刻んでゆくというのが、六作品に共通した筋立てである。昨今の、無防備なほど笑いを迎合する風潮からすれば、芝居のトーンは暗い。しかしながら、どのような境遇の人間であれ、長谷川伸が主人公にそそぐ愛情は濃密で、いつくしむように温かい。その心やさしい視線と、精妙な構成や巧みな運びと、誰もがついつい声を出して読みたくなる数々の名台詞とがあいまって、ハッピィ・エンドの結末でないにもかかわらず、読了後、深い安らぎにくるまれる。カタルシス（心の浄化作用）とよぶには、かなり湿っぽさが含まれているが……。——

若葉みのると名のっていた二十歳の愛は、若葉しげる劇団をドロンし、何のツテもなく関西の澤村謙之介劇団にとびこんだ。堅気の世界ではなく、常打ち小屋の楽屋を直接たずねたのは、舞台への執着ばかりでなく、「芸をみがいて、兄貴の野郎を追い抜いてやる」との、若葉しげるへの復讐心であった。澤村劇団は、外連《けれん》物の名人とうたわれた澤村源之丞が、中歌舞伎からの盟友だった中村時枝の助言で一座を旗揚げし、やがて弟子の初代・澤村章太郎、さらには章太郎の弟・謙之介が劇団を継承していた。謙之介は関西大衆演劇親交会の副会長を長年つとめるなど、温厚でやさしい人柄でつとに知られ、アットホームな劇団の空気に、若葉みのるはすぐにとけこんだ。関東の芝居とくらべると、関西弁まじりの歯ぎれの悪い台詞まわしにちょっと辟易したが、どんな役柄も見事にこなす芸達者ぶりと、サービス精神に徹した舞台に圧倒された。

心やさしい澤村謙之介は、時おりいい役をあてがってくれ、みのるの成長を見てとると、前・中・切と三本上演していた前狂言の主役をやらせてくれた。劇団のみんなが親切で、とりわけ看板女優の双葉礼子が陰になり日向になって尽くしてくれ、痒いところに手が届くような気配りをしてくれる。双葉は中村時枝の長女で、初代・澤村章太郎と結婚し、劇団には中学生の娘と小学生の息子がいた。

澤村劇団にはいって一年半がすぎたある夜、若葉みのるが銭湯から帰ってくると、「大事な話がある」と双葉礼子によびとめられた。そして、いきなりみのるの手を握りしめ、「あんたの、お母ちゃんやで」とかすれ声で呟いた。そんなふうに藪から棒に告白されても、みのるの感情は一向に波立たず、泣きじゃくる双葉の顔をただ見つめていた。『瞼の母』の逆バージョンで、双葉礼子が思いの丈をぶつけ親子名のりをしても、生まれてこの方、三門八郎の連れあいを母親と信じこんでいたみのるには、他人事のようにしか聞こえなかった。若葉しげる劇団をとび出して、偶然に入団した関西の劇団で実の母親に出会うなんて、神様も粋な計らいをしてくれるものだ。ならば、父親はいったい誰なんだろう。双葉礼子に質すと、十六歳年上の次兄と教えこまれていた若葉しげるが、実父だったのだ。しかし、そう事あたらしく聞かされても、双葉の告白と同様に、さしたる感懐もわかなかった。

突然に登場した実母の、中学生の娘と小学生の息子は、若葉みのるにとっては同胞で、妹が二代目・南條隆と結婚した大路にしき、弟が二代目・澤村章太郎である。そして双葉礼子の弟である勇羅庵嘩は年下ながら叔父で、二代目・中村時太郎は従弟。

後年、テレビのドキュメンタリー番組で子役がしばしばとりあげられ、タイトルにチビ玉が濫用された。すると若葉愛はテレビ局に猛然と抗議したが、大路にしきの息子たち、つまりは甥の和竜也とコピーたかしには、むしろチビ玉兄弟を名のるように強く勧めた。

その後、龍美麗と南條影虎（後の三代目・南條隆）と改名した二人の甥を、若葉愛は可愛がってきた。後述する「チビ玉三兄弟」の若葉紫、市之丞、竜也は愛の息子だが、三人とも大衆演劇は眼中にないようで、それぞれにタレント活動をくりひろげている。口には出さずとも、紫たちには「若葉の芸」をしっかりと後継して欲しい、と愛は切に願っている。その熱き思いが、南條隆劇団に幾度かゲスト出演するうちに、スーパー兄弟へと向かった。龍美麗と南條影虎は、近い将来に大衆演劇界の屋台骨になると、関係者の衆目が一致する、文字通りにスーパーな兄弟なのだ。才幹あふれる二人はきたえ甲斐があるし、きびしい指南にもきっちりとついてきてくれる。逆に、若葉愛は美麗から洋舞を教わり、いま風のメイクをちゃっかり盗んでもいる。

話をもどそう。やがて若葉しげるが迎えにきて、みのるは澤村謙之介劇団を円満に退団し、若葉劇団に復帰した。関東で再出発するにあたり、洒脱な芸風と新奇な衣裳などで関西を席捲していた美影愛の、愛を無断で拝借し、若葉愛と芸名を改めた。

関西での武者修行で、若葉愛はいちじるしい進境をとげ、若葉しげる劇団にもどってすぐに初めての贔屓客がついた。とても気風のよい競馬騎手の妻で、愛が自前で鬘や衣裳をつくりだしたら、中高生をふくむ若い女性ファンが激増し、土、日曜日には客席の半分を占めるようになった。

もてました。もてて、もてて、女の子はよりどりミドリ。最多で、彼女が三十五名ほどいました。一ヵ月に、一回あえない。俺の好みで選んでいるから、いい女の子ばかり。名前を一人ずつ覚えられないので、呼び名を統一、例えば「若葉ちゃん」にしました。だから送り出しで「若葉ちゃん、またきてね」と声をかけると、五、六人がふり返った。

若いファンに受けようと、リーゼントにしたり、鬘を紫に染めたり、衣裳に羽根をつけたり、目立つこと、奇抜なことをいっぱいやりました。先輩たちには「なに、そのカッコウ」と顰蹙《ひんしゅく》を買いましたが、無視。座長は、何も言いませんでした。大衆演劇のヤング路線の走りだったのかも知れない。

昭和五十五（一九八〇）年十月二十七日、若葉愛は副座長に就任し、披露座長花形大会が浅草・木馬館大衆劇場でとりおこなわれた。副座長というポストをもうけたのは、僕の知る限り、東京大衆演劇劇場協会が最初で、第一号が梅沢富美男、つづいてあすなろ劇団（桂木日出夫座長）の桑田純、そして若葉愛が三人目。花形も、同様に関東から普及しはじめ、それまでの関西や九州劇団では、そうした呼称にこだわらなかった。大会の楽屋では、前日に監督を解任された長嶋茂雄の話題でもちきりで、「もうジャイアンツファンは、やめちゃうよ」と多くの座長が息まいていた。

花形座長大会も夜の部の舞踊ショーになると、全員がテレビの前に鈴なりとなった。NHK特集『晴れ姿！旅役者座長大会』の放送がはじまったのだ。九月二十日、福岡県飯塚市嘉穂劇場に二十七名が勢ぞろいした、座長大会の模様を五十分にまとめたドキュメンタリーで、NHK福岡放送局が制作した。日本国中に大衆演劇の存在を強烈にアピールした、この番組のはたした役割は大きく、その後にまきおこるブームの発火点になったと、僕は確信している。ところが、副座長披露大会の主役である若葉愛は、テレビどころか、本物の役者のすごさに度肝を抜かれていた。

座長大会の特別狂言が、若葉しげるのオリジナルの『おんぼろ一代』。（梅沢）武生先生が俺の兄貴役、富美男さんが友だち役でご一緒してくれ、武生先生との芝居は初めてでした。芸達者で品格がある役者さんだとかねてより尊敬していましたが、芝居の初っ端《しょぱな》で「お前よう」とさり気なく話しかけられただけなのに、俺、みっともないほどビビッちゃって、咄嗟《とっさ》に台詞が言えなくなってしまった。立ち姿に圧倒され、ホント、金縛りにあったみたいになって……。

女の子にちやほやされ、役者も一人前でない若造のくせに天狗になっていたのを、武生先生はすっかり見抜いておられて、筋金入りの芸を身をもって示してくださったのだと思う。あの舞台の冷汗は、俺の宝物になりました。

六年後、若葉愛は座長に就くが、女形芸の第一人者であるしげるとの二人座長で、比較されれば、貫禄もキャラクターもどうしても見劣りする。その上、愛の存在感をおびやかすスーパースターが、一座内に相ついで誕生した。初代・チビッコ玉三郎こと桜光洋（現在の嘉島典俊）とチビ玉三兄弟である。大衆演劇ブーム以降、関東劇界で驚異的な集客数を誇っていた梅沢武生劇団を追走していた若葉劇団は、愛と見城たかしのヤング二枚看板で売り出しをはかり、その人気が一段落したころに彗星のごとく桜光洋があらわれた。週刊誌やテレビのワイドショーで頻繁に紹介されるや、チビ玉人気はヒートアップし、いずれの常設劇場も朝早くから長蛇の列ができた。

その桜光洋が若葉劇団を去って約十年後、チビ玉をはるかにしのぐ観客を動員し、人気をあつめたのがチビ玉三兄弟。平成六（一九九四）年六月に放映された『頑張れ！ チビ玉三兄弟・泣き笑い１０００日の旅日記』（フジテレビ・百二十分）が高視聴率をとった。大世帯の若葉劇団の舞台裏や、三兄弟を軸にした人間模様を丹念に描いたドキュメンタリーは好評を博し、芸能物ではめずらしくヒットシリーズとなった。三兄弟ならびに若葉劇団の人気はうなぎ登りで、常設劇場では観客を収容しきれなくなって全国ツアーにふみ切った。

桜光洋がブレークした時、若葉愛は一座をしっかりとリードしたが、チビ玉三兄弟に関しては、子供たちの魅力をより鮮烈にアピールするため、みずからの存在感を掻き消し、脇役に徹した。座長の愛にとっては、絶対にプラスに作用しないと承知しながら……。チビ玉三兄弟との、嵐のような熱狂の日々は、自身の離婚でピリオドを打ち、その後いろいろとあって幕外で暮らした。そして三年前、昔なじみのファンのサポートで若葉劇団を再結成した。

一日一日の舞台が、いま生まれた風景のように新鮮で、充実しています。いま、なにごとによらず、必死なんです。

久しぶりに会った座長が、「愛さん、ずいぶんと変わったね」と言ってくれる。そりゃ、変わって当然。山あり谷ありの、アホな人生を渡ってきたんだもの。

藤山寛美先生がおっしゃった「役者は、下りのエスカレーターを昇るようなもの」という言葉が、いまは胸に響きます。立ちどまった瞬間に、落ちるんですからね。

もう一度生まれ変われるなら、ニュー若葉愛でチャレンジしたい。

寿美英二

美里一途

ルポライターという職業柄、カメラマンの知人がけっこう多い。その中でも、大衆演劇や河内音頭などの取材で意気投合し、莫逆《ばくぎゃく》の友とよべる仲間が三人いる。

拙文でもすでに紹介した内山英明さんは、梅沢富美男に密着しつづけ、発表した『アサヒグラフ』（一九八二年二月二十日号）の「ＢＩＧをめざす下町の玉三郎」を切掛に富美男人気がブレークし、その結果、大衆演劇ブームがまきおこった。やがて内山さんは写真集『東京デーモン』などで、土門拳賞、伊奈信男賞、日本写真協会年度賞をトリプル受賞した。写真集『旅役者』（一九八五年・静岡新聞社）を出版した須藤典夫さんとは、尼崎・寿座や飯塚・嘉穂劇場などの特別興行でちょくちょく出くわして親密になった。『陶・熊野九郎右ェ門』（一九九三年・京都書院）など意欲作を発表。浅草・木馬館大衆劇場や十条・篠原演芸場で三十有余年にわたって舞台写真を記録しつづける臼田雅宏さん。関東劇界の情報や、このルポに生動感あふれる写真を提供してくれる、心やさしき兄貴である。

この三人と知りあう六、七年前、物書きとしてよちよち歩きをはじめたころに、フリーランサーとしての生き方を教わったカメラマンが故朝倉俊博さん。偶然に立ちあったフォークグループ「赤い鳥」の撮影現場での仕事ぶりにあこがれ、僕は一人っ子特有の人なつっこさで急接近した。二十代後半に僕が夢中で見ていた状況劇場（現在の劇団唐組）の麿赤児や大久保鷹の写真集も出版し、映画、ジャズ、オーディオなどの造詣が深く、酒をこよなく愛し、僕は職を転々としていた東京での三年間に実に多くのことを学んだ。

その後、尼崎市の実家にもどり、ライターもどきの日々を送っていた時、「ちょっと面白い人物や、ネタはないか」と電話があり、その都度、関西の芸人たちを紹介した。いまなら無論、そんなお人好しなことは絶対しない。そうして紹介したメンバーの中から、朝倉さんが『アサヒグラフ』で連載していた「流民烈伝」で、「尼崎外連物一代記」と題して初代・澤村章太郎、同じく連載物の「片すみの青春」で、「大衆演芸に生きる少年旅役者」（一九七六年十一月十二日号）と題して二代目・若草かほるをとりあげた。現在の寿美英二である。

寿美英二は昭和三十五（一九六〇）年三月、大阪市東住吉区で生まれた。父は初代・桜京之介（現・桜右京）で、二歳年下の弟が二代目・桜京之介（現・桜京誉）。初代・京之介は名古屋市の堅気の家に生まれ、十八歳で初代・小泉のぼる（後に小泉剣昇）に弟子入りし、小泉京之介と命名された。旅役者よりずっと上位に格付けされていた「籠寅興行」専属の嵐一郎劇団系である小泉のぼる劇団では、大月扇若、初代・辰己龍子、小泉いさお（現・勝龍治）ら芸達者が看板をつらねていた。腹の中からの役者ではない京之介には、入門以来ずっとコンプレックスがついてまわり、その負い目を埋めるために、毎日の舞台でもまれながら懸命に芸を貯えていった。そうした努力の甲斐があって、色白、小柄で目がくりっと可愛い京之介は女形に起用され、小泉いさおの相手役に抜擢されるようになった。注目をあびれば人気があがり、そうこうするうち若草劇団の太夫元にさそわれ、雇われではあるが座長に就任し、桜京之介を名のった。

「旅役者は、女性に夢を売る仕事やから、妻帯はもちろん、子供ができたらかくせ」が、桜京之介のゆるがぬ信念だったから、寿美英二は、幼年時代に両親と楽屋で暮らした経験がない。中学を卒業するまでは、母方の祖父母に養育された。当然ながら子役にかり出されたことは一度もなく、小学高学年になって小づかい欲しさで時おり楽屋をのぞいていたが、舞台はまるで異次元の世界で、芝居は自分には終生無縁のものだと思いこんでいた。

俺、小中学生の成績、体育と音楽が五で、あとは一ばっかり。笑うでしょ。ほんま、アホですねん。自分で言うのも何やけど、運動神経は抜群で、とくに足が速く、五十メートルを六秒で走った。その俊足を買われて、近鉄バッファローズ系列の少年野球チームにスカウトされ、中一までリトルリーグにいた。打撃はたいしたことなかったけど、外野フライは、どんな飛球でも楽々追いついた。

役者はたいていスポーツ万能で、動きが敏捷《びんしょう》。でも、いまの若手は子供のころにゲームばかりしていて、外で思いきり遊んでいないから、舞台の動きがドンクサイ。

父親からの仕送りできりもりする、祖父母と弟との生活はつつましいものだった。寿美英二は、家計の足しにと進んで新聞配達した。そのころラジオの深夜放送『歌え！ヤング・タウン』のファンになり、この番組よりデビューして一躍人気者となった「フォーク・クルセダース」に夢中になった。通称フォークルとよばれていた加藤和彦、北山修、はしだのりひこの三人組は、ミリオンセラーの「帰ってきたヨッパライ」や「イムジン河」「悲しくてやりきれない」などのヒットをとばし、プロ活動は一年限りとの宣言通りに解散した、伝説のフォークグループだった。

音楽好きの寿美英二は、すでにヤマハ音楽教室に通ってエレクトーンを習っており、加藤和彦を神様のように崇拝しはじめると、ギターを買って独習し、加藤のファッションをそっくり真似て、アイビーで長髪にした。公立中学でも服装や頭髪検査で引っかかりそうなものだが、なぜだか黙認された。担任教師がどうした訳か寿美を可愛がってくれ、注意されるどころか、「生活指導の先生には、うちが貧乏で散髪代がないと言え」とか、さらにパーマをあてた時には、「天然パーマで、洗髪してないからこんなふうになったと答えろ」と助言してくれた。どうして先生がやさしくしてくれるのか、寿美自身もわからなかったが、後述する寿座の桝原岩五郎もそうで、父性本能をくすぐる何かをもちあわせているのかも知れない。無口でとくに愛嬌がある方でもないのにクラスメートにも好かれ、不良グループや優等生グループとも仲よく遊び、いじめられたりトラブルをおこしたことはまったくない。

フォーク熱はますます昂じ、関西フォークのメッカだった、京都・円山野外音楽堂のコンサートにも足しげく通った。そうこうするうち『ヤング・タウン』を公開録音するミリカホールの常連客になり、ある日、毎日放送の番組スタッフから、「君、毎日、顔出してるな。アルバイトをせえへんか」と声をかけられた。どうやら大学生と勘ちがいされたようだ。履歴書の提出を求められることもなく、すんなりと採用され、スタジオの後片づけを手伝った。二時間の雑用にしては、かなり高額なアルバイト代をもらった。その上、司会の桂三枝（現・文枝）とも顔なじみになり、「君、ええモンもってるな。よかったら吉本に来《け》えへんか」と熱心にさそわれた。

中学三年で音楽部を創設し、フォークグループも結成した。歌もギターもうまいし、ルックスもよかったから、たちまち学内にファンクラブができた。中学の、ちょっとしたスターである。そして卒業式では、教師たちの計らいでフォークソングを演奏することになり、寿美が歌う「あの素晴らしい愛をもう一度」にのせて三年生が退場した。その時の、血の逆流するような高揚感は何にもかえがたく、ミュージシャン以外に、自分の生きる道はないと確信した。

名前さえ書いたら入れるという工業高校に合格し、入学金も払った。めざしていたのはプロのミュージシャンで、俺、こう見えて案外とゴリガン（頑固者）で、やると決めたら絶対にゆずらない。

「ええギャラ払うから、春休みの間だけ楽団のギターを弾いてくれへんか」と、若草劇団の太夫元（劇団責任者）のおいやんが言ってきた。あの当時の劇団は、役者がバンドを組んでギターやドラムス、オルガンを演奏していた。若草劇団にはオールマイティーの楽士《がくし》さんがいて、その人のリードで伴奏していたけど、うまいギターがいないと言う。

親父が座長として世話になっているし、無下に断わるのはまずいと思い、入学までの一ヵ月間だけ引き受けた。ところが、ギターはおいやんの作戦で、俺、うまいこと口車にのせられてしもた。

十五歳の少年が、手練手管にたけたベテランの太夫元にかなうはずがない。「ちょっと化粧してみぃ、一万円

やるから」「歌一曲うたわへんか、一万円出すで」と万札をちらつかされたら、ついその気になってくる。劇団員たちはみんな親切で、衣裳の着付も手ほどきしてくれる。しかも父の桜京之介は口にこそ出さないが、その立居振舞に、長男の役者デビューを心待ちにしている気配がそれとなくうかがえる。音楽への夢はにわかに断ちがたいが、親孝行の真似事をしてみるか、と腹をくくった。「座長、俺、役者やるわ」とぼそっと伝えると、「いったん幕内にとびこんだら、座長の伜として、嫌なことやつらいことがあっても、やめますとは口が裂けても言われへんぞ。ええんか」と桜京之介は問い質してきた。「親父の顔に泥を塗るようなことは、せえへん」と、寿美はきっぱりと言い切った。その日のうちに、千草まことという芸名が決まった。

若草劇団には座長の桜京之介、月波京之助、海原裕二、川上章太郎、北島伍郎、菊池志郎、浪花三恵子、浪花敏江、泉ちどり、太夫元の若草かほるたちが在籍していた。一座の大半は芸達者なベテラン、中堅ばかりで、十五歳の千草まことが気やすく話のできる若手がいなかった。

座長の長男といえども、旅芝居の一座がそうであるように、まことは子分役ばかりだった。その子分の台詞が聞きとりにくいと浪速クラブの男性客に、「こら、お前、大きい声出さんかい」と怒鳴りつけられた。自分でも十分承知しているが、声が出ないし、舞台で台詞が通らない。ぼそぼそとしゃべる普段の癖がなかなか抜けきらず、桜京之介も、役者としてやっていけるかと本気で心配しはじめた。舞台で赤っ恥をかいた当人の悩みは深刻で、やる気をなくしかけていた。しかし父親との約束もあり、生来の負けず嫌いが頭をもたげ、その夜から「へい、親分」「へい、親分」とさっそく発声練習をはじめた。その単調な練習を連日つづけるうち、少し低音だが、腹から声が出るようになった。

千草まことの歌手デビューは堺市・浜寺ヘルスセンター。歌謡ショーのトップではしだのりひことクライマックスの「花嫁」をギターを弾きながら歌ったら、「大衆演劇の舞台でフォークソングを初めて歌ったのはまこちゃんや」と、楽屋ではバカ受けしたが、客席のおばちゃんはキョトンとしていた。

桜京之介の厳命で、入団と同時に日本舞踊の修行にはげんだ。師匠の藤間嘉之輔は、かつて市川おもちゃ、月丘譲二とともに関西の三羽烏とよばれていた大導ひろしで、千草まことを基本からしっかりときたえあげた。表情も口調もやさしいが、手をまちがえると、「あら、ちがうでしょ」と容赦なく扇子で叩かれた。最初は夜の舞台がはねてから行く稽古が億劫《おっくう》だったが、温厚な師匠の熱心な指導にひかれ、次第に踊りが面白くなってきた。

そんな折、若草のおいやんがとんでもない話をもちこんできた。若草かほるの二代目を襲名し、兵庫県尼崎の寿座で大がかりな座長大会をとりおこなうというのだ。父親の桜京之介は若草劇団のいわゆる雇われ座長で、役者になって一年半、素人に毛がはえた程度の芸しかもちあわせないまことには土台無理だと承知していても、立場上、太夫元には異をとなえづらい。当の千草まことも、何がどうなっているのか、さっぱりわからないまま、襲名特別興行で踊る「船弁慶」「藤娘」の稽古をはじめた。

雲ひとつない秋晴れで肌寒かった、昭和五十一（一九七六）年十月二十六日『二代目若草かほる襲名披露興行』は、昼夜二回公演で一千名の観客を動員した。この当時、関西での座長大会は年に一、二回で、親睦団体である関西芸能新共栄会に所属していた市川おもちゃ、市川千太郎、花房研二郎、大日方満、勝小竜、浪花三之介、山崎ひろし、江味三郎、美里英二、島田高志（いろは順）らが出演したので、大入り満員の盛況は当然と言えるだろう。興行的には大成功だったにちがいないが、主役である二代目・若草かほるの表情には晴れやかさが微塵も感じられなかった。


若草のおいやんは、大衆演劇をもりたてるには若いスターを売り出して話題をよぶのが一番と考え、俺に白羽の矢を立てたが、俺は役者としてヒヨコどころか、卵からかえった雛《ひな》みたいなもの。役者の子とはいえ、子役の経験は一度もないし、ずっとプロのミュージシャンをめざしていて、役者になる気なんてさらさらなかったし……。

正直言って、二十四時間神経をはりつめる仕事の役者をつづけていく自信がなく、いろいろ考えあぐねていた時にいきなり襲名の話。二代目・若草かほるを名のっても、大衆演劇のお客さんは芸のない十六歳を応援してくれるほど甘くはない。

どんなことがあっても役者はやめない、という親父との約束でかろうじて劇団にとどまったが、幕内の空気になじんでくると、おいやんの金もうけのためのあやつり人形やったとわかり、途端に舞台に厭気がさし東京へドロンした。


半年後、桜京之介につれもどされ、二代目・若草かほるが最初に詫びに行ったのが寿座。座主の桝原岩五郎は関西芸能新共栄会の会長で、呼びだしをかけると座長たちは一散に馳せ参じ、その一瞥《いちべつ》で強《こわ》もての役者がすくみあがったといわれる、関西劇界のドンであった。寿座で公演中の劇団が気の抜けた芝居をしていたら、たちまち事務所に呼びつけ、「ここ、誰の小屋や、思とんねん」と一喝した。一方、劇団がピンチに見舞われると体をはって援助を惜しまない情の人でもあった。

このゴリガンの桝原岩五郎に、デビュー当時より若草かほるは可愛がられていた。新共栄会の集会に桜京之介のつきそいで顔出しすると、「ひろよし、こっちこい」と、そうそうたる座長をさしおいて横に座らせ、それを誰にも文句を言わせなかった。

座長の子息でありながら一座を遁走した無責任さをこっぴどく叱られた上、二代目・若草かほるを返上させられた。さらに桝原より課せられたペナルティが寿座の道具方。大阪市の吉野劇場、池田市の呉服座とならぶ格式を誇る寿座には回り舞台もあり、裏方をとりしきるのは、桝原岩五郎に負けず劣らず怖い棟梁で、その下で半年間見習いをやれと命じられたのだ。

この裏方修行は、それ以降、三十有余年に及ぶ寿美英二の役者人生の財産となった。若草かほる時代は、その日その日の芝居にとりくむのに精一杯で、舞台用語や符丁《ふちょう》を覚える余裕もなかったが、芝居の基礎知識をおのずと習得していった。きびしい棟梁の一言一句を頭に叩きこみながら、舞台装置、小道具、背景幕の一つひとつに、芝居を楽しく見せる工夫をこらしてきた、先人たちの熱い心を感じとった。

その当時の関西の興行は半月替わりで、順ぐりに寿座に来演してきた、十二の劇団の裏方をつとめた。劇団によって引き幕のタイミングが微妙に異なり、とりわけ終幕で木頭にあわせて閉めていくタイミングが、芝居を活かしも殺しもした。そうして幕袖から六ヵ月間見つづけた数多くの役者の中で、寿美英二が、芸の鑑《かがみ》として敬愛しつづけることになる座長と出会った。東の梅沢富美男に比肩する圧倒的な集客数を誇り、「美里が動けば、観数が動く」と言われた、美里英二である。

初めて見た時は、ちょっと物足りない気がして、本当にうまいのかなと思った。でも二回、三回と見ていたら芝居のうまさが際だっていて、さらに客席をほんわかとつつみこむ不思議な雰囲気があり、俺が目標にするのは、この人やと心に決めました。そんな気持が美里先生にも通じたようで、「時間があったら、いつでも」と誘ってくださり、棟梁の了解を得て、化粧前に座りメイクの勉強をさせてもらいました。見て覚えなさい……。ふつうは、よその座長の息子を座長部屋にいれ、メイクを見せてくれませんよね。

盗むんじゃなく、心の師である美里英二を丸ごと真似ようとつとめました。テープレコーダーを幕袖にセットして、芝居を全部録音しました。台詞のイントネーション、声の強弱、間……。その後、座長になって地方のセンターで公演中、ファンの人によく言われました。「あんた、美里さんの子供やろ」と。俺、滅茶苦茶うれしかった。

ある日、寿座に団体客があって、終演後、美里先生がお客さんを劇場前までお見送りされた。通常のお見送りは、舞台で軽く頭をさげる程度でした。それを見ていた桝原のお父さんが組合の寄り合いで、「お前ら、美里を見習え。あそこまでお客を大事にするのが役者じゃ」と、大声で怒鳴りつけはった。関西でお見送りを劇場前でするようになったのは、それからです。

若草劇団から独立し、父親が旗揚げした桜京之介劇団に、寿美英二は役者復帰した。この時に桝原岩五郎に命名されたのが寿美英二。寿座の寿、美里の美で、すみは炭を連想させ、燃えつきて消える炭は縁起がよくないと占い師に言われたが、寿美自身は、誰が何と言おうとこの芸名にこだわった。桜京之介劇団では芸も急速にうまくなり、一座の中看板としての役割も十分にはたせるようになったが、無愛想で無口なのはあいかわらずだった。

そんな寿美英二を陰に日向にとサポートしてくれたのが、二歳年下の弟・小桜誠（のちの二代目・桜京之介、現・

桜京誉）。「一座内のトップは一人」というのが、初代・桜京之介が薫陶《くんとう》を受けた嵐一門の劇団運営で、従って桜劇団でも次代をになう寿美英二が優遇され、小桜誠は寿美の引き立て役に徹しつづけた。その弟の忍従ぶりを兄は十分に承知していて、感謝を忘れることはなかった。劇団名を花吹雪とかえ、二人が座長に昇進してからも、大衆演劇界で一、二を競うほど兄弟仲はよく、個人のパフォーマンスはもちろんのこと、アンサンブルで見せる舞台を展開してきた。

三十歳で座長に就任した寿美英二が芸域をひろげるために強く意識した座長が、美里英二以外に、もう一人いた。寿美から見れば、天才揃いの一座である、嵐劇団の勝小龍（のちの二代目・小泉のぼる）。「ちから兄《に》ぃ」といつもよんでいた、六歳年上の勝小龍は、卓越した演劇センスをもつ実力者で、喜劇役者としても超一流。そのアクが強く滑稽でしかも洒脱な芸を、寿美英二は勉強し尽くした。平成十七（二〇〇五）年に五十二歳で死去したのが無念の極みで、「もしもいま、ちから兄ぃが健在ならば、大衆演劇はちがった道を歩んでいた」と寿美英二はつくづく思う。

初代・京之介時代も、二人座長の花吹雪でも、高水準の観客動員数を記録したが、座長として頂点に立てなかった。トップに君臨するために初代・桜京之介は女形大会を初めて企画し、寿美英二と二代目・桜京之介も「ひばり特集」や、元タカラジェンヌをゲストに招いて本格的にダンスを導入し、新機軸を打ち出してきた。そうしたたゆまぬ努力と、桜春之丞と三代目・桜京之介の活躍とがあいまって、花吹雪は年間ナンバー・ワンの集客数を誇る劇団となった。

昔は格下の芝居と軽蔑されているみたいで嫌やったけど、現在は、大衆演劇の役者であることが誇りです。花吹雪の舞台は、どこにも負けない自信がありますし……。

俺、変わったですか。二代目・若草かほる当時の暗い無口なままやったら、取材を受けてませんもん。

世界のトヨタで

橘 菊太郎

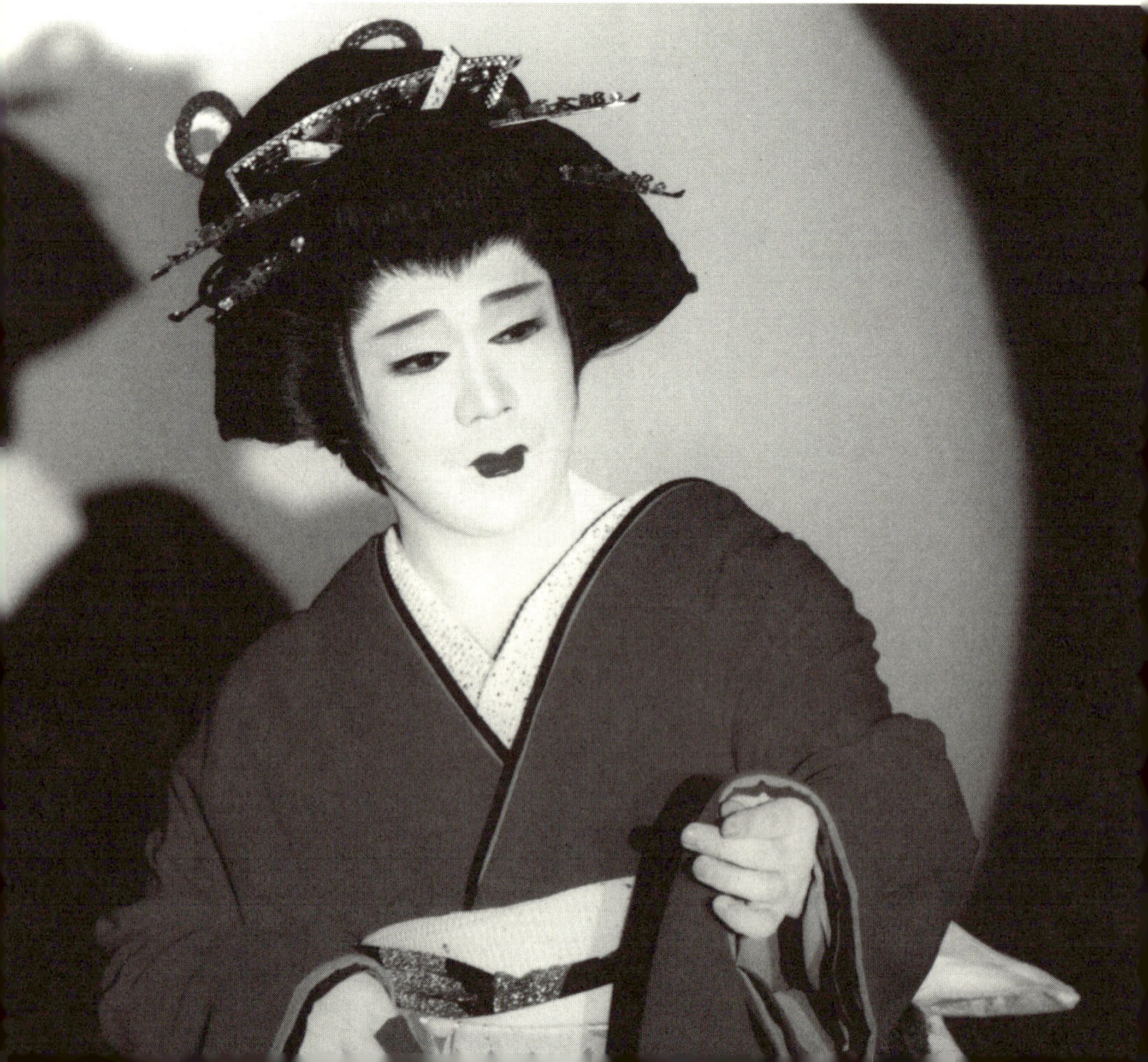

昔から芸能関係者が口にする言葉の一つに、見巧者《みごうしゃ》は演者をきたえる、がある。うまい役者がみごとな演技で名観客を育てるように、芝居の見方の上手な人もまた、名役者を育てるというのである。そうした優れた鑑賞眼をもつ名観客、いわゆる芝居通とよばれる人たちが、大衆演劇ファンにも少なくない。

観劇マナーは少々がさつだが、いつも陽気で元気いっぱいの大衆演劇ファンは、つぎの二つのタイプに分類できる。一つは、常設劇場やヘルスセンターの近くに住むファンで、公演にくる一座を万遍なく見ている常連客だ。役者の上手下手を見る目が確かで、見どころをきっちりと心得、役者に絶対妥協しない手ごわい観客なのだ。そんな常連客同士が、芝居の終幕直後にかわす劇評を、客席で耳をそばだてて聞くのが、僕のひそかな楽しみである。

常連客が舞台そのものを愛するファンなら、一方、役者や劇団を一途にサポートするのが贔屓客およびファンクラブのメンバー。芝居では、登場時や見せ場で、「座長」と絶妙のタイミングで掛け声をかけ、場内の雰囲気を派手やかにもりたてる。一万円札などのお花を贈りつづけ、熱狂的なファンは、劇団の公演先まで追いかけて行く。

いずれのファンが見巧者かと言えば、常連客にちがいないが、役者や劇団をしかと育てあげるのは贔屓客やファンクラブである。そして、この双方のファンが渾然一体となってかもし出す客席の空気は、他の芸能では絶対に体感できない、生気と熱気にあふれている。もしかして、大衆演劇はもっとも素晴らしい観客にめぐまれているのかも知れない。

二代目・橘菊太郎は昭和三十六（一九六一）年八月、大分県日田市の巡業先の楽屋で生まれた。父の初代・橘菊太郎が二十三歳、母の北條寿美子が二十歳の時の子供である。三人姉弟で、二歳年上の姉が小月きよみで、九歳年下の弟が橘文若。三代目座長の橘大五郎は姉の長男で、甥である。祖父は節劇（浪曲劇）を得意とした橘二三夫で、二三夫の長男が初代・梅田英太郎、四男が初代・橘菊太郎で、従ってともに二代目の梅田英太郎と橘菊太郎は従兄弟である。

「お前は、子役時代は天才やったが、大人になってからはクソ大根」と、橘菊太郎は二代目を襲名して座長になってからも、父親からクソミソに詰《なじ》られつづけた。ベビー大五郎と命名され、初舞台をふんだのは三歳で、劇団員につれられて立役を踊ったらしい。幼児ながら舞台に出るのがまったく苦でなく、むしろ楽しくて仕方なかった。田舎の掛け小屋では午後七時に開幕し、前狂言、中狂言、仲入りをはさんで、大五郎の出番がある切狂言が開演するのは午後十時をすぎたが、寝入り端《ばな》を起こされてもぐずつかず、しっかりと芝居をこなした。

母の北條寿美子の踊り稽古は、犬の調教みたいなもので、アイスクリームを大五郎の目のとどく所に置いた。覚えが悪いとクリームがとけてしまうので、大五郎は食べたい一心で必死に踊りをマスターした。

姉がずっと演じていた役も、その日の気まぐれで「うちは、せん」と投げ出すと、大五郎が代役をつとめ、結局はそれが持ち役となった。ベビー大五郎が演じた『傾城阿波の鳴門』の巡礼おつるはとりわけ評判をよび、橘劇団の十八番物となった。

祖父の橘二三夫はたいへん器用な人で、一座のちいさな人気者に鬘をつくってくれた。その当時、鍋の底をけずって墨を塗りつけたといったふうに、大半の旅役者は貧乏で自前の鬘がもてなかったが、ベビー大五郎は祖父の手づくりとはいえ、立派な鬘を七面も所有していた。旅芝居の世界では、達者な子役は米櫃《こめびつ》とよばれ、おヒネリで家を建てたと言われるが、ベビー大五郎はまぎれなく米櫃だったのである。

お父さんの劇団は、八、九名のちいさな劇団で、おさない僕の手も必要で、木頭も打ちましたし、音調も手伝いました。ある日『三番叟』を上演中、お父さんの「ヨッ」という掛け声でテープを操作したが、まちがって逆回転させてしまった。キュルキュルと甲高い音が流れて、昔のオープンリールなので、すぐに巻きもどせないんです。パニクってますし……。子供なりにも任された仕事の、責任感はありました。いまのＭＤやＣＤだったら、押しなおせば、音がとびだすんですが。

松井千恵子劇団や三條ミチ子劇団ともしばしば合同公演し、松井誠さんのお姉さん・せつ子さんにたいへん可愛がってもらいました。

僕、子役として結構かせいだみたいです。踊っているとおヒネリがいっぱいとんできて、それを全部リンゴ箱にいれ、最後に僕も箱にはいって退場しました。

四歳か、五歳のころ。劇団のバンドで「新聞少年」を歌っていたら、一万円のお花をいただいた。お父さんが、これは勘ちがいだと客席に返しに行ったら、「まちがいではありません。大五郎君に何か買ってあげてください」とお客さんに言われ、チェックのスーツ、半ズボン、カッターシャツ、赤の蝶ネクタイの舞台衣装と自転車を買ってもらいました。

ヘルスセンターで自分の出番が終わり、化粧をおとして客席に行き、売店でお客さんに何か買ってもらうと、こっぴどく叱られました。舞台で芸を披露してお花や贈り物をいただくのはよいが、さもしい態度で金品をもらうのは絶対に駄目だ、と。礼儀、挨拶はもちろんのこと、役者の品性に関しては、お父さんはきびしかった。


姉の小学入学と同時に、大分県日田市の祖父・橘二三夫宅に一緒に預けられることになり、ベビー大五郎は子役を卒業し、「憲児」「憲ちゃん」とよばれる普通の少年になった。両親の言うことに素直に従う、聞きわけのよい子だったので、芝居をやめることに未練はなかったが、大好きで尊敬する父母と離ればなれになるのがつらかった。毎月末の深夜、公演先を移動中の両親が祖父宅に立ちより、子供たちの寝顔を見にきた。一言でも言葉をかわしたくて起きていたら、「学校が早いから、寝ろ」と、祖父に無理やりに寝かせつけられ、そっと布団をのぞきこむ父と母の気配を目を閉じたまましっかりと感じとり、そして、ようやく眠りについた。

小学校では悧発で明るく、年上からは可愛がられ、友だちには好かれた。成績は普通で、旅役者の子供の多くがそうであるように、体育は得意だった。運動神経にめぐまれていたようで、小柄だったが、スポーツは何をやってもトップクラス。負けず嫌いでゴンタだったから、いつもチームをとりしきっていた。

両親の仕送りだけでは祖父から小づかいがもらいづらく、小学高学年になるとアルバイトに精を出した。牛舎の糞を一輪車ではこんだり、近所の味噌・醤油会社の受注、配達、集金を一手に引き受ける営業をこなした。醤油とソース一本が十五円、味噌一袋が五十円の歩合給で、憲児は小学生らしからぬ商才を発揮した。

中学校では柔道に熱中した。最初は軟式テニス部にはいったが、「テニスは女がするスポーツ」と祖父に猛反対され、仕方なく柔道部に転じた。その柔道でたちまち頭角をあらわし、さして強豪校でもなかったので、上級生たちを得意の背負い投げと体落しで投げとばし、一年生の冬には校内に敵はいなくなった。出場した体重制のない無差別の、大分県大会の個人戦では憲児より大柄の相手を次々と倒し、関係者に注目され、別府大学付属高校(現・明豊高校)に特待生で進学した。

大リーグでも活躍した名捕手・城島健司をはじめ、多くのプロ野球選手を輩出したスポーツ校だった、別府大学付属高校の柔道の稽古は、憲児の想像をはるかにこえていた。授業前の朝稽古、午後の高校の稽古にくわえ大学生の相手。明けても暮れても猛練習のくり返しで、休みは正月の三日のみ。先生や上級生にはいっさいさからえない。稽古前には気が滅入り、体が拒否反応をおこして嘔吐をもよおし、突然に頭痛や膝痛におそわれる。特待生なので逃げ帰るわけにいかないし、寄宿しているのが鬼のように怖い先生の自宅。

これ以上苦しいことはない、と思うぐらいの過酷な稽古でした。ケツをわらず、あの稽古に耐えてきたから、今日があると思う。幕内で幾度か苦境におちいった時も、高校の人間離れした猛稽古を思い出し、僕はのりこ

えてきました。
スポーツの指導で、暴力や体罰はもちろんよくないですが、つねに自分の限界に挑戦しつづけるハードな稽古は、絶対に必要だと思いますね。舞台の稽古も、そうでしょ。

きびしい稽古をかさねた甲斐があって、憲児は、県大会の軽量クラスでは高校二年で三位、三年で二位に入賞した。ところで高校三年になってから、憲児は将来の進路を決めかねていた。スポーツ推薦で大学に進学すれば、まちがいなく高校以上の激しい稽古を強いられるだろう。柔道整骨専門学校で学び、整骨院を開設するのも悪くない気がする。不景気で四苦八苦している両親の跡を継ぎ、旅役者になる気はさらさらないし、その両親を将来養っていくのは地道なサラリーマンか、と考えあぐねていたのだ。そんな時、柔道部の先生が勧めてくれたのがトヨタ。実業団で柔道部をつづけるのを条件に、正社員で採用されるという。わが国を代表する企業だし、給料も申し分ない。一も二もなくトヨタに決めた。

大企業に入社し、寮生活はこりごりだったから、同期の友人とアパートを借りた。同居人はテニス部所属の福岡出身者で、憲児がうらやむほど女性にもてた。一緒に住みはじめて一年ほどして、父親がアパートにくるというので、「何の仕事をしている」とさり気なく聞いてみた。「九州のあちこちを回っている」と答えたので、「役者か」「そう」「うちの親父も、そう」。まったくの偶然に二人は驚き、たがいの父親の芸名を名のりあった。同居人は、四代目・三河家桃太郎の長男で、五代目・桃太郎と諒の兄であった。その夜憲児は外泊し、同居人の父子に部屋をあけわたしたので、九州一の旅役者と名高い、三河家桃太郎とは顔合わせしなかった。

母の北條寿美子から「憲ちゃん、元気か」と時おり電話がはいった。その声にどこかしらおぼつかない響きがあり、金まわりが悪いSOSだと察した。さっそく財形貯蓄をとりくずし、職場仲間からも借りまくり送金した。高校以来、離れて暮らしている両親への想いはますます募り、少々は無理しても親孝行にはげんだ。

僕の知る限り、一流企業でサラリーマン生活を送った後、大衆演劇の人気座長をつとめたのは、橘菊太郎だけである。日本を代表する大企業でのサラリーマン暮らしにまったく不満はなかった。ところが入社して四年目、大好きな両親にやたらに会いたくなって巡業先をたずねたら、思いがけず橘劇団主催の座長大会が開かれていた。八名出演していた座長の中には、菊太郎よりずっと若い座長もいて、大きな声援をあびながらたくさんの祝儀をもらっていた。その模様を見つめているうちに、ねたましいような、ねっとりした心火が燃えたち、「役者をやりたい」という思いが五体をつらぬいた。

かつてベビー大五郎を名のり、天才子役とよばれていた橘菊太郎が、舞台を離れて十五年。この間、芝居にはまるで興味がなかった。また、大衆演劇界の長引く不況で、一座の運営に四苦八苦していた父の橘菊太郎も、一昔前の幕内なら、子供の意思などおかまいなしにゲンコツで跡目を継がせたものだが、そんな無理強いをしなかった。ところで菊太郎が座長大会を見た昭和五十七（一九八二）年は、「下町の玉三郎」こと梅沢富美男がにわかにマスコミの寵児としてもてはやされ、大衆演劇ブームが到来しようとしていた。
九州男児のスポーツマンで、情熱家で一本気な橘菊太郎ではあるが、劇団入りをはたしたのは一年後。一座の無きにひとしい給料で役者をつづけていくのは心もとなく、大好きなディスコをはじめ遊びをいっさい封じ、せっせと貯蓄にはげんだ。石橋を叩いて渡るような用意周到さだが、親の劇団にはいるのにこんな準備が必要なのだろうか。これまでも橘菊太郎と言葉をかわしながら、どことはなく旅役者らしからぬ発言や心くばりが垣間見え、「おや」と思ったことが、幾度かあった。

四年間のサラリーマン生活が、役者人生にとってはプラスだったのか、マイナスなのかは、僕には判断できません。

ただ、トヨタ自動車という巨大な組織の中で規則正しい生活を送り、さまざまな人間関係にもまれていると、視野がひろがり、多くのことを身につけたような気がする。バランスのとれた物の考え方、効率の高い行動、上司、同僚とのコミュニケーション、節度ある金銭術とか。そんなところが、舞台一筋でやってきた座長さんとは、ちょっと肌合いがちがったかも知れません。

橘劇団は、大分県日田郡のグランドホテル・サンビレッジの専属で、母の北條寿美子と従兄の二代目・梅田英太郎の二枚看板を売り物に、父の初代・橘菊太郎が後見をつとめていた。劇団員は十二名で、のちに座長で活躍する冨士川竜二とその両親も在籍していた。トヨタを円満退社し、梅田英太郎の口添えで入団を申し入れると、父も母も異をとなえなかった。猛反対を覚悟していたのだが、両親にとっては、長男が跡を継ぐ心づもりで劇団にはいり、ずっと一緒に暮らせるのが何よりもうれしかったようだ。さっそく橘剣二郎と命名された。
橘剣二郎が想像していた以上に、十五年のブランクは大きく、舞台勘はたやすくとりもどせなかった。かつて子役で大活躍したので、舞台を甘く見ていたわけではない。いまは、素人同然の新人と自戒し、ひたすら梅田英太郎の教えを乞うた。梅田は、高校進学の記念に立派な腕時計をプレゼントしてくれるなど、なにくれとなく剣二郎のことを心にかけてくれるやさしい兄貴だった。最初に手とり足とり教わったのは股旅物の踊りで、みっちりと三日間きたえられた。自宅とホテルの移動には車で三十分を要し、その車中で芝居を教わった。梅田が台詞の一くだりをしゃべると、剣二郎が鸚鵡《おうむ》返しする特訓。通常なら、子分役の新人にこんなことはやらないが、遠からず独立して梅田劇団を復活するつもりの英太郎は、後顧《こうこ》の憂《うれ》いがないように特別な稽古をつけてくれたのだ。

父親には芝居の基本を叩きこまれた。「若いうちは、ちょっと塗ったら可愛いいとワァワァキャーキャーと騒がれるけど、ホンマモンの芸をみがかないと、結局はお前が苦労する。そのためにも基本をしっかりと勉強しろ」と、耳にタコができるほど言われ、「役者は山あり谷ありの人気稼業。人気があるからとえらぶらず、落ち目だからと卑屈にはなるな。座長であっても座員でも、ベテランも若手も隔《へだ》てなく、いずれの役者さんとも公平につきあいなさい」と忠告された。

剣二郎が旅役者にカムバックして三年目の昭和六十一（一九八六）年、二十五歳で二代目・橘菊太郎を座長襲名した。座長の芸や器には程遠いと、初代・菊太郎は承知していたが、ポストが人をつくるで、責任ある地位に立たせれば、もしかすると急成長するかも知れない、との期待もあった。その期待が大当たりし、二代目・菊太郎はたちまち九州演劇協会のホープと注目された。前年には梅田英太郎が一座を旗揚げした。同じ公演会場に腰をすえていても進歩と刺激がない、と新橘菊太郎劇団はホテルとの専属契約を解消し、九州各地の巡業にふみ切ったのが功を奏した。

中堅、若手の劇団員がふえ、その中に姉の小月きよみがいた。東京でＯＬだった二歳上の姉は、大井競馬の騎手と結婚していたが、菊太郎の座長就任が決まると、夫婦ともども劇団に参加してくれた。はっきりと物言いするきよみは、一座では母親の北條寿美子よりも怖い存在で、座長の菊太郎にも遠慮がなかった。

梅沢富美男が華麗な女形で注目されるまでは、座長がショーで女形を踊るのは月に一、二回程度だったが、以来、ショーには欠かせぬプログラムとなり、旅役者の誰もかれもが女形を競うようになった。菊太郎は化粧や着付に手間どる女形が面倒で、ずっと敬遠していたが、「お客さんが望んでいる女形を、なぜやらん」と、きよみに面と向かって詰問された。それで不承不承女形で踊ったら、鬼みたいに怖い顔だったらしく、「あんたのは女形やなくて、鬼な形」とさんざんツッコまれた。その言葉がくやしくて花柳流の師匠について本格的に稽古したら、可憐で清楚な女形ができあがり、菊ちゃんフィーバーがはじまった。

橘菊太郎の舞台を初めて見たのは平成九（一九九七）年八月二十一日、福岡県北九州市の小倉花月での「姫京之助・快気祝座長大会」だった。交通事故で瀕死の重傷を負った「劇団花車」の姫京之助が奇跡的な回復ぶりで舞台復帰をはたすことになり、九州演劇協会の二十名の座長が、お祝いにかけつけた特別興行である。座長になって十一年目の橘菊太郎は、協会では中堅のポジションだと思うが、人気はずば抜けていた。芝居の『巡礼やくざ』では目立たなかったが、舞踊ショーで可憐な女形で登場すると、「菊ちゃん」「菊ちゃん」と大合唱がまきおこり、踊りそこのけで祝儀がついた。

あれよあれよという間にお客さんがつき、祝儀もあがり、舞台の稽古よりお客さんとの食事に夢中になって、僕、浮かれていたんです。

ある日、九州独特のたっぷり演じる芝居ではなく、ちょっと気取って、三度笠をかぶって台詞なしで粋に花道にはいったところ、舞台袖で見ていた親父にいきなり木頭を投げつけられ、大目玉をくらいました。「劇団員がみんな芸達者でしっかりと芝居をもりたて、お前がスッと芝居するのなら、さまになるが、劇団員も素人、お前も素人で、あんな学芸会にも劣る芝居があるもんか。お客さんに木戸賃をお返しするか、それとも、たったいま、役者をやめてしまえ」

　言われて、その通りだと思い、ひたすら謝りつづけました。それから、当り前のことですが、性根をすえて舞台に取り組むようになりました。


　座長になって五年目、橘菊太郎が三十歳のときに初代が急逝した。役者としては働きざかりの五十三歳。菊太郎にも座長らしい風格もそなわり、芝居がいよいよ面白くなってきて、それゆえに演出や演技で思い悩むことがふえた。「こんな時、初代がいたなら」と、父親の存在の大きさを改めて思い知らされた。

　橘菊太郎は謙遜ではなく、芝居も踊りも、ずば抜けてうまくはない、とみずからの役者ぶりを見きわめている。で、大衆演劇界を菊太郎なりに見わたすと、いわゆる芸達者で玄人受けする役者が、必ずしも人気者になっているとは思えない。芸の上手下手の評価よりも、興行の世界ではむしろ集客数が優先される。

　では、どうしたら観客動員数を伸ばすことができるのか、一ヵ月公演をフル稼働するためのプランを練り、試行錯誤をかさねながら実践してきた。この路線を継続できたのは、橘劇団の緊密なチームワークがあったからで、劇団員もスタッフも、それぞれが持ち場をきりもりするプロ意識に徹している。いつも一座をみごとに統括する菊太郎の言動を見ていると、役者としてもさりながら、プロデューサー的才幹にすぐれている、と僕はつくづく思う。

　平成七（一九九五）年一月、橘菊太郎劇団は、念願だった関西の常打ち小屋の初進出をはたした。この当時、関西では半月興行をおこなっており、神戸・新開地劇場の前半は関西一の人気を誇る美里英二劇団、後半の十六日からが橘劇団。いきなり新開地劇場で公演するのは破格の扱いで、九州で人気沸騰中の橘劇団への期待の大きさがうかがえる。ところが、その公演二日目の早朝に、阪神淡路大震災が発生。十年にわたってそろえてきた衣裳、鬘、舞台道具の大半を、一瞬にして失った。言語に絶するショックを受けたが、劇団員が全員無事だったのが、不幸中の幸いと割り切り、みんなで心を一つにして苦難をのりこえてきた。そして七年後の平成十一（二〇〇二）年四月、初代・橘菊太郎のかねてよりの夢で、橘劇団の目標だった東京・浅草大勝館で大成功をおさめ、以来、甥の橘大五郎とのゴールデンコンビで、大衆演劇界に旋風をまきおこしている。

呑み打つ買うもたっぷりと楽しみ、僕はラッキーにも百点満点にちかい役者人生を歩んできました。それで常に心がけていたのは、一人よがりになりがちな自分を、冷静にセーブする視線。でも、本当は自分のことなど、どうでもいいんです。一番大事なのは劇団。

もしも神様がいて、僕の願いをかなえてくれるなら、親父が大五郎に大衆演劇の神髄をしっかり指導してやって欲しい。

涙をこぶしで握りしめ

龍児

「大衆演劇の取材では、どんな苦労がありますか」と、時おり質問されることがある。四代目・三河家桃太郎を岡山県のヘルスセンターに訪ねた初取材から三十五年が経過し、それなりのキャリアも重ね、「原稿を依頼され、仕事を受けたからには、苦労などない」とカッコよく言い切りたいが、当然のことながら大なり小なりの苦労はつきまとう。

幕内とのつきあいが長くなるに従い、腐心しているのが、いわゆる人間関係。総じてキャラクターが強烈で、言動が独善的な座長や劇団関係者との、深入りせず離れすぎずの、程よい距離感が実にむずかしい。もちろんのこと、誰とでも同等につきあうように心がけてはいる。しかし、僕自身の芸の選り好み、先方との相性や世代格差もあいまって、人づきあいは思うにまかせない。

とにもかくにも、長年の取材でつちかってきた信念だけはつらぬいてきたつもりである。大衆演劇のモットーが「見せてやるではなく、見ていただく」だから、僕も、「書いてやるではなく、書かせていただく」心づもりで、執筆にいそしんできた。

龍児は昭和三十五（一九六〇）年五月、山口県下関市で生まれた。両親とも旅役者で、巡業中に誕生したそうだ。四歳年上の姉がいる。父の朝霧隆が初代・樋口次郎劇団に入団し、初代の弟子だった桜かほるとつれ添った。

朝霧はなかなか芸達者で、大衆演劇の第一期（昭和十年代）と第二期（昭和二十年代）の黄金時代に、九州で「西に南條、東に樋口」とうたわれ、初代・南條隆とともに君臨していた樋口次郎の一座で重用されていた。昔ながらの九州役者らしく侠気が強く、別府の小天狗なる異名もとっていた。役者仲間が大勢にからまれ、袋だたきにあう寸前に割ってはいり、身がわりで重傷を負ったこともある。

龍児が三歳のとき、父親が深酒しておっぱじめた夫婦喧嘩で窓ガラスを割り、どうしたはずみかガラス片が龍児の耳にはいってしまった。半狂乱の母親が龍児を抱きかかえ、医院に駆けつけた。このトラブルが原因で両親は離婚した。物ごころがつく前だったから、龍児には、かすかな父の記憶と思い出しかなく、それも楽屋で阿修羅のごとく暴れている怖い父親だった。

朝霧隆はその後、別府温泉の杉乃井ホテルのステージで道具方の棟梁（責任者）をつとめた。当時は大衆演劇の超一流劇団がしばしば公演しており、スタッフをてきぱきと指揮する朝霧の評価は高く、幕内では知る人ぞ知る名棟梁だった。往年の朝霧隆の役者ぶりを知る人が、龍児の三枚目の芝居を見て、「雰囲気も、仕草も、そのまま」とびっくり仰天したという。血は、やはり水よりも濃いのである。後年、龍児が「劇団炎」を旗揚げし、少し名前が売れはじめたころ、朝霧のたっての希望で、二十数年ぶりの父子対面をはたした。

親子だから当り前ですが、顔も姿もそっくりでした。でも、二人がひしと目と目で見つめあって、泣きながら抱きあうとか、芝居の筋立てのようには運ばなかった。憎しみもなければ、愛情もわかず、俺、冷血漢かも知れないけど、何の感情もおこらなかった。「あぁ、この人か」という程度。

おふくろは、ちがいます。死ぬほどつらい思いをしながら、俺を育ててくれたおふくろには、言葉では語り尽くせないほど、深い温情があります。

幼な子をかかえた母親が働ける職場は、容易に見つからなかった。さしあたって糊口をしのぐのは、慣れ親しんだ楽屋が一番だが、かと言って、樋口次郎劇団に残るのは気が重く、桜かほるは龍児をつれて九州のよその一座にとびこんだ。新しい一座には子供が数人いて、みんなで仲よく遊んだ。人見知りのはげしい龍児も座長にずいぶんと可愛がられ、「舞台に、出てみるか」とさそわれると素直に従った。舞台そのものが嫌いではなかったが、出演さえすれば、やさしい座長に恩返しができ、いつも肩身のせまい思いをしている母親がよろこぶ、と子供ながらに知恵をめぐらせたのだ。

座長になってからも母親に、「踊りは、子役のときの方がうまかった」と半ば冗談のように言われたが、実際、歌謡浪曲の「俵星玄蕃」は大受けした。「おお、ソバ屋か」でたっぷりと見得を切り、子供用の短い槍をくるくると回し、約八分三十秒のドラマチックな踊りを熱演した。北九州市の「若戸スポール」では、百円札（当時は発行）十五枚をレイにしたお花をつけられ、おばあちゃんに頬をチュッとキスされ、泣き出したこともある。

五日あるいは一週間毎の真夜中の乗りこみが、幼児には苦痛だった。劇団員たちの邪魔にならないように、眠い目をこすりながら、荷物運びを見まもった。役者たちがマイカーを乗りまわすようになるのはずっと後年で、次の公演先への移動はもっぱらトラックだった。荷台の周縁に荷物を積みあげてシートをかけ、その空きスペースに劇団員たちが座る。ギュウギュウ詰めで動きがままならず、足はしびれるし、トラックの震動がもろに腰を直撃する。真冬は荷台が冷えこみ、尿意をもよおすと龍児には我慢できない。母親に伝えると、後部のシートをめくりあげ、走行中のトラックから立ち小便しろと言う。大人たちがしっかり支えてくれてはいたが、トラックが揺れると思わずへっぴり腰になって尿がストップ。どうにか事はすませたが、さぞや後続車は驚いたことだろう。子役を一年半ばかりつとめたが、母親の実家で養育されたのを機に、楽屋暮らしにピリオドを打った。

小学一年の秋、母親が浅草の劇場支配人と再婚することになり、東京での生活がはじまった。新しい父親はおだやかな人柄で、龍児にもやさしく接してくれた。苦労ばかり背負ってきた、愛してやまない母に精一杯甘え、誰に遠慮することもなく同じ屋根の下で暮らせるのがうれしかった。生まれて初めて味わう、一家団欒《だんらん》であった。

「勉強は死ぬほど嫌い」と公言する通り、浅草小学校と蔵前中学校の学業はほめられたものではなかった。竹を割ったような生粋の下町気質と江戸っ子のべらんめえ調には、すぐになじんだ。友だちもたくさんいて、同級生をいじめたことも、いじめられたこともない。あまり目だつタイプではなかったが、どちらかと言うとムードメーカーで、龍児がいるとまわりの空気がやわらいだ。

小学六年の二月初旬、ちょっと気になる同級生に、「バレンタインデイ、よろしくね」と冗談っぽく声をかけたら、「あんた、鏡見たことあるの」とにらみつけられた。その憎々し気な表情が瞼にやきつき、それからチョコレートが食べられなくなった。案外とナイーブなのだ。

順調だった暮らしが、義父の難病で急変した。親子水いらずの生活をはじめて四年目、義父が突然のはげしい腹痛におそわれ、部屋中をのたうちまわった。救急車をよび緊急入院し、精密検査を受けたが、主治医は首をひねるばかりで、激痛の病因がつきとめられない。七転八倒する腹痛をしきりに発症するので、義父は劇場支配人を辞職した。数えきれないほど入退院をくり返し、完治して社会復帰するまで十年を要した。その間、母親は寸暇を惜しまず働きつづけ、時には給金のよい出稼ぎでがんばった。義父が入院すると、龍児は日が暮れるまで友だちと遊びほうけたが、店屋物で夕食をすますと、たった一人の長い夜をすごした。

小学時代からの気のあうクラスメートに誘われ、中学では水泳部に三年間所属し、三年生ではキャプテンをつとめた。その優等生で運動神経が抜群の親友は、のちに水泳のオリンピック強化選手にえらばれた。龍児も一緒に練習するうちに実力をつけ、台東区中学水泳大会の自由形二百メートルで二位に入賞し、東京都大会にも出場した。

高校に進学する気はさらさらなく、地元の靴製造販売の会社に就職した。百二十名の従業員をかかえる、名の通った中堅メーカーだった。母親を早く楽にしてあげたいと真面目に働き、仕事も覚えた。秋の社員旅行で酒癖の悪い先輩が、悪のりして龍児に何回も殴りかけてきた。そばで直属の次長が見ていたのに、止めようともしない。旅行の翌日、出社すると辞表を叩きつけた。唖然《あぜん》とした表情の次長に、「俺が殴りつけられているとき、次長は見て見ぬふりをしてただろう。そんな頼りない上司の下で働けるもんか」と、龍児は啖呵《たんか》を切った。

靴会社で働いたのは、たった七ヵ月。俺、仕事が長つづきしないんですよ。悪い癖で、毎日同じことをくり

返して、刺激がないと飽きてしまう。段取りを覚え、仕事をまかされるころになると、いきなりやめてしまう。大手町の中華料理店は、行ったその日にやめちゃった。両親は仕事のことには、口をはさまなかった。

浅草から地下鉄一本で行ける銀座が大好きで、喫茶店、甘味処などのサービス業の店を転々とわたりあるいた。青山の喫茶店にいたときは、全日空本社の出前が楽しみで、俺、色気づいちゃって、可愛い女の子にサービス券をごっそりわたし、気を引こうとして……。品川のソニー倉庫で、フォークリフトの運転もやりました。

でも、社会に出て痛感したのが、勉強の必要性。ＡＢＣのアルファベットや基本的な漢字の読み書きができず、恥をかいたし、苦労もした。俺、人にかくれて勉強したもの、マジで。

このまま完全燃焼することもなく、人生を送っていくのかと考えると、十八歳の龍児は、無性に空しくなってきた。その思いは、青春時代に誰もが経験する通過儀礼だったのかも知れない。だが龍児には、みずからを駆りたてるものの正体が見えていた。小学時代にあこがれた職業が映画監督で、卒業文集にもそう綴った。漠然とした夢で、きっちりと理由づけはできないが、芸能への熱い思いが心の片すみにずっと根づいていたのだ。父と母から受け継ぎ、子役の舞台で刷りこまれた滾《たぎ》る血が、鎮められなくなったのである。

龍児は、港区表参道にあった東京音楽学院に入学した。東京音楽学院は、プロの歌手とタレントを本格的に育成するため、昭和三十八（一九六三）年、渡辺プロダクションが設立した。予科、本科、高等科、研究科のクラスがあり、年二回の歌とダンスの進級テストにパスして昇級し、幾つかの狭き門をクリアーすれば、男女三十六名編成の「スクールメイツ」に抜擢される。スクールメイツの出身者には、布施明、森進一、野口五郎、キャンディーズ、高橋真梨子、吉川晃司らがいて、まさしくスターの登龍門であった。

働きながら週二回のレッスンに龍児は熱心に通った。才能にめぐまれていたのか、たゆまぬ努力が報われたのか、好調にコースを昇進した。進級するに従って、歌、ダンス、楽器演奏、読譜、演技と課目がふえ、しかも内容が高度化した。マンツーマンの仮借のない特訓で落伍者が続出した。

仕事だったら、すぐにケツをわっていた俺が、どんなハードなレッスンでもきっちりとやりこなした。生まれて初めて死に物狂いで、がんばった。スターを夢見ていたあのころが人生で一番充実し、毎日が楽しかった。

一生懸命にレッスンにはげんだ結果、龍児は、順調に昇級をかさねた。高等科さらには研究科クラスでは時おり、ピンクレディの振付で有名な土居甫らの特別指導も受けた。楽器演奏も必須科目で、人前で恥をかかない程度のドラムスが叩けるようになった。読譜もしっかりときたえられ、譜面をわたされたその場でコーラスの幾つかのパートを歌いこなす練習もがんばった。いまふり返っても、高度なレッスンだったと思う。龍児はつねにクラスのトップグループをひた走っていた。恒例の福島県猪苗代湖のキャンプで、参加者二百名が勝ち抜きでダンスを競いあうコンテストで見事に優勝をはたし、男子のナンバー・ワンの称号である「ディスコ・キング」を贈られた。

ダンスの覚えは特別いい方ではなかったが、振り付けられれば、感性でそれなりに踊れた。東京音楽学院は歌手やダンサーの養成所だけど、高等科に進むと演劇のカリキュラムがあった。役者だった父と母からのDNAなんでしょうね、俺、いきなり血が騒ぎ出しちゃった。自分でもびっくりしたけど、芝居するのが矢鱈《やたら》と楽しくて……。

秋の演劇発表会を、ナベプロの大物プロデューサーが見にこられていて、「あの子は、きたえれば、モノになるよ」と、俺の芝居を高く評価してくれたそうです。演劇の講師にそう聞かされ、嬉しさを通りこして心臓がとまりそうになった。俺たちにとっては、ナベプロのプロデューサーの言葉は、まさに天の声でしたからね。もし、大衆演劇にはいっていなければ、テレビでそこそこに売れたタレントになっていたかも知れない。

東京音楽学院で学んで二年目の秋、念願の「スクールメイツ」入りが決まった。二十歳でタレントへの登龍門を突破したものの、その喜びも束の間で、待っていたのは過酷な芸能界の現実だった。飛ぶ鳥をおとす勢いで男性アイドルのトップに躍り出た田原俊彦や近藤真彦のバックで踊った。だが、ブラウン管の片すみにちらっと映る程度で、その気になって注視しなければ誰だかわからない、その他大勢の一人にすぎない。しかもテレビでは絵面のよい女性が優遇され、男性はその後列で、まず目立つことがない。スクールメイツに抜擢された当初は、「俺、スクールメイツで、やっている」と友人たちに得意気に言いふらしたものだが、その誇りも次第にうすれ、場数をふめばふむほど徒労感がつのってきた。

正月の人気番組『新春スターかくし芸大会』では収録する一週間、骨と筋肉がきしむほど動きまわった。だが、たいていの下積みがそうであるように、龍児もまた、存在感をアピールすることができなかった。好きでとびこんだ道だから、愚痴を言ってもはじまらないが、人に話せば「冗談だろ」と一笑されそうな安い出演料だった。スクールメイツで二年間それなりにがんばってきたが、よほどの卓越した才能にめぐまれているか、強力なコネクションでもない限り、スターへの扉は開きそうになかった。心待ちにしていた大物プロデューサーのお呼びの声は一度もかからなかった。二十一歳にもなってウダツのあがらぬバックダンサーをつづけていても、将来は見通せない。辛酸をなめるうちに、おのずと芸能界の構図が垣間見え、ナベプロとの訣別を決心した。

早速に劇団四季のオーディションを受けた。わが国にミュージカルという芸能ジャンルを定着させる大きな役割をはたした劇団四季は、歌と踊りと演劇を学んできた龍児には、願ったり叶ったりの劇団だった。少しハードルが高いかも知れないが、チャレンジする価値は十分にある。劇団代表で、高名な演出家でもある浅利慶太が直々にオーディションの合否を判定した。ところが龍児はあろうことか、実技テストで突然ガチガチに緊張してしまい、ふだん通りのパフォーマンスを発揮できなかった。こんな大失態は初めてである。のるか反るかの大勝負にのぞんで、自意識過剰のあまり前後不覚となり、演者としては致命的な欠陥を露呈したのである。

一回目のオーディションはしくじったが、劇団四季を足がかりに、芸能界入りしたいという気持は変わらなかった。でも俳優とかタレントを目ざしているのに、アガリ症では洒落になんない。とにもかくにも舞台度胸をつけようと、その時におふくろが世話になっていた大衆劇団を、埼玉県の羽生福祉センターにたずねた。アガリ症を克服するための訓練で、歌だけをうたわせてもらうことにした。

その時も、大衆演劇をやる気は全然なかった。俺、クソ生意気なガキで、子供のころから、大衆演劇のレベルは低く、テレビに出て活躍するのが本物、ランクがまるでちがうと考えていた。東京音楽学院では、芝居を制作するのに本読み、立ち稽古と二ヵ月、三ヵ月をかける。それを口立てで、今日稽古して明日上演するなんて、とうてい無理な話で、常識で考えてもまともな芝居ができるはずがない。俺、大衆演劇を完全にバカにしていました。

ある日、「芝居に出てみないか」と座長にさそわれた。歌であがることもなかったし、やくざの子分役なので気軽に受けた。で、化粧をしてもらって舞台に立ったら、たった一言の「へい」が言えず、呆然と立ちつくした。まさか、そんな風にパニクるなんて、想像もしてなかった。ただただショックでした。

舞台の失敗をひたすら詫びると、「誰にでも簡単にできそうに見えて、実は芝居はむずかしい。どう、一緒にやらないか」と、座長は言ってくれた。大好きな母親が在籍している劇団でもあり、龍児はかなり迷った。でも一方に偏狭な抵抗感もあり、なかなかふん切りがつかない。ちょうどその時、同棲していた歌手志望の恋人といざこざがあり、彼女にこっぴどく裏切られて心が折れそうだった。そんな時、武田鉄矢主演の映画『えきすとら』(松竹・朝間義隆監督・一九八二年)を見た。その映画が、女性に翻弄されて心がズタズタの、龍児をまるでモデルにしたようなストーリィで、主人公のエキストラ俳優はやがて意を決して旅役者の道を歩むことになる。映画を見終わって、「大衆演劇も、アリかな」とあれこれと考え、「よし、ひとかどの座長になって、彼女を見返してやろう」と二十二歳の龍児は幕内にとびこみ、龍千明を名のった。

その年の十二月、浅草木馬館大衆劇場で年忘れ座長大会が開催された。当時、木馬館の支配人だった篠原淑浩の提唱で、東京大衆演劇劇場協会の次代をになうホープの、若葉愛、林友廣、見城たかし、見海堂駿が若見会を結成し、たがいに芸の鎬《しのぎ》をけずっていた。その四人の中で、龍千明が刮目したのが「劇団ママ」の副座長だった林友廣。

舞台姿をひとめ見て、なんてきれいな役者さんだろう、とショックを受けた。雰囲気もあるし、タッパもある。こんなすごい人が、大衆演劇にはいるんだ。

基本の基本から勉強をはじめてみて、大衆演劇のすごさ、きびしさ、奥深さを改めて思い知らされていた。何もできないくせに一人前を気どって、大衆演劇を軽蔑していた自分が、ただただ恥ずかしかった。よし、俺、徹底的にやろうと腹をくくった。

それとは別の座長大会なんですけど、俺、すごい屈辱を味わった。うちの座長にいっぱいお花がつき、胸元にとめていた一万円札が舞台に落ちた。それを手早く拾っていたら、客席から「猫ばばするな」という声がとび、観客がどっと笑った。軽いシャレなんでしょうが、言われた俺はたまらない。「いまに見ていろ。必ず劇団のテッペンに立って、お花を拾わせる方にまわってやる」

そして四年後、関東の二つの劇団を経て、昭和六十一（一九八六）年に、「劇団炎」を旗揚げした。座長就任の御披露目公演となった「日光江戸村」に向かう、乗りこみの四トントラックにはほとんど荷物はなかった。親の跡を引き継いだわけでなく、無鉄砲にたった四年で立ちあげた一座はこんなものだろう、と七人の劇団員とスタートを切った。ところで劇団運営は堅調と言いがたく、ずっと低空飛行をつづけた。スクールメイツに所属し、歌唱力にはそれなりに自信があったので、日本クラウンより歌手デビューしたが、CDはあまり売れなかった。格別きびしく指導したわけでもないのに、弟子たちが一人、二人と去っていき、残ったのは龍千明より芸歴の古いベテランばかり。座長でありながら、人手がなく、便所掃除もした。また毎日舞台がはねると、背景幕をたたみ、その日使用したCDやテープを片づけ、翌日の音源を準備した。ベテランに気ばかりつかい、思う存分に一座が運営できず、「劇団炎」結成から五年目の春、龍千明は、劇団活動を休止した。

二進《にっち》も三進《さっち》もいかず、苦渋の決断だったのですが、十条の先代の篠原浅五郎会長のところへ、「休業させてください」とお願いにあがり、公演中の大島劇場に帰ってきたら、長男の誕生を知らされた。

こんな土壇場《どたんば》に生まれてくるのも、何かの運命なのだろう。初めて授かった男の子のためにも、絶対このまま引きさがれない。

これより龍千明はなりふり構わず、浅草木馬館、篠原演芸場、川崎大島劇場で公演する劇団に一月間丸々ゲスト出演。初心にもどって、座長たちの芸をたっぷり盗んだ。捨てる神あれば拾う神ありで、そうして遮二無二《しゃにむに》舞台に取りくむ龍千明に、大衆演劇界の先達である大日方満と若葉しげるが、劇団再結成の助言を惜しまなかった。平成五（一九九三）年にふたたび旗揚げした時、大日方満の提案に従い劇団名を、あの日に誕生した男児の名前にちなみ、「劇団新」と決めた。

そして二年後の、平成七（一九九五）年、長男の龍新が座長に就任すると、指導後見人となった千明は、龍児と改名した。

伊勢太夫のＤＮＡ

紅　あきら

久しぶりに会った友人に、「あいもかわらず、大衆演劇を追っかけている」と話すと、お座なりに相槌《あいづち》をうつ人もいれば、「すごいな、お前は。長いよな」と、心底感心してくれる人もいる。

常設劇場やヘルスセンターの楽屋で寝食をともにさせていただきながら取材をはじめたのが昭和五十三（一九七八）年七月で、それから関西、九州、関東の幾つかの劇団の恩恵に浴し、『旅姿男の花道』（白水社・一九八三年）を上梓するまでの六年間、旅役者たちを取材した。晩婚ながら世帯をもつと、さすがに楽屋泊まりの長期の密着取材はできなくなったが、少なくとも月に五劇団の舞台は見つづけている。

拙稿の連載では、交通費や宿泊費などの取材費を支給していただいているが、それまでは、自費でまかなってきた。多種多様なアルバイトでせっせと稼ぎ、十万円貯まるとカメラ、テープレコーダー、寝袋をもって遠征をくり返した。

原稿料や単行本の印税の収入といっても、みなさんが想像されているよりははるかに低額で、関西人らしく損得勘定すると、まるっきりの大赤字。長く取材を重ねていると、そのへんの実情をくんでくれ、そっと一万円札をポケットにつっこんでくれた座長、劇場オーナー、興行師、ファンのご厚志は、身にしみてありがたく、終生忘れるものではない。名前を明記するのは差し控えるが、総じて九州の関係者にお情けを頂戴した。「まあ、小づかいの足しに」と五千円札を、顔をあわせるたびに握らせてくれた座長もいる。若年者からはさすがに現金をいただくことはなかったが、時おり酒や食事にさそってもらった。わが人生において一といって二はないほど、とびきり旨い寿司をご馳走してくれた紅あきらも、その一人である。

紅あきらは昭和三十五（一九六〇）年六月、福岡市で生まれた。父親は、大衆演劇史に輝かしい足跡をのこした初代・大川竜之助。九州及び関西劇界でトップを独走し、往時の商業演劇では檜舞台だった浅草の常磐座に進出し、重厚かつ斬新な剣劇で大向うをうならせた、桁はずれの人気と実力を誇った巨星である。とりわけ勝新太郎の映画を見て、すぐさま舞台化した『座頭市』の居合抜きは、電光石火の早業で大衆演劇ファンの語り草になっている。母親は結婚後に女優となり、初代の相手役をつとめた中島節子。紅あきらは四人兄弟の次男で、長男が四歳年上の二代目・大川龍昇、三男が六歳年下の椿裕二、四男が十二歳年下の三代目・大川竜之助。この四人が四人とも座長をつとめている。二人兄弟の座長就任はけっこう多いが、四人のケースは大衆演劇でも珍しい。

初舞台は大阪の浪速クラブで、ウクレレ片手に歌をうたった。紅あきらは幼児ながら自分の歌に自信があった。祖父は、九州浪曲界で一時代を築いた中川伊勢太夫。地元の佐賀県唐津市では、大衆演劇の大川竜之助よりも、永年にわたって慈善活動をつづけてきた中川伊勢大夫の方が、有名だったそうだ。その浪曲家の図抜けた喉をあきらは受け継いでいる。いつもあきらが歌いはじめるとおひねりが乱れとんだ。ところが、その日に限って、おひねりが全然あがらない。するとあきらは、演奏はすでに終了しているのに、ステージ中央に立ちつくした。「あきら、さがりなさい」と幕袖から母親にうながされても、知らん振りして客席をにらみつけた。子役なりのプライドが許さなかったのだ。お茶子さん（場内係）が見るに見かねておひねりを投げいれ、ようやくその場はおさまった。三つ子の魂百までではないが、「やんちゃで誇り高い」と自認する、紅あきららしいエピソードである。

親の七光りと言われるのが嫌で、反発した時期もある。「大川先生は偉大やった」「あんなすごい役者は、もう出てこん」と耳にタコができるほど、生意気ざかりの若造が聞かされたら、反発したくもなる。そりゃ、大川の家に生まれ、役者をつづけていくなら、親父の名前は何よりの後楯《うしろだて》。でも一方で、普通の生活にもあこがれ、堅気の家に生まれ育ち、ちがった人生を歩んでみたいとも思っていた。

親父の全盛期の人気は、そりゃ、他の座長とは比べものにならんかった。幼な心にも鮮明に覚えている。たとえ一週間の興行でも、劇団が半年間維持できるほど収益があがったといわれた、その浪速クラブの正月公演を、大川劇団が七年連続でつとめた。地元の関西劇団から、「なんで正月が、九州の大川やねん」とイチャモンをつけられたそうです。

これまでたくさんの役者を見てきたけど、親父のようにオーラの出せる役者は、ざらにいない。うまい役者、達者な役者は大勢知っているけど……。オーラというのは、自分をみがきあげ、芸道に懸命にはげんだ、そうした努力とは別物で、天分なのだと思う。俺にも、兄弟にもない。親父は晩年になっても、舞台に立つだけで美しく光りかがやくオーラを放っていた。

中学を卒業すると、お定まりのコースのように大川竜之助劇団にはいった。入団と同時に、命名されたのが紅あきら。子役時代より、本名の「明」を平仮名にして「あきら」とよばれており、「紅」は人気漫画「紅三四郎」から拝借したそうだ。

旧制佐賀中学出身の、旅役者では稀有なインテリで、僕が取材で幾度か接した大川竜之助は、とても温厚な紳士であった。ところが紅あきらによれば、「あんな短気な人はおらん。すぐにカッとなり、よく包丁をもって追いかけられた」。おそらくはやんちゃなあきらが、とんでもない悪さをやらかしたのだろう。

「こう芝居したら、絵になる」と時おりちょこっと助言してくれる程度で、演技も踊りも昔ながらの「見て盗め」で、紅あきらは、大川竜之助に手とり足とり教わったことが一度もない。舞台のイロハをしっかりと叩きこんでくれたのは、幹部の中山新太郎。芸達者で熱血漢の中山は、言動にちょっと尊大なところのあるあきらと、兄の大川敏郎（後の二代目・大川龍昇）の指南役で、二人の個性を自在に伸ばした。そうしてキャリアを積み、芝居の世界がそれなりにわかってくると、あきらは、合点のいかないことや矛盾を、遠慮なく中山にぶつけた。

「どうして、あんな大袈裟な所作や台詞まわしになるの」「お客さんに受け、拍手をもらうため」「芝居は、拍手をもらうためにやるものなの」「感動して拍手して、よろこんでくれるでしょ」「その役になりきるのが、役者でしょ」「師匠や先輩たちが、昔から、そうして演じてきた」「俺は、芝居の格闘技がやりたい。台詞で山をあげるのではなく、心の山をあげたい」。こんなふうに言い立てられると、さしもの中山新太郎も二の句がつげなくなる。

座長大会で演出するベテランや先輩座長の指導が納得できなければ、紅あきらは平然と私見を口にした。「大川の次男坊は小生意気」と若いころから陰口を叩かれてきたが、当人はまったく意に介していない。

あきらにすれば、そうした多くの座長があつまる機会にこそ、とりあえず自分の考えを述べ、舞台のキャリアを問わず、プロの役者としての演出論や演技論をまじえるべきで、いつも若手たちがダンマリを決めこみ、ベテラン座長の演出に唯々諾々《いいだくだく》と従うのは、大衆演劇の発展につながらない、と考えたのだ。

僕とも演劇論で激しく衝突したことがある。「じゃ、大衆演劇って、何ですか」と問われ、縷々《るる》説明すると、「橋本さんは、芝居の本質がわかっていない。こんな人とは、芝居の話をしたくない」と突っかかってきた。内心カッとして、「お前が、ナンボのもんじゃ」と腸《はらわた》は煮えくりかえったが、狸になって、笑顔でその場をつくろうことにした。

関東や関西よりも個性の強い役者が多い九州でも、紅あきらの存在感とアクの強さはきわだっている。

自分の納得できないことに「はい」とうなずいたりできない。嫌々うなずくぐらいなら、つぶれた方がましで、とことん自分を押し通す。たとえ相手が親でも兄弟でも嫁でも、芝居の先輩であっても。

俺は変わり者です。でも、本心では、そうは思っていない。俺は普通の考え方で、まわりの役者が普通じゃない……。こじんまりまとまった役者なんてまっぴら。俺、実力もなんもないくせに、口と態度がでかかった。生意気だ、尊大だ、とやかく言われても、魅力にみちあふれていた杉良太郎さんが大好きで、若いときは目標にしていました。

俺、自分という人間が大好きで、ポリシーをまげると自分が嫌いになってしまうんです。その上こまったことに、人に嫌われるのが大好きで、敵ができたら、「よっしゃ」とよろこびよった。こんな生意気で変わった奴は見たことない、とはっきり書いておいてください。

この紅あきらをたいへん可愛がってくれる大物があらわれた。九州大衆演劇界を、戦前の黄金時代からリードしてきた最長老の中村円十郎である。昭和二十（一九四五）年二月に、福岡県に陸軍機と海軍機の戦闘機を献上するために開催した、大規模な座長大会の世話人である。大分県別府市鉄輪に暮らしていた円十郎が、ヤングセンターで公演中の大川竜之助劇団の楽屋をちょくちょくたずねてきて、どこをどう見こんだのか、「あきら、わしと兄弟分になろう」といきなり言ってきた。とんでもない話である。中村円十郎の兄弟分というのが、「西に南條、東の樋口」とうたわれた初代・南條隆と初代・樋口次郎。円十郎に賛同して戦闘機を献上した、戦前からのスーパースターなのだ。「大川劇団のペーペーがお引き受けできる話ではありません」と丁重に辞退した。

俳優の緒形拳を楽屋に案内してきたこともある。映画『復讐するは我にあり』（松竹・今村昌平監督・一九七九年）の別府ロケに中村円十郎が協力し、意気投合したらしい。緒形は風狂な元旅役者がえらく気にいったようで、撮影終了後に円十郎のアパートを三度たずねてきた。そして円十郎は、ヤングセンターの大川竜之助の座長部屋で、「おい、拳。大川しゃん。お前より役者は上ぞ」と紹介した。大川竜之助は苦笑し、同席していた紅あきらは、「あっはっは」と楽しそうに笑う緒形の横顔をじっと見つめていた。

ある日、円十郎があきらに言った。「歌手みたいな紅あきらという名前はやめ、役者にふさわしい芸名に変えろ」とうながし、「大きな川には、勢いのある鯉がいい」と、みずからが命名したのが大川鯉之助。中村円十郎の厚意を無下にするわけにもいかず、あきらは、その新しい芸名を一週間だけ名のった。

劇団の月給は一万円で、ようやく二十歳でお花をもらうようになるまで、いつもスカンピンだった。それでも欲しいと思ったら、後先を考えない性分で、二万円の靴を買ってしまい、「お前は、馬鹿じゃないか」と、よく大川竜之助に叱られた。それで二万円を握らせてくれたが、「伜だからともらったら、劇団内のしめしがつかない」と拒んだ上、「必ず返すから」と借金した。

紅あきらは、大川劇団で順調に頭角をあらわしてきた。大衆演劇の芸は、歌舞伎や古典芸能のように技芸をそのまま継承するのではなく、いかようにもアレンジが可能である。大川竜之助の大看板と芸風に固執することを好まず、紅あきらは、つねにオリジナリティを求めて疾走した。ありっ丈の若さを舞台にぶつけ、派手なパフォーマンスをくりひろげて人気を集めた。ふだんの言動もフライング気味で、言いたいことは、誤解をおそれずにはっきりと発言するので、幕内の風当たりは強くなる一方だが、本人は頓着していない。

昭和五十七（一九八二）年当時の九州は、いま思い浮かべても、若手の逸材が綺羅星のごとく居ならんでいた。

順不同で列記すると、玄海竜二、玄海小竜（三代目・片岡長次郎）、大川敏郎（二代目・大川龍昇）、紅あきら、姫京之助、姫春之助（二代目・姫川竜之助）、樋口好太郎（葵好次郎）、荒城慎（華月慎）、市川よしみつ（二代目・市川市二郎）、小林真弓、冨士川竜二、梅若千代之助、波島伸夫、松井まこと、里見要次郎たち。

若手が一堂に会した『九州二代目大会』が久留米市民会館で開かれた。その舞台を僕は、『かぶく—大衆演劇の世界』（白水社・一九八二年）の「九州の大衆演劇」で次のように紹介している——ちかい将来、もしかしたら〝第三期黄金時代〟をきずくのではないか、という期待をいだかせる。ともかく十年先、二十年先にも九州劇団は健在で、わが国の大衆演劇界をリードしていくと思われる——黄金時代だったかはひとまず措くとして、玄海竜二、姫京之助、里見要次郎、さらには松井誠の大活躍で、僕の予想した通りに大衆演劇界は安定期をむかえるに至った。

大川竜之助劇団では、長男の敏郎が二代目・大川竜之助を座長襲名したが、一座での人気は、紅あきらがずば抜けていた。温厚で控え目な二代目・竜之助に対して、やんちゃで行動派のあきら。役者の向き不向きでいえば、弟のキャラクターの方がまさる。二人の相違点を、あきら自身も十分にわきまえており、交互で出演していた九州の座長大会では、大規模な嘉穂劇場や熊本市民会館に、「俺は別にいい」と兄が遠慮することもあって、座長にまだ就任していない紅あきらが出演し、人気を伸ばしていった。大川劇団の昔からのファンには、「あんた、座長じゃないのに目立ちすぎ」と、よく面と向かって非難された。

一座を旗揚げしたのは二十七歳。独立したいと申しでたら、親父は寝耳に水だったらしく烈火のごとく怒り、劇団に一週間帰ってこんかった。劇団を維持するためには、戦力低下をまねく独立を絶対に許さない、と親父はかねがね言っていた。

俺は知っての通り、積極的に出るタイプで、兄貴は石橋を叩いて渡るタイプ。本来ならば、紅あきらが大川竜之助より目立ってはいけないのだが、俺は、性格を変えるのは土台無理だし、兄貴もそう。

かと言って、兄貴をサポートして縁の下の力持ちで甘んじていることは、俺にはできない。自分一人だけが退団し、大川劇団には迷惑をかけずに独立するか、あるいは役者をやめてしまうか。

平成元年（一九八九）年四月、紅あきら劇団は佐賀県・嬉野温泉センターでスタートを切った。実は翌月の福岡県・玄海パレスで旗揚げする予定で、三月末まで大川劇団に在籍しており、四月一杯は新メンバーと猛特訓するつもりだった。ところが旧知の興行師に、「コースに穴があく」と泣きつかれた。劇団員は総勢七名で、かつてあきらの指南役だった中山新太郎と大倉栄子に加入してもらうが、他は舞台経験のない素人で、とうてい公演は不可能と拒否した。しかし、「あきらさんなら、立派にやれる」とおだてられ、頼まれたら断れない性分なので、無理を承知で引き受けた。

公演初日のみ、母親の中島節子が手伝いにきてくれ、『喧嘩屋五郎兵衛』をやったが、この一ヵ月のことは、紅あきらの記憶にない。翌日に上演する芝居とラストの組み舞踊の稽古はもちろんのこと、化粧と着付、さらに新人たちが照明、音調も兼ねるので、その操作と切掛を教えこまねばならぬ。時間に追いまくられる綱渡りの明け暮れと、睡眠不足で神経がすりきれ、何も覚えていないのだ。

大衆演劇の役者は、普通の仕事じゃない。ずぶの素人が劇団にはいってきて指導を受け、舞台で簡単にこなせるものではない。本人の努力も必要だし、それなりの時間もかかる。

稽古、稽古で必死に教えこんでもセンスがないのか、ロボットのようにしか踊れん。それに、日常の挨拶にはじまる礼儀が身についてないし、常識がまるでない。イライラがつのって、あのころは弟子をどつきまわした。俺の理想としていた劇団には程遠いし、半年で劇団をやめようと、正直、思っていた。

半年以上もったのは、「あんな我儘なあきらが座を立てて、半年はもたんやろ」「いや、三ヵ月もったら、いいとこ」と役者仲間の悪口を伝え聞き、「クソッ、いまに見とれ」と、俺、発奮した。反骨精神だけは、誰にも負けん。

一座を結成して一年後、関西公演が決まった。紅あきらと初めて会った時、「九州にくすぶってばかりおらず、親父みたいに大阪に上がって、俺の魅力を見せつけてやる」と言ってのけたが、その夢が実現したのだ。当時の関西は半月興行で、五月が鶴見グランド（鈴成座）とふぁんび座、六月が新開地劇場とオーエス劇場。実績のない劇団が、初登場で二ヵ月四劇場を巡演するのは異例だったが、興行会社が大きな期待をかけていたのだ。昔から関東や九州にくらべると、関西の客筋は元気で賑々しく、少し行儀も悪く口うるさいが、祝儀は断然多い。初代・大川竜之助劇団時代からのファンがさかんに応援してくれ、各劇場では予想していたより多くの大入りを記録し、紅劇団は一気に上昇気流にのった。

平成の大衆演劇界は姫京之助と里見要次郎の〝二強時代〟で、圧倒的な集客数を競いあっていた。この二人を、紅あきらは公然とライバルだと宣言した。両劇団が公演した翌月の常設劇場を、どこの劇団も敬遠したが、あきらはむしろのせてくれと興行会社に直談判した。観客動員数ではとても及ばないが、みずからを鼓舞《こぶ》し、心意気だけは顕示しておきたい。まわりの目ばかり気にして、小賢《こざか》しく、ちんまりとまとまった役者人生だけは、絶対に送るまいと心に決めていた。

若き日には、二代目・樋口次郎の芸に強く惹かれた。父の大川竜之助とは別種の、粋さと風情が立ちのぼり、旅役者の血を塗りこんだ美しい舞台姿が、見る者の心を根こそぎからめとる。樋口次郎の表情、所作、声、口跡、姿、間などを完璧に真似た。

いま一人、ずっと尊敬しているのが沢竜二。あきら自身もエネルギッシュだと自認しているが、二十歳以上も年上の沢の桁はずれのバイタリティにはただただ脱帽する。会うたびに沢竜二はいつも同じことを言う。「あきら。沢竜二はいまが旬だよ」。なんの旬やと内心では思うが、その言葉をさらりと口にする沢竜二に、敬愛の念がいっそう深まる。

演技の研究はもっぱらアメリカ映画。好きな俳優はロバート・デ・ニーロとデンゼル・ワシントン。作品によってはは体形を変身し、ありとあらゆる役柄をチャーミングに演じるデ・ニーロ。こまやかな内面描写が秀逸で、男の哀愁と色気がただよう黒人俳優のワシントン。股旅やくざを演じる時でも、二人を芸の鑑にしてきた。昔ながらの、七五調の〝繰り出し台詞〟には全然興味がない。たとえ昔からなじみの名台詞であっても、いまの観客に響かなければ、無意味だと切り捨てる。だからテレビドラマで、「どうして赤ちゃんは泣いて生まれてくると思う。そりゃね、大きくなって、笑うため……」といった、ちょっとシャレた台詞を耳にとどめ、芝居の見せ場にさり気なく散りばめたりする。

歌手デビューもはたし、桜田誠一、中山大三郎、浜圭介らの作曲したCDを十二曲リリースした。平成九（一九九七）年四月、福岡市のJR博多駅近くに開業した、博多新劇座の経営を手はじめに、紅あきらは福岡市にマンションを所有する実業家でもある。浪曲家を引退後、敏腕の興行師で鳴らした中川伊勢太夫のDNAなのだろう。哀川昇、里美たかし、橘炎鷹、美川麗士、沢田ひろし、椿裕二、紅大介の中堅実力派ぞろいの親睦団体「同魂会」を統括し、大衆演劇界での地位も築いてきた。とかく役者仲間たちの嫉《そね》みの矛先を向けられがちなあきらに、神様は試練をあたえたようだ。紅劇団の座長で、長男の紅大介が突然にドロンしたのだ。劇団にとっても、紅あきらにとっても非常事態なので、取材の延期を申しいれたら、「是非、きてください」との返事。

「俺の役者人生でもっともつらい、苦しい出来事」と前置きして、紅あきらは、ことの経緯と大介への思いを吐露してくれた。それは、個性の強すぎる父とやさしすぎる息子の静かなる対立であり、芝居世界の師匠と弟子の葛藤でもあった。そして、父親としてのあきらの、真情あふれる言葉を聞くうち、僕は不覚にももらい泣きした。その時につぶやいた、紅あきらの「精一杯に意地をはって、鬼として生きようとした男が、鬼になりきれないのが、つらい」が耳から離れない。

それから一年三ヵ月後の平成二十六（二〇一四）年九月に、紅大介が劇団にもどってきた。劇団を離れていた間に、世間の荒波にもまれたのか、復帰してからの大介は芸域をひろげた。さらに驚くべきことに、紅あきらが変貌をとげていた。大介に座長をゆずってからの八年間は、ほとんど休演状態だったが、座長代行として劇団を死守するために出づっぱりで奮闘しているうちに、新境地を切り開いたようだ。かっては過剰な色あいをおびていた表現力が、程よく中和され、精妙な人物描写とあいまって、一つひとつの台詞がしっくりと心に響き、芝居に対する熱烈な愛情が垣間見えた。紅あきらの芝居で、やすらぎという優しい心の波につつまれたのは初めてだった。そんなことを伝えたら、「橋本さんは、芝居がわかっていない」と、紅あきらは、またぞろ突っかかってくるのだろうか。

見城たかし

橋幸夫の前座歌手

携帯電話は生涯もたないつもりでいた。便利なのはもちろん承知しているが、どこにいても電話に束縛されるのが、どうにも疎ましい。

「あなたのような職業にこそ、必要アイテムでしょ」とよく言われたが、外出中に自宅にこまめに電話さえすれば、その日のうちにたいてい連絡はつくし、仕事に支障をきたさなかった。時代おくれでもよいと頑固を通していたが、頼りにしていた公衆電話がすっかり姿を消し、仕方なく携帯派に転じた。

携帯電話の普及をもっとも歓迎したのは、もしかして大衆演劇の役者たちかも知れない。昔は楽屋に設置されたピンク電話が鳴ると、電話番の若手が応対し、「先生、尼崎の橋本さんからです」と大声で知らせると、座長が小走りで電話口へというのが、どこの常設劇場でもヘルスセンターでも見かける楽屋風景だった。ころあいを見はからって開演前や終演後にダイヤルしても、いつも決まったように通話中で、緊急な要件のときはイライラした。この点、送信でも着信でも、携帯電話の利便さは申し分ない。

ところが多忙をきわめる座長にとっては、傍目から見ていると、携帯電話は良し悪し。引っ切りなしにかかってくる大量の電話は、人気稼業の証しにちがいないが、土足で踏みにじるような非常識な電話やイタズラも混じっているようで、ゆっくりくつろぐ暇もないみたいだ。実際に楽屋でインタビューしていても、次から次へとおびただしい着信で、取材がギクシャクしたケースもあった。

たいていの座長は、着信の度にちらっと相手をチェックし、必ずしも電話にでる訳ではない。そうした光景を目のあたりにしてしまうと、僕が連絡した際に応答や返信がないと、「オレ、無視されているのだ」と、かなり腹が立ち、ちょっとだけへこむ。

わが国で電話が普及しはじめた昭和初期に生まれたシャレが、「デンワ、急げ」。僕は座長に電話する時、このシャレを呪文のようにつぶやく。

見城たかしは昭和三十一（一九五六）年六月、大阪市西成区で生まれた。父親は、中堅クラスの役者で二見純一。長崎県大村市の出身で、かつては軽演劇の石井均一座に在籍していた。石井はアクの強いキャラクターで売り、テレビでも活躍した人気コメディアンで、弟子の一人に西川きよしがいる。その石井一座で何か失敗をやらかしたようで、大衆劇団にやってきた。大衆演劇より格上の石井均一座にいたというプライドは強かったが、旅芝居特有の所作や型がこなせず、当人にはそれが抜き差しならぬコンプレックスとなった。そこで歌唱力には元々自信があったので、三味線を独習し、巧みな弾き語りで知られるようになった。

実母とは、見城が座長に就任した時に一度だけ会ったが、その顔も、いまはおぼろげにしか思い出せない。男前でよくもてた父親が、「今度のお母ちゃん」という女性をつれてきて、物ごころついてから幾人かの継母に育てられた。一人っ子で、兄弟はいない。

父親が世話になった川上好太郎、澤村章太郎、川上章太郎、江味三郎劇団で子役をつとめた。四劇団とも二十数名の劇団員を擁し、同じ年ごろの幼児が二、三名いたが、幸いにも座長の子女がいなかったこともあり、ベビーたかし、その後に二見たかしと命名され、否応《いやおう》なしに芝居に駆りたてられた。芝居には出ないと駄々をこねたら、普段はおとなしい父親に殴りつけられ、真冬の夜にパンツ一枚で放り出された。

子役で観客の涙をさそい、喝采をあびるのは、たいてい継母に容赦なくいじめられる役柄で、迫真であればあるほど大受けする。しかし役に慣れてきたベビーたかしは醒めた気持で芝居を演じており、「生みの親より育ての親と、世間の人は言うけれど……」と健気にしゃべる台詞が、内心では嫌でたまらなかった。

義士外伝の一つの『天野屋利兵衛』で、利兵衛の伜・芳松を演じるのもひどく苦痛だった。奉行所の拷問の場面で六尺棒を帯に差しこまれるが、見た目以上に体に食いこみ、本当に泣きたくなるほど痛い。そうして苦悶する表情や仕草を、「ベビーたかしは天才子役」と観客はハンカチで目を拭いながらほめそやした。

芝居はさして好きになれなかったが、歌謡ショーに出演するのが楽しみだった。天賦の才能にめぐまれたようで、子供ながら歌が抜群にうまいと評判をよんだ。ショーの本場であった関西は、舞踊ショーと同様に歌謡ショーがさかんで、景気がよかった数年ほど前までは、楽士とよばれる演奏者で編成された、専属楽団をもつ劇団が多かった。その後役者が伴奏をかねたが、歌謡ショーはあいもかわらずファンに支持されていた。アコーディオンを演奏しながら「浪曲子守唄」「ソーラン渡り鳥」を歌う、七歳の二見たかしは、劇団のちいさな人気者となった。

子役時代にもっとも長く在籍したのが澤村章太郎劇団。座長の章太郎、その弟の澤村たかし、花形のみかど豊にずいぶんと可愛がってもらった。若手の澤村団子にはドラムスをみっちりと仕込まれた。団子はその後に澤村ひろしと改名し、見城たかしが東京で劇団を創立すると、後見人をつとめてくれた恩人の一人である。

澤村章太郎劇団の十八番物は、源之丞ゆずりの外連劇で、とりわけ七月と八月に五日連続で公演する『四谷怪談』が呼び物だった。主演の章太郎たちの外連芸の物凄まじさもさりながら、舞台裏の準備と段取りが猫の手も借りたいほど忙しく、全員が汗まみれで立ち働いた。小学三年の二見たかしも水運びや場面転換を必死で手伝った。『四谷怪談』の公演中、楽屋にはぬれたままのお岩の鬘が干してあり、その下を通るのはさすがに怖かった。各常設劇場には、ちょっと怖い話がいっぱいころがっていた。誰もいないはずの囃子《はやし》部屋の太鼓が真夜中に響くとか、花道の下にすみついた狐が悪さするとか、用便中につめたい手で背中をなぜられるとか。いろんな話を聞くとはなく聞いてしまうと、たかしは夜中に一人でトイレに行けなくなった。

五日替りだったハコ打ち（劇場興行）が僕が小学校にあがるころから十日替りに。乗りこみですれちがう、よその劇団の子役たちと他愛ない話をするのが楽しみでした。親父が勝龍治先生と親しかった関係で、二つ年上の力兄ちゃん（二代目・小泉のぼる）に可愛がってもらった。「今度（転校して）くるたかしをいじめたら、お前ら、承知せんぞ、と悪ガキにかましてあるから、心配はいらんぞ」と乗りこみの時にいつもそう言ってくれ、本当、小学時代から親分肌でした。

あのころの一番人気は大日方章彦（満）劇団。その大日方劇団の夕子ちゃんに、僕、ませていたんですね、強くあこがれました。目があうと、うつむいてしまって……。初恋だったんですかね。そう、大川良太郎さんのお母さんです。


しっかりと学業にはげみたいと父親に頼みこみ、小学四年のときに劇団を出て、一人暮らしをはじめた。台所も便所も共同の、三畳一間のアパートで、夕食はいつも鍋でたいたご飯と即席ラーメン。見るに見かねて隣りのおっちゃんが店屋物を差しいれてくれた。固形石鹸を洗濯板にこすりつけて衣類を洗う。みじめとか寂しいと思ったことは一度もない。父親は遠方の公演先にいても、必ず週一回は顔を見せてくれた。小学校にふつうに通えるのが何よりも幸せだった。転校をくり返しているともらえない通信簿を、学期末に先生より手わたされた感触が、いまも指先にしっかりと残っている。

中学二年の初夏、人気テレビ番組の『全日本歌謡選手権』に出場した。父親が芸者とくっつき、父と一緒にすでに幕内を去っていた。応募者のプロ・アマを問わない、ちょっと際物《きわもの》的な歌手のオーディション番組で、ヒット曲にめぐまれない歌手を再起させる登竜門のような役割もはたした。五人の審査員が、一人につき二十点で採点し、百点満点中、七十点をクリアーすれば合格となり、十週連続で勝ち抜けばグランドチャンピオン。この番組出身でブレイクした歌手に五木ひろし、八代亜紀、天童よしみ、中条きよし、山本譲二らがいる。

フォークソングが台頭しつつあったが、歌謡曲人気は根づよく、高視聴率の歌謡選手権の予選には、八百人の応募者が殺到した。見城は二次、三次と予選を通過したが、毎週五人しか出場できない本選に進出するのは至難だった。ところが十四歳の少年は狭き門を突破したのだ。

大阪の読売テレビの制作で、放送時間が確か月曜日の午後七時半から。会場は藤井寺か、堺の市民会館でした。ガチガチに緊張して、歌っている最中に詞を忘れるんじゃないかと、そればっかり心配してました。

司会の長沢純さんに紹介され、センターに立つと、僕、えらく落ちついてました。子役で、舞台度胸がついていたんですかね。森進一さんの「花と蝶」で一週目を勝ち抜きました。早速、レコード会社やプロダクションの人が、挨拶にこられました。淡谷のり子先生、船村徹先生たちの、非常にきびしい審査を一回でもパスしたら、プロの歌手はOKとの太鼓判を押されたも同然、と言われました。

大衆演劇の幕内では、「二見純一の伜が、どえらいことをやらかした」と評判になっていたそうです。

二週目、三週目も勝ち抜き、四週目は古賀メロディの「影を慕いて」。審査員でもっともきびしかった竹中労先生に、「この歌がまったくわかっていない」とコテンパンにけなされた上、落とされました。容赦のない講評が歌謡選手権の〝売り〟ではありましたが、言われた本人はただただショックで、終演後、ずっと泣いていました。この日のゲスト歌手が三田明さんで、「坊主、本当の勝負は、これから」と、やさしく肩を叩いてはげましてくれました。

歌謡界のプロフェッショナルの仕事は早い。「影を慕いて」で不合格になった三ヵ月後の九月二十日、見城たかしは本田孝の名で、RCAビクターからの歌手デビューが決定した。橋幸夫、ピーター、アン真理子らが所属する芸能プロダクションで、その社長宅に寄宿し、東京都大田区の馬込東中学校に転校した。五日あるいは十日毎の子役の転校ではない、初めて味わう、心はずむ転校だった。下校後は、赤坂の事務所に通い、きびしいレッスンやボイストレーニングを受けた。デビュー曲は、ヒットメーカーである川内康範作詞、彩木雅夫作曲の「雪国の女」。ふだんは気むずかしい川内がレコーディングに立ちあい、終始上機嫌だったそうだ。本田孝が、シンデレラ・ボーイとしての第一歩をふみ出した。

『全日本歌謡選手権』で話題をよんだ、りりしい少年が情感たっぷりに歌う「雪国の女」は小ヒットをとばした。日曜日の十二時四十五分放送の人気歌番組の『ロッテ歌のアルバム』にも出演したし、歌謡界の期待の新星として、週刊と月刊の『平凡』および『明星』の誌上を飾った。几帳面な見城たかしは、この当時の雑誌や新聞の記事をきっちりとスクラップしている。

幸先よいスタートを切ったものの、学生服を着て演歌をうたうパターンがあきられたのか、二作目はさっぱり売れなかった。鳴かず飛ばずで一年、二年がすぎる。天才少年ともてはやされたのが、遠い昔のように思えたが、好きでとびこんだ歌手の世界、愚痴を言ってもはじまらない。むしろ十四歳でプロ歌手になれたのがラッキーだったのだ。明日のスターをめざして赤坂の事務所に通い、ひたすらレッスンとボイストレーニングにはげんだ。

この時一緒にレッスンを受けていたのが、『全日本歌謡選手権』を十週勝ち抜いた天童よしみで、その卓越した声音と歌唱力に本田孝も脱帽した。

レコードの三作目は、沖雅也主演の日活映画『高校生無頼控』（江崎実生監督、一九七二年十一月公開）の主題歌「くらいマックス」だった。歌手名はこの作品に限り、主人公の役名である、村木正人と名のった。この歌は、You Tubeで（くらいマックス・村木正人）で検索すると、画像は原作の劇画だが、歯切れよいポップス調の歌声が流れてくる。伸びやかで説得力があり、音程のしっかりした歌声がじつに魅力的で、本田孝の類い稀なる歌手の器量がうかがえる。

主な仕事は、橋幸夫さんの地方公演の前座歌手。一ヵ月に一週間ないし十日間の歌謡ショーがあり、二時間のショーなら、僕が二曲うたった。旅にでても、橋さんの荷物運びを手伝うことはいっさいなく、一応は一人前の歌手としての待遇でした。

大阪の新歌舞伎座で橋さんが『子連れ狼』で一月興行した時、ホント、座長公演にあこがれました。早くビッグになって紅白歌合戦に出場し、こんな大劇場で歌と芝居で大観衆の拍手喝采をあびる、そんなことをマジで考えていました。

地方まわり以外は、事務所の電話番。はっきり言って退屈で、電話で応対するのが嫌いだった。食事代や交通費は支給されたが、デビュー以来、給料をもらったことが一度もない。欲しい物があれば、買って領収書をもっていけば、代金は出してもらえるが、立場上、それが言いだしかねて……。年がら年中、財布はからっぽ同然で、自由に使える金が欲しかった。

寄宿していた社長の家を出て、ピーターさんが住んでいた、会社所有のマンションに引っ越していた。夜、千駄ヶ谷のワンルームマンションにいると無性に寂しく、小づかいも稼ぎたかったので、年齢をいつわり、会社に無断で、もちろん許してなんかくれませんが、池袋のホストクラブで働きました。ピーターさんからいただいていた〝お古〟のコスチュームが四、五着あり、大助かりしました。稼いだお金でバイクを買い、真夜中に一人でぶっとばすうち、暴走族とつるむようになり、挙句《あげく》の果て、新宿署に検挙されてプロダクションを解雇され、大阪へ強制送還。「なんてアホなことをしたんや」と猛反省したけど、後の祭り。

どうしても歌手への夢を断ち切れず、一年後に再び上京した。大田区蒲田のふとん店などで働きながら、幾つかのオーディションを受けたが、いまは芸能界のコネクションがなきに等しい見城たかしには、歌手への扉はたやすく開かなかった。

上京して四年目のある日、大阪の芸者と別れ、東京の劇団に在籍していた父親の二見純一から連絡があり、「座長大会を見ないか」とさそわれた。後日、父親の思う壷にはまった、と思い到ったが、その座長花形大会で女形で踊った梅沢富美男の、物すさまじい人気と一万円札の乱舞を目の当たりにした瞬間、不可思議な律動が見城たかしの五体を馳けめぐり、長い間眠っていた旅役者の血がとどろいた。

昭和五十四（一九七九）年三月、二十二歳の見城たかしは、松川友司郎が率いる「劇団松」に入団した。東京大衆演劇界の重鎮だった深水志津夫が劇団責任者をつとめていた演美座で、松川は座長として活躍してきたが、義弟である旗丈司に後進の道をひらく意味合いもあって独立し、一月前の浅草・木馬館大衆劇場で新劇団を結成したばかりだった。

父親の二見純一がいる「劇団光」（辻野光男座長）にはいれば、一人っ子の脆弱さで、甘えて寄りかかりそうな気がした。一念発起し旅役者として再スタートするなら、父親とはきっちりと距離をおき、真っ白な気持で舞台修行にはげみたい、と旗揚げ直後の劇団松にとびこんだ。

さっそく松川たかしと命名され、群馬県の水上温泉のホテルで、十五年ぶりに大衆演劇の舞台をふんだ。当然のように、緊張したりあがることはなかった。初めて演じたのは、『瞼の母』を焼き直したような筋立ての『瓦屋半次』の子分役で、節劇（浪曲劇）だったので台詞はなかった。

若くて歌唱力抜群の、松川たかしの人気はウナギ登り。座長の達者なギター演奏とたかしのドラムスで、観客のどんなリクエストにも応えて見事に歌いあげ、評判が評判をよび、劇団の売り物になった。二年がすぎるころ、座長と肩をならべるほどの人気役者になり、ちやほやしてくれるファンたちのあしらいに慣れると、多くの若い役者がそうなるように、慢心が言動にあらわれた。あるヘルスセンターの関係者に、半ば冗談で言った「来年はこの劇団にいない」が、深水志津夫の逆鱗《げきりん》にふれた。「いまどきの若いのは、幕内の礼節もへったくれもなく、平気で恩を仇で返す」と、松川たかしの言い分に耳をかそうとせず、即座に劇団松を破門し、関東での役者活動を封じた。後ろ楯をもたない松川たかしは、その言葉に従うしか術はなかった。

そして半年ほどプータロウをしていたたかしに、救いの手を差しのべてくれたのが若葉しげる。深水志津夫と松川友司郎との橋渡しを買って出て、若葉劇団への円満移籍をとりまとめてくれた。この時に松川を返上し、父親の二見の見と、城を築くの城とで、座長をめざす強い決意をこめて、見城と改名した。

ご本人は弟子とは認めてくれないと思いますが、僕の芸能上の師匠は、若葉しげる先生です。何もかも、いまもって足元にも及びませんが、いっぱい盗ませてもらいました。

こと芝居に関しては、ご自分にもきびしく、劇団員にも絶対に妥協を許さず、納得しないと朝方まで平然と稽古をしました。すごいエネルギーですよ。僕の終生の目標であり、花も実もあるプロフェッショナルの役者です。

昭和五十八（一九八三）年二月、静岡の静波苑で見城たかし劇団を旗揚げした。二年余り在籍した若葉しげる劇団では、同年齢の若葉愛の相手役をもっぱらつとめて急速に芸域をひろげ、人気花形の地位も確立した。折りしも大衆演劇界は、空前の〝下町の玉三郎〟ブームで上げ潮にのり、活気がみなぎっていた。新人座長として、順調すぎるスタートを切った二十七歳の見城たかしに、さらに追い風が吹いた。下町の玉三郎に対抗して、見城を〝下町の橋蔵〟で売り出そうと目論むプロデューサーがあらわれた。「ゆき子の酒場」（キャニオン）というレコードも発売され、ますます人気が沸騰し、常設劇場には朝からファンがならび、連日の大入りを記録した。

あのころはイケイケで、何も怖くなかった。役者には、お座なりの拍手か、受けている拍手か、がよくわかる。昨日までとはちがう、イケイケの波が自分にじわじわと押しよせてくるのが、舞台に出た瞬間にわかった。毎日がそんな連続で、お花もびっくりするほど上がった。

そんな人気絶頂期に、好事魔多し、不摂生がたたって体調をくずし、長期の休演を余儀なくされた。東京大衆演劇界に見城たかし時代を築くことなく、またも最後の詰めの甘さでビッグチャンスを逃してしまった。

それらの役者人生をきっと後悔しているのだろうと想像していたら、「トータルで八十五点」と見城たかしは断言した。そうなのだ、僕なんかが考えるより、旅役者はずっと結構な稼業なのだ。

百点満点

初代・藤ひろし

長い大衆演劇の取材経験で、芝居社会における表方と裏方の分《ぶん》を十分にわきまえているつもりなので、僕のような立場の者が、安直に舞台に立つことは極力さけてきた。しかしながら「芝居に一緒に出てみない」と心やさしくさそわれれば、すぐさまその気になって、いままで芝居に四度も出演させてもらった。

実を言うと劇団にも観客にも迷惑この上ない話ではあるが、死ぬまでに是非ともかなえておきたい、もう一つの夢があった。僕がうたう歌で、座長に踊ってもらう――。こんなワガママをあえて聞きいれてくれそうな座長は、大衆演劇界広しといえども二、三人しかいないし、そのうちの一人の若葉しげるさんに恐る恐る依頼したら、二つ返事で承諾してくれた。

「ただ一つだけ守ってほしいのは、歌を絶対に途切れさせないで。もし、途中で度忘れしたら、ウソの詞をならべて歌いつづけてね。そうでないと、私が踊れない。わかった?」と、電話口で強く念を押された。そして若葉さんがしばらく特別ゲスト出演する広島市清水劇場の、紫吹洋之介劇団公演での〝歌手デビュー〟が決定した。その日から、カラオケで歌う得意曲の一つである「雨の大阪」〈作詞・もず唱平、作曲・市川昭介、歌・三門忠司〉を連日連夜うたいこみ、詞をパーフェクトに脳ミソに刻みこんだ。

十二月十五日、若葉しげる作・演出の秀作『風雪流れ旅』が終演し、ショーのフィナーレ前に出番がやってきた。紫吹座長の衣裳を着せてもらい、上手より登場する若葉に対し、下手にスタンバイ。前奏が流れ、思いきり深呼吸してステージにふみ出す。スポットライトが眩しくてお客さんの顔がまったく識別できないが、拍手が聞こえた。案外にスムースに「どうせ人生」と声が出た。歌い出しは調子よく、客席の反応も悪くなさそうだ。こりゃ、うまくいきそうだ、と大きく歩きはじめた時、足に激痛がはしった。はきなれていない草履の鼻緒《はなお》が足の指に食いこんだのだ。その瞬間、脳ミソに刻みつけていた歌詞が霧散してしまった。カラオケの伴奏だけがステージに流れている。おろおろしながら上手に目をやると、若葉しげるが素知らぬ顔して踊っていた。これを限りに、生半尺な気持でプロ役者の領域にふみこむまい、と僕は冷汗をかきながら若葉しげるの美しい踊りを見つめていた。

大衆演劇界には藤ひろしを名のる役者が、二人いる。初代と三代目で、続柄は祖父と孫。ちなみに二代目は初代の娘婿だった長谷川武弥で、三代目は長谷川の長男。

僕の知る限りでは、七十八歳の初代・藤ひろしは第一線で活躍する最高齢の旅役者。三代目・藤ひろしの直弟である藤仙太郎が率いる「劇団ふじ」に所属し、「じいちゃん、死ぬまで舞台に出てくれ」と仙太郎に頼みこまれているし、初代自身も舞台で死ぬつもりでいるから、舞台姿が矍鑠《かくしゃく》としていて、実に若々しい。この拙稿にもっと早い時期に登場ねがうべきだったのが、ずいぶんと後回しになってしまった。その点をお詫びすると、「そんなこと、気にもしていない。よう、きてくれたね」と仏のような笑顔で迎えてくれた。

初代・藤ひろしは昭和十（一九三五）年四月、大分県速見郡日生町で生まれた。父は初代・片岡長次郎だが、藤ひろしがそのことを知ったのは小学六年の時だった。十七歳だった母は、乳呑み児だったわが子を母親に預けて出奔したそうだから、父と母はあまり祝福される夫婦でなかったのかも知れない。両親の顔は知らず、物ごころついたころ、父はすでに死亡したと聞かされた。その後、子供のいない母の妹、ひろしにとっては伯母夫婦にもらわれ、兵庫県神戸市に移り住んだ。

タクシーの運転手になった養父は実直な人で、ようやく子宝にめぐまれ弟が生まれてからも、ひろしを分け隔てなく育ててくれた。学業は可もなく不可もなく、目だたないおとなしい小学生だったが、五年生の時に神戸大空襲に見舞われた。昭和二十（一九四五）年三月、六十数機のＢ29が神戸市上空で無差別爆撃をくりひろげ、死者が約二千六百名、家屋の全焼全壊が六万四千戸に及んだ。幸いにも被災をまぬがれたひろし一家は、命からがら大阪に逃げ、故郷の大分にもどってきた。

敗戦後の食糧難で、米や野菜などをもらうために日生町の親戚宅をたずねたら、「お前は、この家で生まれた」「実の父親に会いたくないか」といきなり叔父に言われた。

てっきり死んだものと思っていた父親が役者で、それも人気座長……そりゃ、びっくりしましたよ。すぐ近くの掛け小屋で公演中と聞かされたら、会いたくなるのは当然でしょ。……、親子名のりはしたものの、何ともいえん奇妙な空気で、特別な感情はわいてこんかった。

小学校卒業間際に、「役者になりたかったら、いつでもこい」との、親父の伝言があった。私、人に恥ずかしくて言わんやったけど、子供のころから芸事が好きで、妙に血が騒ぎよった。くだんの伝言で役者になる腹が決まり、教えられていた別府の小屋で片岡劇団の巡業先を聞き出し、中津市今津の掛け小屋をたずねた。

内心はどうだったかわからないが、養父母はあえて反対しなかった。

たずねたその日に片岡長次郎劇団に入団した。初代・長次郎は、九州の浪曲師に入門したのを切掛に芸界にとびこみ、映画の大部屋を経て旅芝居に転じ、やがて「芸が三分に、喧嘩が七分」の九州劇界で地位を確立した実力派座長だった。一座には三十名の座員がおり、終戦より二年目の混乱期で、復員兵やら失業者などのにわか役者も混じっていた。藤ひろしが役者として舞台に立つには、子供でも大人でもない変声期の、中途半端な年齢で、さっそく照明を命じられた。舞台の出入りや所作などの、芝居の基本を勉強するには投光はもってこいの仕事だった。しかも見せ場で操作ミスしてタイミングをはずすと、芝居全体をぶちこわしかねない。レコード操作の音調と同様に重要なポジションで、つねに緊張を強いられた。

二年たっても照明担当で、舞台出演の声が一向にかかりそうもないので、「そろそろ芝居に出たい」と父親に申しいれたら、「お前のようにおとなしすぎる性格は、役者には向かん。勤め人になって、地道に生きろ」とにべもなく撥《は》ねつけられた。このまま片岡劇団にいても、役者として活躍するチャンスはないと見きわめ、若手座員と一緒にドロンした。藤ひろしの、生まれて初めての反抗だった。

「女ばかりの劇団だから」と強く拒まれたのに、無理やり頼みこんでもぐりこんだ天津静江劇団だが、雪のはげしくふる日に町まわりに行けと言われたのが不服で、たった三ヵ月でやめた。つづいて入団したのも、女座長の花沢マコト劇団。中歌舞伎（地方歌舞伎）で名を馳せた両親をもつ花沢は、女役者には不可能とされていた外《け》連《れん》をみごとにこなした芸達者で、藤ひろしが二年間在籍していた当時は、芝居と映画の連鎖劇で人気をよんだ。やがて日本一の興行師だった寵寅にスカウトされ、東京浅草に進出し常磐座でも活躍した。ちなみに上方落語の月亭八方は、花沢の娘婿で、月亭八光は孫。

その他大勢の端役ながらも、芝居にすっかりとなじみはじめ、坂東嘉門劇団でがんばっていたら、片岡長次郎劇団で兄弟子だった勝次郎が迎えにきた。勝次郎は、後に二代目・片岡長次郎を襲名し、九州演劇協会の会長及び会頭として強力なリーダーシップを発揮する。

「ひろしに役者根性があると見ぬけなかったワシが、節穴まなこだった。本気でやるというのなら、もどってこい」との言伝てだった。坂東嘉門もびっくりし、「あんたには悪いことをした。長次郎さんの長男なら、それならそうと言ってくれれば、平座員扱いにしなかったのに」と平謝りしてくれた。ひろしは好きなだけ芝居をやりたいだけで、つれもどされるのが嫌で、片岡長次郎の名を口にしなかったのだ。

片岡長次郎劇団は、九州の名劇場に数えられた福岡市の大博劇場や飯塚市の嘉穂劇場にも出演したが、好んで掛け小屋の興行をおこなった。大衆演劇の常設劇場の大半は分興行で、入場料の総売り上げから経費を差し引き、劇場と劇団が折半、あるいは四分六の割合で分配する。九州は昔から力関係で劇場側が優位で、従って劇団側の取り分は少なくなる。この点、掛け小屋の興行は地主に借用代を納めるだけで、入場料を常設劇場より割安に設定しても、売り上げが丸々劇団にはいる。それゆえに片岡長次郎は内証がよく、超高値だった白黒テレビを九州の座長で一番早く買いもとめ、掛け小屋の正面に設置して客寄せした。

劇団の移動にともない荷物を運ぶ乗りこみは、役者たちにとってはハードである上、掛け小屋の組み立てや解体作業がくわわると更なる激務を強いられる。前日に打ちあげた村を出発した二台のトラックが、次の巡業地に到着すると、稲を刈りとった田んぼや空き地の平坦なところを選んで、まず舞台づくり。丸太と荒縄で固定して板をならべ、横一二メートル、奥行五メートルほどの舞台、そして花道をしつらえる。舞台裏が楽屋と台所で、幕や筵《むしろ》で仕切る。そこまでは雨露をしのぐためにテントを張った。

筵で囲った客席は青天井で、藁《わら》の上に筵を敷きつめる。筵はざらざらしていて座り心地が悪いが、そこはよくしたもので、お客が蓙《ござ》と座布団を持参する。

電柱から無断で電気を〝拝借〟する係が片岡勝次郎。一年に一度やってくる旅芝居、地元の人も見て見ぬふりをしてくれた。電気係は肚っ玉が太くないとできない危険な手仕事で、雨の日に盗電していて、感電でショック死した役者もいた。

台所には大きな石をバランスよく積みあげて、ご飯用とミソ汁用のカマドをつくった。燃料は山であつめた薪《たきぎ》で、雨天や雨あがりには火つけに一苦労した。飲み水は小川の水で、米をとぐのも野菜を洗うのも小川。食器はタワシがわりの藁で砂をつけて洗った。

便所は大きな壺を埋めこみ、板をわたして筵で囲った。風呂はドラムカンで何度もバケツで運んだ。男がいつも先にはいり、女がはいるころは、いつも湯が膝までしかなかった。旅役者が格別に惨《みじ》めだったわけでなく、当時は日本中がみんな貧乏だったのだ。


掛け小屋を建てるから、みんな真っ黒に日焼けして、土方と変わらん顔をしている。ある日、小屋作りに手間どっていたら、「役者衆は、まだこんかね」とお百姓さんが聞いてきた。「まあ、ぼちぼちくるじゃろう」と、みんなでとぼけておいた。

青年団などの主催なら、村の家に分宿。腹いっぱいご馳走になり、ゆっくりと風呂にもいれてもらい、ちょっとした役者冥利。ただ、その日に仇役を演じていたら、「うちにいるのは、悪い奴だ」と毛嫌いされて……。

雨天なら、芝居は中止。役者殺すにゃ、刃物はいらぬ。雨が三日も降ればいい、と。十二月は、外が雪でも芝居をやった。親父の十八番物が『忠臣蔵』で、ほんまものの雪が降っているから、と気合いがはいった。

藤ひろしは、片岡長次郎劇団で片岡ひろしを名のり、地味な存在ながら一座を十四年間ささえた。初代・長次郎は長男だからと配役で優遇しなかったし、劇団の仲間たちも座長の伜だとひろしに追従《ついしょう》する者もいなかった。当時は前・中・切狂言と芝居を三本上演したが、有望な若手が抜擢される前狂言の主役を、片岡ひろしは一度もつとめたことがない。

片岡ひろしには、四歳年下の妹と七歳年下の弟がいる。妹の京町みさ子はいわゆる腹ちがいで、みさ子の母は関西の初代・市川おもちゃの父親の弟子だった。みさ子は初代・姫川竜之助と結婚し、姫川小代美と二代目・姫川竜之助をもうけたが、離婚していまは〝幕外〟。

弟の美影愛は、長次郎の後妻・島崎竜子の連れ子で、藤ひろしとは血縁はない。謙虚でおとなしい藤が、じっくりと芝居を練りあげる昔気質の旅役者であるのに対し、才気煥発ではっきり物言いする美影は、意想外な筋立てとリアルに人物描写する新感覚派で、人柄も芸風も対照的だが、兄弟仲はすこぶるよい。

片岡ひろしは劇団の小月しのぶと結婚した。小月は、片岡勝次郎の妻・丘輝美の妹である。ちなみに書き添えると、藤ひろしは温厚で人の悪口を絶対に言わない好人物なのだが、寡黙で無駄口を叩かない取材者泣かせだった。そんな藤ひろしを傍らでしっかりサポートしてくれたのが小月しのぶで、小月がいなければこの記事は執筆できなかっただろう。

やがて二人の娘の父親になると、楽屋暮らしでは食べていくのが精一杯で、長女の小学校入学を機に、二十七歳の片岡ひろしは、根っから好きだった役者をやめた。夫婦共稼ぎで京都市のパチンコ屋で働いていた時、初代・片岡長次郎は一座を解散し、福岡県田川市に居宅をかまえた。ほどなく弟（美影愛）が里見剣次郎劇団を新結成し、「兄貴、手伝ってくれ」と要請されたが、夫婦のまじめな勤務ぶりがパチンコ屋の社長に認められ、この際、安定した収入が何物にもかえがたく、弟の劇団には参加しなかった。

パチンコ屋で四年働き、少し貯えもできたので田川市に帰り、魚の行商をはじめた。なじみの芝居ファンの家をまわると売り上げが伸び、ちょっとゆとりのある暮らしができた。庖丁さばきも上達し、魚屋が板についてきたある日、妹の京町みさ子の夫である初代・姫川竜之助が「兄貴、助けてくれ」と駆けこんできた。姫川も初代・片岡長次郎劇団の解散後に独立し、姫川竜之助劇団を旗揚げしていた。ところが田川劇場で公演中に劇団員が多数ドロンし、必死の形相で応援をもとめてきたのだ。一ヵ月の約束で夫婦で加勢していたら、人気急上昇中の姫川劇団にもかかわらず、なぜだか一人、二人と劇団員が抜けていき、片岡ひろしはそのまま居残らざるを得なくなった。で、劇団に仕方なく残った素振りをみせたものの、内心では舞台に完全復帰したのは願ったり叶ったりで、三日したらやめられないという、役者の血が抑えきれなくなっていた。

改めて役者の道をふみ出すのだから、誰のアドバイスも受けず、新しい芸名を自分で考えた。○の助や○太郎じゃなく、ちょっとモダンな響きがあって、藤ひろし。何のことはない、本名の藤崎博の、崎を抜いただけ。片岡長次郎を襲名したい、と思ったことは一度もない。

姫川は確か私より六歳年下で、若くてきれいで、芸熱心な上に努力家で、飛ぶ鳥をおとす勢いで人気をとり、別府のヤングセンターの専属になった。私はいまで言うところの副座長の扱いで、ヤングセンターがステージを改造する際、姫川とともに設計に知恵をしぼりました。そんな人気絶頂の最中に姫川がタチのよくない病気にかかった。座長不在の劇団活動は土台無理な話で、結局は劇団をたたむことになった。

人生が八十年だとすれば、その人生の折り返しにさしかかる年齢になって、藤ひろしは堅気にもどる自信がなかった。しばらくブラブラしていたら、二代目・片岡長次郎が会いたいと言ってきた。かつての初代・片岡劇団では兄弟子だった「勝ちゃん」であり、両人の妻の丘輝美と小月しのぶが姉妹なので、従って藤ひろしには義兄にあたる。二代目・長次郎は劇団の親睦団体「九州演劇同志会」(九州演劇協会の前身)を結成し、大衆演劇の再生に奔走していた。顔をあわせるや否や、「ひろしちゃん、座長になって、九州をもりたててくれ」と言い放った。同席していた興行師が、「藤さんなら、まったく心配がない」と太鼓判を押す。九州男児たちの話は早い。

昭和五十(一九七五)年四月、北九州市の勝山閣で藤ひろし劇団を創立した。満四十歳の大看板の御披露目で、二十代で座長就任する昨今の時勢なら、座長引退をそろそろ考えはじめる齢ごろだが、三十年前まではひとかどの技倆が関係者に認められなければ、座長にはなれなかった。

創立メンバーは藤ひろし、小月しのぶ、辰己竜三郎、山根小百合、藤仙太郎（現・長谷川武弥）、片岡たけしらの十名で、座長初主演の外題は『沖のカモメ』。旗揚げ当初は、その日一日の舞台をとどこおりなくやりとげるのに必死で、一座の未来像を思い描く余裕はなかった。そして劇団員の呼吸が一つにまとまりはじめた時、「九州一の劇団にしたい」という野望が、藤ひろしの胸にめばえた。

結成して三年がすぎて藤ひろし劇団の骨格が定まり、上昇気流にのりはじめた折柄、初代・姫川竜之助の長男である姫京之助が加入した。血縁ではないが、藤にとっては甥である。女剣劇の人気座長として浅草六区で鳴らした大東あけみと、その夫で舞踊の名手である山戸一樹の薫陶を受けた姫京之助は、従来の九州の芸とは趣と彩りのまるで異なる舞台で観客を魅了し、またたく間にトップ人気の座を射とめた。

それと同時に藤ひろし劇団がにわかに注目され、「見どころがいっぱいで、トイレに立つのがもったいない」と、観客たちがほめちぎるほど充実した舞台をくりひろげ、九州一との呼び声が高くなった。昭和五十年代、九州には常設劇場が一館もなく、舞台設備がととのっていた別府市のヤングセンターでの興行を、各劇団は強くのぞんだ。その狭き門の公演スケジュールで、一年のうち五ヵ月を藤劇団がまかされ、それが七年つづいた。嘉穂劇場の特別興行とならぶ、ヤングセンターでの座長大会の下座もとりしきるようになった。

藤ひろしの芸風といっても、そんなもの、ないですよ。ただ親父の芝居が身体にしみこんでいるのでしょ。私は、うちの劇団は、芝居もショーも絶対に手抜きはしません。化粧だってずぼらはしません。お客さんに見えなくても、冬は冷たいけど、私は膝の上まで塗っています。

一世一代の、思い出の芝居ですか。そんなの、私には……。いや、あります。（藤山）寛美さんとご一緒させていただいた『長脇差博多節』。テレビで、舞台中継してくれました。

一九八四（昭和五十九）年五月より十二月まで、藤ひろし劇団は松竹新喜劇に特別出演した。公演パンフレットには、藤ひろし、姫京之助、藤仙太郎、水木理絵、藤一馬が名を連ねている。大阪道頓堀・中座、京都・南座、東京・新橋演舞場、名古屋・御園座といった、旅役者たちが〝大場所〟とよぶ一流劇場に、松竹新喜劇の一員として出演した。

稀代の天才喜劇役者であった藤山寛美に、いままで口にしたこともない旨い天ぷらやフグをご馳走になり、京都の自宅にも招かれたし、吉原の花魁《おいらん》遊びの持てなしも受けた。語りつくせないほどの豪遊の一部始終は、その後、親しい座長仲間に一言もしゃべっていない。正直に話せば、「えらそうに」と反感を買うのが、明々白々だったからである。いまも藤ひろしは上阪すると、藤山寛美の墓参をかかさない。

松竹新喜劇公演の翌年に姫京之助が独立。その後、二代目・藤ひろしを襲名した仙太郎は、長谷川武弥と改名して一座を旗揚げし、藤（美）一馬、藤千代之助がつづき、さらには孫の三代目・藤ひろしが新劇団を立ちあげた。一つの劇団から、劇団が五つも分家するのは珍しい。血縁のない弟子の独立には少なからず金員が必要だという噂を耳にしたが、初代・藤ひろしは気持よく旗揚げをお膳立てし、トラブルは皆無だった。「僕がいまも、座長をつとめさせていただいているのは、すべて初代先生のお蔭」と長谷川武弥が言えば、「師匠には一生かかってもお返しできない、ご恩がある」と藤美一馬は語り、妻の小月しのぶは、「お婿さんとして百点満点。誰にでもやさしいし、孫たちもきっと百点と採点すると思う」

朝、ぱっと目がさめて、今日も一日舞台をがんばろう、とやる気がわいてくる。私は、幸せ者ですよ。

出と入り

甲斐文太

「脚本家になりたいので、東京の大学を受験したい」と頭をこすりつけて頼みこみ、母子家庭なのでとうてい無理と猛反対されたのに、結局は一人っ子のわがままを通して上京した。大学を出た直後に大病を患い、病弱を免罪符《めんざいふ》に定職に就こうとはせず、浮草のごとく仕事を転々としながら、映画やテレビのシナリオではなく、ルポルタージュのライターにたどりついた。際立った才能も技量ももちあわせないので、筆一本で食ってはいけず、さまざまなアルバイトもこなしてきた。それが自分で選択した道だから、苦労だと思ったことは一度もないし、これまでの六十数年の人生は幸せだった、と確言できる。

そんな物書き稼業を、母親は心ならずも黙認してくれたが、僕みたいな変り種は、昔も今も、親類縁者には受けいれられない。結婚式や仏事で顔をあわせても、視線や物腰にどことはなく隔意を感じてきた。わが家は貧しい小作農であったが、「村一番のまじめな働き者」とよばれていた祖父母が、終戦後の農地改革で骨身を惜しまず田仕事に明け暮れ、一家の基盤を築きあげたそうだ。その勤勉な血を受け継いでいるはずの孫が、パッとしない作家で、メジャーではない大衆演劇や河内音頭という芸能を追いつづけているのが、親類にはどうにも承服できないのだろう。言われてみれば、その通りで、なぜ芸事に熱中するのか、僕自身にもわからなかった。

ところが先ごろ、健忘症がひどくなる一方の母親と昔話に興じていたら、古いことはしっかりと記憶していて、祖父が話題にのぼった。

「おじいちゃんは、ホンマによう働き、村のためにも尽くしてくれたけど、若いころ、一つ道楽があった。雨がふって田んぼ仕事ができんようになったら、一人ですっと姿を消し、城内の桜井座や栄倶楽部に芝居を見に行っていた。帰ってきて、ようおばあちゃんに怒られてたけど、芝居道楽は、やめられへんかったみたいや」

うれしいような、納得したような……。

甲斐文太は昭和三十（一九五五）年五月、和歌山市に生まれた。父親は九州大衆演劇界で一世を風靡した初代

・鹿島順一。初代は愛媛県の農漁業を営む寒村の出身で、兵役後、役者をめざして上京。新派の長内という女座長の劇団で舞台修行をつんだ。やがて九州に流れて、鹿島順一劇団を結成し、めきめきと頭角をあらわした。九州の黄金時代の「第一世代」が南條隆、樋口次郎、梅林良一（のちの伴心平）、江味三郎だとするなら、三河家桃太郎、富士川昇らと並ぶ「第二世代」のスーパースターとして名声を博した。

ダイナミックな剣劇が売り物で、秀逸な太刀さばきが評判をよんだ。十数人を相手にする大立ち回りでは、最初は「えい、ザブ」「えい、ザブ」とスピーディーに斬りむすび、ラストで四、五人の達者なカラミと複雑多彩な動きで丁々発止《ちょうちょうはっし》と打ちあい、壮烈な太刀さばきで観客たちを魅了した。

この殺陣の鍛錬というのが、まるで昔の剣豪の武者修行で、暗闇に木剣を何本も吊るし、音を頼りに剣をさばいたという。殺陣では他の座長には絶対に負けたくないし、一歩でも先んじた技を習得するため、荒行にあえて挑みつづけた。鹿島順一の鹿島という芸名も、実は、武道の神をまつる茨城県の鹿島神宮に由来している。

旅芝居より格上の新派にいたという矜持《きょうじ》もあってか、初代・鹿島順一は、台詞を非常に重視した。大衆演劇では上演のたびごとに、芝居の根幹である台詞がころころとかわるのがおかしいと主張し、語尾がわずかにちがっていても切掛がかわると、相手役に食ってかかった。

録音機が普及していない時代で、当人はマスターしていた早稲田式速記術を駆使し、口立て稽古の台詞をミミズのはったような記号でメモし、正確に覚えこんだ。座長大会では、鹿島順一ひとりだけが台詞を一言一句たがえず芝居をするので、他の座長にかえって煙たがられた。そこで、レコードを演奏すれば必ず同じ曲が流れるように、幾度芝居をしても台詞がまったくかわらないので、蓄音機という渾名をつけられたそうだ。その一方で侠気にとみ、武勇伝でも鳴らしたらしく、樋口次郎と片岡長次郎（ともに初代）とは、芸道上の兄弟分であった。

母親は、鹿島順一劇団に在籍していた女優だったが、甲斐文太を出産して劇団を去った。その母親と再会したのが十八年後。九州のヘルスセンターに出演中の初代・大川竜之助の楽屋へ挨拶に行ったら、「茂樹。珍しい人に会わせてやる」と、売店に案内された。そこの女店員が甲斐の顔を見るなり、「ごめんね。ごめんね」と平謝りしながら大粒の涙を流した。会ったのはその一度きりで、突然の母子対面で心がかき乱れ、喜びをうまく言葉にできなかったが、大川竜之助の厚意には、いまも感謝している。

甲斐文太は、女女男男の姉弟の末っ子で、四人とも腹ちがいである。長女は舞台に縁がなく、十八歳年上の次女が近江竜子、八歳年上の長男が松丸家弁太郎。

年齢は定かでないが、子役で出演した舞台を、甲斐文太はおぼろげに覚えている。人喰いに襲われる幼児や、キャッキャッととびはねる山猿。舞台でミカンが食べられるから、山猿はよろこんで演じた。一人で踊る「おてもやん」は、ホッペタを赤く塗られるのが嫌で、幕袖でぐずついてこっぴどく叱られた。

ところがある日、子役の出番がぱったりと途絶えた。役者の盛りをむかえていた初代・鹿島順一が指を斬りおとされ、劇団を解散したのだ。初代の孫である近江飛龍に聞いた、進駐軍とやくざの喧嘩を仲裁しようと、ドスをふりまわす修羅場にとびこんだという話とは、いささか顚末《てんまつ》が異なるようだ。

親父が座長部屋で明け方まで飲んでいたら、男たちの大きなののしり声が聞こえる。酒の席で一悶着《ひともんちゃく》あり、楽屋に逃げかえった座員を、土地のやくざが追いかけてきたらしい。まぁ、ひとかどの極道だったら、鹿島順一のツラを見知っているだろう、とフンドシ姿で出ていったら、やくざがいきなりドスで突きかけてきた。楽屋口の露地が広ければ、得意の立ち回りでいなすこともできたが、なにせ露地が狭くて身の置きどころがない上、親父酔っていて、親指を斬りおとされてしまった。

親指がないと、どう工夫しても刀が握れず、いさぎよく劇団をたたんだそうです。親父にじかに聞いた話です。

初代・鹿島順一は、旧知の興行師のつてで、大阪府布施市（現・東大阪市）の芸能プロダクションに転職し、ヌード劇場などを統轄する部門の社長におさまった。ところで甲斐文太は、乳児のころより鹿島劇団の嵐という役者夫婦に預けられ、養育された。この育ての親は、その後も元座長である鹿島順一と付かず離れず行動し、和歌山市のヌード劇場の支配人をつとめながら、甲斐の身のまわりの世話をした。

鹿島順一は正月と盆など、一年に何度か和歌山に顔をのぞかせ、甲斐に小づかいをたんまりと握らせてくれた。「やさしい、ええ、おっちゃんやな」とお礼を言いつつ、ピンとくるものがあり、父親なんだと察した。

小学五年生の秋、大阪に帰る鹿島が乗ったタクシーがスタートした瞬間、甲斐は無我夢中で追いかけた。そしてタクシーが信号で停車すると、必死になって走ってきた姿を、父親らしき男に見とがめられるのが訳もなく恥ずかしくなり、電柱の陰にかくれた。鹿島もその時の、電柱に身をかくした次男坊の姿が瞼にやきつき、後年、甲斐と酒をくみかわしていた時、「あれは、不憫《ふびん》やった」と目をうるませて語ったそうだ。

養い親がヌード劇場の支配人で、劇場によく出入りするのがやくざ。そのコワモテのお兄さんたちがつれて行ってくれるオールナイト映画は、いつも東映の鶴田浩二や高倉健、菅原文太の任侠物。多感な年ごろにさしかかった中学二年生でぐれて、本気でやくざになろうと家出した。

親父が僕をさがしまわり、同行した生徒指導の先生に、こうお願いしたそうです。「もし、先生の姿を見て逃げだすようだと、改悛《かいしゅん》はむずかしそうだから、息子の将来はあきらめる。しかし、まだ素直についてくるなら十分に見込みはある。首にナワをつけても、俺のところへつれてきてくれ」

で、僕、先生について行ったんです。そしたら車に親父がいて、このまま和歌山においていたら、ロクなことにならん。「お前は、何になりたい」と聞かれ、行くんだったら、大学へ行かせてやる、とも。「勉強は、好かん」と返答すると、「手に職をつけて、食いっぱぐれのない職人になるか。寿司屋か、散髪屋がいいか」

と矢継ぎ早に聞き、「あるいは、役者はどや。役者だったら、俺が教えてやれる」
兄貴は大学に進学していて、劇団の跡を継ぐ気はないし、親父はその時、僕みたいなできそこないでも、鹿島順一という名前を残しておきたいと考えたのかも知れません。

いつにない父親の激しい気魄におされ、「役者をやる」と甲斐は応えた。息子の気持が変わらないうちにと、鹿島順一は甲斐をともない、福岡県の甘木健康ランドの浅井礼二郎劇団をたずねた。生まれて初めて搭乗する飛行機に興奮し、まるで物見遊山のような浮かれ気分で、すぐに和歌山にもどれるものだと考えていた。

後に二代目・樋口次郎を襲名する浅井礼二郎は、実父である先代と大喧嘩し、独立して浅井劇団を立ちあげた。だが大衆演劇界は冬の時代で、甲斐が新弟子として入門した昭和四十五（一九七〇）年、浅井劇団は何度も頓挫をきたし、困難をきわめていた。

浅井礼二郎は若き日に、初代・鹿島順一の芸と人柄に敬服していた。両者とも陰か陽かといえば、陰の役者で、偏屈なところも似ていたらしい。正月興行で、恒例の『三番叟』をやるように劇場に命じられたら、まったく無視し、二人で本身の刀をつかった創作『チャンバラ三番叟』を披露したそうだ。

子役以来の化粧も、浅井礼二郎の手ほどきを受けた。「血のつながりはないけど、茂樹とは、親戚やからね」と言われ、その言葉通りに預かり弟子の待遇で、あまりつらい思いをした覚えがない。鹿島順一劇団の幹部だった寿新之助が、在籍していたのも幸いした。入団して間もなく、一こと二ことと台詞をもらい、一人踊りもまかされた。同じ大部屋にいた一番弟子の浩二（後のかつき浩二郎）は、怒鳴られ役を一手に引き受けたみたいで、「こら、浩二」といつも叱りとばされ、甲斐には、面倒見がよく好人物の兄弟子が気の毒でならなかった。

父親に名づけられた最初の芸名は加島しげきで、一年ごとに加島純、加島順とかわった。初代・鹿島順一は思うところがあるのか、ひところ血縁の役者に鹿島昭一を名のらせているが、その芸名を返上させ、以来、誰にも「鹿島」を許諾していない。


樋口次郎先生に何を学んだ、というようなおこがましいことを、僕ごときの役者には言えません。すべてが、あこがれです。

僕が座長になって後、楽屋に「樋口先生」と挨拶にうかがったら、「アンちゃんでいい」と叱りつけられます。でも、そう言われても、他の役者さんの目もありますし……。

旅人は粋やし、浪人はカッコいいし、お世話になっていた当時は、その程度しか感じなかったが、この年齢になって思い返すと、樋口次郎という役者の偉大さが、より一層理解できる。うまく表現できないけど、あの、不思議な空気感。

もちろん、僕の、たった一人だけの師匠です。

一年あまりがすぎ、父親がむかえにきた。和歌山にもどり、離ればなれになっていた育て親の、嵐のじいちゃんに会えると胸をはずませていたら、行く先は熊本市の金時温泉センターの四代目・三河家桃太郎劇団だった。長期公演していた三河家劇団は、喜劇を主に上演していた。奇妙な化粧や扮装で、トンチンカンな台詞をやりとりし、ストーリィを展開するおふざけのお笑いではない、しっかりと泣かせたっぷりと笑わせる本格派喜劇である。役者になってキャリアが浅い、素人同然の加島しげきにも、『情の一夜』『孝行小判』『稲荷札』などで熱演する三河家桃太郎の芸達者ぶり、とりわけ歯切れのよい台詞まわしと間の素晴らしさは、よく理解できた。

九州のみならず、その後、大衆演劇史に巨星として名を刻む二代目・樋口次郎と四代目・三河家桃太郎だが、加島しげきが預かり弟子として教えを乞うていた当時、両人は三十すぎだったにもかかわらず、すでに大立者の風格をそなえ、演技も演出も一頭地を抜いていた。

「正喜あんちゃん」とよんでいた三河家桃太郎には、舞台や芝居でこまごまと助言を受けた。その分、つまらないミスをしたり横着すると本気で叱りつけられた。義士外伝の『赤垣源蔵・徳利の別れ』を上演した時に、急拠、太鼓係をまかされた。三味線の弾き語りで、「折りから、ここに赤垣が」を切掛に祭り太鼓を遠目でトントントンと叩くように指示されていたのに、加島は調子にのって大きく叩いてしまった。すると、見せ場をぶちこわされた赤垣源蔵役の三河家に、「うるさい」と演技中にもかかわらず怒鳴りつけられた。

あのころの劇団内には、強い絆がありましたね。弟子は師匠を心底尊敬し、師匠のためなら命を捨てても悔いはない、みたいな気概があふれていました。三河家劇団には、三河家先生の人柄と芸に惚れぬいた、都新太郎という素晴らしい劇団員がいました。ほんと、やさしいお兄ちゃんで、都京太郎、三条すすむ、愛京花、藤乃かなさんのお父さんです。

僕、三河家劇団でお世話になる時、「運転免許をとっておけ」と親父に金をもらっていた。でも自動車教習所には行かず、盛り場で遊びまくって散財した。当然ながら親父にばれてバシバシに叩かれた。その時にかばってくれたのが新太郎兄ちゃんで、「若い時は、いろいろありますよ」と怒り狂う親父を必死になだめてくれました。

三河家先生には子供さんが五、六人いて、夏休みなどセンターにやってくる。子供たちがこぞって芝居好きで、休憩時間になると、三河家先生が上演したばかりの芝居をすぐに真似して遊ぶ。主役は決まっていまの五代目で、諒ちゃんもいた。さすがに三河家先生の子供で、みんな達者でしたよ。

十八歳で二代目・鹿島順一を襲名し、熊本市の熊本温泉センターで一座を旗揚げした。初代は本名の垣内伊勢馬を名のり、後見人として仇役やショーの司会者をつとめた。言ってみれば初代の敷いたレールを走り、浅井劇団と三河家劇団で役者修行にはげみ、九州の名門である鹿島順一の看板をゆずり受けたものの、若さだけを武器に一座をリードしていけるほど旅芝居の世界が甘くないことを、二代目本人が十分に承知していた。ともかく他劇団と競いあっていくには、二代目が主演する外題をふやすことが最優先だった。幸か不幸か、熊本温泉センターは昼夜のプログラムをいれかえるので、朝昼晩とのべつ幕なしの稽古を強いられた。しかも初代は、上演のたびごとに台詞がころころとかわるのを良しとしなかったので、二代目はきちんとノートに書きうつし、しっかりと台詞を覚えこんだ。この時の、稽古してすぐに上演するという、自転車操業のような懸命なやりくりが、役者の基礎固めをしてくれた、と二代目はいまにしてつくづくと思う。

初代とのマン・ツーマンの踊りの稽古も手加減がなかった。

僕は「黒田節」を親父に習ったが、〝出〟だけで何十回練習させられたことか。雰囲気、姿勢ですね……。足の運び、肩と腰の線、目線の位置、心構え。「役者はパッとでた時が勝負で、舞台からさっと風を吹かせる」。そして、「出がよくても、入りが悪い奴は、銭がとれん」と。そんなこと言われても、チンプンカンプンでしたけど。

まぁ、僕の知る限り、伝統なんでしょうか、九州の役者は踊りの出と入りが鮮やかです。

大学を卒業し、まさか幕内にはとびこむまいと考えていた、八歳年上の兄が一座にくわわった。松丸家弁太郎である。ずっと九州のヘルスセンターをまわっていたが、役者陣が充実したのを機に拠点を兵庫県姫路市に移し、中国と四国を巡業した。このときに世話になった興行会社の社長が、二代目・鹿島順一の歌唱力を高く買い、「上京して一週間ほどレッスンを受けたら、大丈夫や」と、レコード吹きこみをしきりに勧めてくれた。うれしい話にはちがいないが、座長が十日近く舞台を空ける余裕と、肝心の資金がままならず丁重に断わった。

二十四歳で念願だった関西のハコ打ち（常設劇場興行）がはじまった。名役者として声望をあつめた、義兄の近江二郎（近江飛龍の父）に時おり応援出演をあおぎつつ、いっそう味わい深い舞台づくりに精励した。本格的な芝居をたっぷりと堪能できると高く評価され、鹿島順一劇団は関西でのファンをふやしつつあった。だが、ようやく上げ潮にのりはじめた矢先に、劇団責任者の垣内伊勢馬が病いで倒れ、不帰の客となった。かつては旅芝居でそれと知られた大看板で、ここ十年間、卓出した統率力と交渉術で一座をささえてきた父親が亡くなると、二代目・鹿島順一はまるで糸の切れた凧で、先行きに光明が見いだせず、失意のどん底をさまよった。伊勢馬はきびしくは接しながらも、末っ子の二代目が可愛いくてたまらず、その温情が苦労知らずの座長を仕立ててしまったのかも知れない。悪いことはかさなるもので、急性肝炎に持病の喘息を併発して長期入院を余儀なくされ、結局は劇団を解散した。

喘息は時おり激烈な発作をおこし、幾度か呼吸困難となり救急車で搬送されたほどの重症。肝炎は小康を得たので退院はしたが、しばらくは無理はできない。そんな八方ふさがりの鹿島順一に一肌ぬいでくれたのが北陸のプロモーターで、福井県の一流ホテルの専属タレントにやとってもらった。仕事は団体客の宴会アトラクションで、妻の春日舞子と二人で歌と踊りのショーを受けもった。アトラクションの出演はおしなべて月に十五日ほどで、春日はホテルの喫茶店でも働いた。

実を言うと、僕も二十代で肝炎を患い長期にわたって療養した。身の置きどころのない倦怠感と無気力にさいなまれ、しかも異常に怒りっぽくなるのだ。同病相憐《あわれ》むで、鹿島のしんどさは痛いほどよくわかる。その苦境の真只中で、やさしく手をさしのべてくれたプロモーターの厚志を、鹿島は終生忘れることはない。

幸いにも体調が回復すると、芝居をやりたい気持が抑えきれず、姉の近江竜子劇団に参加した。近江劇団は、大川竜子が二代目・近江竜子を襲名して座長をつとめ、鹿島順一は副座長的な待遇だった。一役者として真剣に芝居にとりくみはじめると、かつて父親や近江二郎が語っていた言葉が、ずしりと心に響いた。

「うまい役者の台詞は、背景が見える」「芝居は簡潔さ、わかりやすく、しかも諄《くど》くならないことが大事」「心のうちからわきあがってくる感情で演じないと、お客さんは絶対に共感してくれない」「踊りは、芝居ができたら、おのずとできる」

三十六歳の時、あきらめていた子宝にめぐまれ、生まれてきたのが男児だったので、平成三（一九九一）年に鹿島順一劇団を再結成。

僕は役者でしか飯は食えんし、この世界、平座員の子供ではウダツがあがらんので、鹿島でもう一遍旗揚げしよう、と。

劇団員の世話、照明や音響の機材など、樋口次郎先生と南條隆先生に、お金以上のものを、いっぱい頂戴しました。

平成二十二（二〇一〇）年六月に、長男の鹿島虎順が三代目・鹿島順一を襲名したのを契機に甲斐文太と改名。戦国時代の甲斐の武将・武田信玄と映画俳優・菅原文太が大好きで、みずから命名した。芸名では縁起がよいとされている、左右対称になっている。

獅子丸　鷹丸　吉三郎

中村龍鷹

物書きを生業とする者として、達筆ではなくても、もう少しきれいな字が書きたい、とずっと願いつづけてきた。そんな思いを一層強くするのは、パーティなどで芳名録に署名する時で、意識すればするほど、文字が妙にねじ曲り、上手に書いたためしがない。ワープロが苦手で、拙稿も手書きなのだが、クセが強くて、編集担当者におそらく迷惑をかけていることだろう。

はがきや手紙をいただく知人の中で、惚れぼれする美文字は、カメラマンの臼田雅宏さん。端正でバランスよく味わい深い書体に、前々よりあこがれてきた。時おり書簡を頂戴する読者の方に、臼田さんのような能筆で返信ができたなら、僕の株もあがるだろうな、とつくづく思う。

臼田雅宏さんとのつきあいは、かれこれ四半世紀を数える。浅草木馬館大衆劇場や篠原演芸場の最後列で、舞台写真を撮りつづけてきた、ちょっと見が頑固親父風で、知りあった当時は目顔で挨拶する程度だった。東京大衆演劇協会の篠原淑浩会長に改めて紹介され、急接近して現在に至るが、この間、僕は一方的に恩恵に浴してきた。この「あっぱれ」シリーズでは、電話での急ぎの依頼にもかかわらず、多くの写真を無報酬で提供していただいている。他の雑誌でも適当な写真が見あたらず、こまったときの臼田さん頼みで、サポートしてもらったのは一再ではない。特別記念興行や東京の期待の新星たちの写真なども、折にふれて送付ねがっている。誌上をお借りし、永年のご厚意に心より深くお礼を申し上げます。

臼田さんの作品には、あるがままの旅役者が活写されている。観客の目線で舞台を忠実に〝再現〟した写真で、奇をてらわず技巧にはしらず誇張もない。だから、懸命にがんばっている役者たちの心意気がひしひしと伝わり、大衆演劇という芸能の根っ子が見てとれる。木馬館大衆劇場とともに半生を歩んできた臼田さんだからこその熱い情念が、一枚一枚の写真に脈うっているのだ。

さて、三月一日にリニューアルオープンした木馬館の最後列で、臼田雅宏さんは、これからどんな写真を撮影してくれるのだろうか。

中村龍鷹は昭和二十八（一九五三）年一月、大阪府堺市で生まれた。父親は中村吉三郎という歌舞伎役者で、母親は宮崎市の金もちの商家の娘、九州巡業中の吉三郎に一目惚れして一緒になった。五歳年上の姉、七歳年下の妹の三人姉弟の長男で、中村吉三郎が関西の拠点にしていた中村座の楽屋で出生した。

大正六（一九一七）年生まれの中村吉三郎は、中村錦之助（萬屋錦之助）、中村嘉葎雄の実父である三代目・中村時蔵の弟子で、屋号は播磨屋。歌舞伎役者にはちがいないが、幹部クラスの名題《なだい》ではなく、腰元役なら居ならびで一幕中座りっぱなしとか、立ち回りならカラミとかの大部屋役者。使い勝手の悪い三階楽屋をあてがわれたので、幕内では「三階さん」とよばれていた。

三階さんたちは、きびしい舞台修行に明け暮れた。劇場では四六時中師匠の楽屋につきっきりで、身のまわりの世話をする。化粧前の水替えは当然ながら、つねに師匠の顔色をさり気なく読みながら、額に汗が浮かぶとタオルを差し出し、素早くうちわであおぎ、お茶を出し、たばこ盆を用意する。一事が万事、この調子で、痒いところに手がとどく気ばたらきがなければ、梨園の弟子はつとまらない。

開演中に師匠が台詞を忘れたら、舞台陰より間髪をいれずに台詞を教える、いわゆるプロンプターも担っていた。それゆえに芝居をきっちりと覚えきる才幹が求められ、同時に、師匠と相手役の芝居の〝間〟や緩急を間近で盗む好機にもめぐまれた。それが、いじめに等しいほど、きびしい上下関係にもまれる三階さんの、お誂《あつら》え向きの稽古となった。

中村吉三郎の父親、つまりは龍鷹の祖父は、上方歌舞伎で市川荒五郎（江戸時代に活躍した市川荒五郎とは、系譜上のつながりはない）を名のり、九州で人気の尾上菊左衛門と合同公演する実力者だった。節劇（浪曲劇）と剣劇（時代人情劇）が大衆に圧倒的に支持される以前の、旅芝居の主流は歌舞伎で、都市の大劇場で興行する大歌舞伎に対し、地方まわりや小規模な一座は〝中歌舞伎〟あるいは地域により〝小芝居〟とよばれていた。明治二十四（一八九一）年生まれの小芝居の市川荒五郎より、梨園の三代目・中村時蔵の直弟子となった吉三郎の方が、役者の格は上と見なされ、従って父親より出世をはたしたことになる。

第二次世界大戦の激化にともない、中村吉三郎は赤紙で召集され、戦地の芸能慰問劇団に配属された。慰問劇団の仲間には、すでに映画で主演をつとめていた松竹の高田浩吉、大都の近衛十四郎もいた。兵士たちを鼓舞する任務をおびていたために、食事、宿舎など何かにつけて優遇された。

終戦後、二十八歳で復員したが、他に生きていく術を知らず、幕内での再出発を決意した。だが、門閥でがんじがらめの大歌舞伎では、三階さんはどんなにがんばっても三階さんで、「いつかはトップでやりたい」という夢はかないそうもない。折りしも仮設劇場や掛け小屋の芝居が、どこもかしこも大賑わいなのに便乗し、小芝居へと転じ、歌舞伎専門の中村吉三郎劇団を旗揚げした。

中村龍鷹の初舞台は三歳で、堺市の中村座だったそうだ。中村獅士丸と命名され、外題は『俊徳丸』。中村吉三郎劇団では、獅士丸が出演する狂言は『牛若丸』とかおのずと限定されており、子供ながらも同じ役ばかりだとうんざりするし、しかもゆったりしたテンポが退屈で、歌舞伎そのものを毛嫌いしていた。

僕が嫌々ながら子役で出ていた昭和三十（一九五五）年ごろ、関西には小芝居の熱狂的なファンが結構おられて、親父の十八番物の『忠臣蔵』『狐忠信』や舞踊劇の『蘭平物狂』『紅葉狩』は大人気でした。

五歳のとき、東京都江東区に引越しましたが、それまで中村吉三郎劇団は三日替りで、市川おもちゃ、大導ひろし劇団などと前後して、天満駅前の天満座、尼崎の寿座、池田の呉服座で興行していました。

それからしばらくして中村吉三郎劇団は、全国を巡業する「郵政歌舞伎」公演にふみ出した。当時の郵政省は顧客サービス事業の一環として、都道府県別に映画、演劇、コンサート、古典芸能などの公演を開催し、高額預金や保険の加入者を招待や優待することになった。その歌舞伎部門に、幸運にも中村吉三郎劇団が指名されたのである。

郵政省が後楯の本格的な歌舞伎興行で、太夫元（責任者）兼座頭《ざがしら》の吉三郎は、役者幹部、青年部、床山、衣裳方、狂言方に唄、三味線、鳴物の囃子方など七十名の大一座を率いた。

一巡業で地方都市の十会場をまわり、一月は東海、二月は四国といったふうに、北は北海道からは南は鹿児島までめぐった。一日ないし三日公演のプログラムは決定しており、大歌舞伎とほぼ同様の舞台美術と道具をしつらえ、衣裳は名題役者が数回袖を通した着物を、京都の衣裳会社でレンタルした。鬘も同様であった。巡業の移動はもっぱら列車で、その際の服装はスーツ、ネクタイと定められていた。荷物一式の運搬は半天姿の若い衆がうけおい、屋号や芸名を記したタンバ（衣裳こうり）をそれぞれの楽屋へ届けた。

知名度こそ高くないが、芸達者な三階さんの実力派が、日ごろのうっぷんを晴らすごとく大熱演するので、舞台はおのずと白熱した。いずれの会場でも評判は上々で、全国津々浦々を幾度も巡演し、中村吉三郎劇団は郵政歌舞伎を十年ほどつづけた。

この安定した売り興行で、中村吉三郎は大儲けし、中村獅士丸は何不自由ない少年時代を送った。父親は月の大半を旅巡業で留守にし、母親もずっと同行したので、東京・木場の自宅で、お手伝いのおばあさんと二人で暮らした。元は吉三郎の付き人だったお手伝いは、獅士丸を可愛がり、どんな無理でも聞いてくれた。

小学五年のころ、あれだけ歌舞伎を敬遠していたくせに、見たい狂言がかかると、歌舞伎座のいちばん安い席で、僕は、一幕だけ見ていた。新派も新国劇も長谷川一夫さんも美空ひばりさんも、女剣劇がさかんだった浅草では大江美智子さんや不二洋子さんをよく見に行っていた。

親父のぶあつい財布からお金をくすねたり、茶だんすの小銭をかきあつめたりして……。そのうち、おばちゃんに正直に言うと、ちゃんと工面してくれた。

小学六年の夏休みには、大胆にも鈍行を乗り継いで、大阪や九州の大衆演劇を見てまわった。もちろん、僕一人で……。芝居がいっぱい見たくて、怖いと思ったことはないです。両親の留守を見はからって、三年ほどそんな旅をつづけました。おばちゃんは僕を信頼してくれていて、約束した日には必ず帰宅したので、親父には内緒にしてくれました。

久留米リバーサイド、博多温泉センター、勝山閣で見た九州の芝居は、小僧っ子に何がわかるかと叱られそうですが、ちょっとオーバーな熱演ぶりが、僕の感覚とはあわなかった。

別格だと心酔したのが近江二郎さんと明石英雄さん。芝居の流れにそってごく自然に演じ、その仕草と台詞に程よい節度があり、主人公の人物像が鮮やかに浮かびあがってくる。舞台からじんわりとにじみでる品が、お二人にはそなわっていた。

僕は、人なつっこいというか、えらく無遠慮なところがあり、疑問に思ったことをすぐに相手にぶつける癖があります。その時は、二、三日近江劇団を見つづけ、終演後にぶしつけに「どうしてあんなふうに演じるのですか」と質問したところ、近江二郎さんは、僕みたいな子供に対しても、ていねいに対応してくださった。僕が目標とする役者はこの人だ、と思いさだめました。

中村獅士丸の姉は、松島屋の流れをくむ小芝居の片岡長太郎に三歳で預けられ、修行にはげんだ。『伽羅先代萩《めいぼくせんだいはぎ》』の子役・仙松が大当たりし、役名をそのままに片岡仙松と名づけられた。短身で小づくりだったため、その後も一座では中子役として重宝がられた。舞台の一挙一動はもちろんのこと、箸のあげおろしまできびしく躾《しつけ》られているので、芸も役者根性も筋金入りである。

妹は、コロンビアレコードで「あなたの女」「雨に咲く花」「あなたが港町」のヒットをとばしたたかだみゆき。

初舞台は三歳で、中村茶目丸の名で『傾城阿波鳴門』のおつるを演じた。女流浪曲の松平洋子のもとで修行中、レコード会社にスカウトされ、ポップスでデビューした後、演歌に転じた。「美空ひばり、都はるみに続くコロンビアの第三の星」と将来を嘱望され、スター街道をひた走っていたが、突然に歌謡界から姿を消した。
演歌が大好きな僕は、人情の機微をせつなく美しく歌いあげる、たかだみゆきの歌唱力に魅了され、誰にはばかることなくファンを公言していたので、ショックは大きかった。そして十余年の歳月が流れ、たかだみゆきが横浜の三吉演芸場に、「与ろず劇」の女座長として登場した。いまや大衆演劇のショーでスタンダードの一曲となっている「与ろずや紫舟お目通り」の、与ろずや紫舟である。
さて、本題にもどそう。全国の旅芝居を三年間見聞してきた中村獅士丸は、「本格的な大衆演劇をやりたい」と意を決し、その旨を父親に伝えた。旅まわり歌舞伎では興行が成立しないと承知していた中村吉三郎は、異をとなえなかった。十四歳で獅士丸は二代目・中村鷹丸を襲名し、「独立座」を旗揚げする。昭和四十二（一九六七）年当時、十四歳の座長就任はめずらしく、大衆演劇界では最年少であった。御披露目特別公演では、父親の初代・中村吉三郎が十八番にしていた『勘平腹切』と『森の石松』を演じた。

独立座は、その劇団名が示すごとく、他の大衆劇団と一線を画す、独行の活動をくりひろげてきた。太夫元（劇団責任者）の中村吉三郎には、小芝居や全国津々浦々を巡業する郵政歌舞伎に転じたといえども、梨園の播磨屋、三代目・中村時蔵の直弟子だという矜持《きょうじ》が強かった。従って独立座は、旅役者たちが組合とよぶ、親睦団体に加入しなかったし、コース（公演先）を斡旋《あっせん》する興行会社の世話にもならなかった。この路線を、中村龍鷹はいまも踏襲《とうしゅう》している。

僕が、先生とよんだのは親父だけで、他のどんな有名で、芸達者な先輩諸兄であっても、「兄さん」やさん付けでずっと通してきました。同世代の座長とのつきあいでも、十四歳で看板となった僕の方が座長歴が長いので、気やすく鷹丸君、鷹丸ちゃんとよばれるのは、抵抗があった。
実生活ではごく普通の人間なのですが、こと芝居に関しては、正論かどうかは別にして、妙なこだわりがあって、役者世界をずいぶんと狭くしてきました。
独立座は、大歌舞座の流れをくむ一座だという意識が少なからずあって、よそとは一味ちがう舞台を手がけたいと常々考えていた。公演会場も常打ち小屋やヘルスセンターだけではなく、若者たちが注目する実験的スペースの、渋谷のジャンジャンとか……。まぁ、さすがにジャンジャンでの芝居は、無理でしたが。

座長としてのキャリアをかさねつつ、三年後、ハイティーンの中村鷹丸はあれこれと知恵をしぼり、めざしたのが浅草の松竹演芸場。昭和四十五（一九七〇）年ごろの浅草六区には、かつて日本一の興行街とうたわれた賑わいはすっかり失われていたが、街全体に芸人や役者を祝福するような温かさが残っていて、若い鷹丸は、何かいいことにいっぱい出会えそうな気がした。

昭和十九（一九四四）年五月、映画館を改装してスタートした松竹演芸場は、軽演劇と漫才協会の本拠だった定席で、三百八十名を収容した。『コント55号のなんでそうなるの？』や『紅白歌合戦をぶっとばせ』などをテレビ中継。大宮敏光（デン助）、浅香光代、コロムビアトップ・ライト、内海佳子・好江、Wけんじ、玉川良一、コント55号、ケーシー高峰、ツービート、片岡鶴太郎、昭和のいる・こいるなど、出演者イコール東京芸人史といった顔ぶれの、多数の芸人たちを輩出してきた。

中村鷹丸は何のコネクションもなく、松竹演芸場にいきなり出演交渉にのぞんだが、当然のように門前払いをくった。無鉄砲にも程がある。名もない大衆演劇の劇団を浅草の老舗演芸場が、無条件で受けいれてくれるほど興行社会は甘くないと鷹丸は承知しており、もとより持久戦を覚悟していた。思いこんだら命がけといわんばかりに演芸場に足を運び、無視されつづけたが、人あたりがよい鷹丸の笑顔に遠藤登支配人がついに根負けし、とりあえず話だけは聞いてもらえることになった。

その話しあいの事務所に、たまたま顔をのぞかせた漫才の内海好江が、「松竹という大きな暖簾《のれん》、浅草の劇場で、芝居をやりたい」と熱っぽく直訴する鷹丸を面白がり、「ここは、あんた、色物の小屋よ」「でも、僕は、松竹演芸場で芝居をやらせていただきたい」「寄席芝居（大衆演劇）の小屋じゃ、駄目なの」「駄目ではないですが、僕のめざす桧舞台は、松竹演芸場なんです」「ふーん、そう……。支配人、いまどき、こんなにはっきり物言いする子は珍しいわよ。一度、やらせてあげたら」。思いがけない内海好江の助け舟で、独立座の松竹演芸場公演が決定した。

演芸場の興行は、上席、中席、下席の十日替わりで、漫談、奇術、声帯模写をおりまぜての漫才が主流で、落語はほとんど演じられなかった。そのプログラムのトリ（寄席で最後の出演）を独立座の芝居が受けもった。人気者のWけんじやナンセンストリオなどの後の出番をまかされたのである。芸題は日替わりではなく、十日間同一だった。演芸場だから当然なのだが、芝居をたっぷりと見せるための大道具や設備にとぼしく、花道もない。しかも観客たちはお笑いを目あてに来場する。いずれにせよ芝居が受けなければ、観客は情け容赦なく席を立つ。そうした悪条件にもかかわらず、若い中村鷹丸は熱情がほとばしるままに大車輪で芝居にうちこんだ。観客の反響も上々で、浅草六区の名物支配人で、芸を見る目が人一倍きびしいと言われていた遠藤のめがねにもかなった。それから春夏秋冬の十日間、一年に四回のペースで六年間、独立座は松竹演芸場で公演をつづけた。ちなみに松竹演芸場は、大衆演劇ブームのはじまった昭和五十八（一九八三）年に閉館し、跡地には複合商業施設「ROX」が建っている。

松竹からは、予想していたより高額の出演料をいただきました。一回こっきりではなく、六年間つづけて公演させていただき、僕自身、何よりの自信になりました。で、ありがたいことに演芸場公演以降、ヘルスセンターの出演料が大幅にアップしました。出演料こそが、劇団や役者のランク付ですから、独立座は、関係者に少し格上と認定されたんだ、と正直、うれしかったですね。

たくさんの役者さんや芸人さんとお知りあいになれたのも、僕の大きな財産です。いまや大女優の泉ピン子さんも、牧伸二さんのお弟子で、演芸場ではギター漫談をやっていました。由利徹さんには、「一度、やってみっか」と、船橋ヘルスセンターをご紹介いただきました。

松竹演芸場での成功以降は順風満帆で、向かうところに敵はない。当時、関東以北では絶大な人気を誇った、大型総合レジャー施設の船橋ヘルスセンター公演で評判をよび、二代目・大江美智子劇団の後を受けもち、長期公演した千葉県野田市のチサンホテルなどでも大活躍し、中村鷹丸の名を売った。女性ファンが急増して、降って湧いたように金まわりがよくなり、一生食いっぱぐれがないほど金も貯めた。「これまでは全力疾走してきたが、もう大丈夫。少し、ペースダウンしよう」と思った途端に心の隙間《すきま》から油断がしのびこみ、舞台への執着が徐々にうすれはじめた。「もし、あの時に、あと一踏ん張りしていたら」と、中村龍鷹は、約六十年の役者人生をほろ苦く反省することがある。

昭和六十二（一九八七）年二月、長期療養していた初代・中村吉三郎が死去。その翌年に、鷹丸が二代目・中村吉三郎を襲名したが、その「中村吉三郎」をめぐって松竹とトラブルが発生した。

中村吉三郎劇団が、横浜の三吉演芸場で公演中に、松竹本社演劇部から電話がはいり、「吉三郎を使用しないでくれ」といきなり命じられた。電話ではどうにも埒《らち》があかないので、二代目が東銀座の本社をたずね、直談判に及んだ。

二代目は、三代目・中村時蔵に命名された、と当時のチラシや写真などの資料を提示しながら説明したが、松竹は、播磨屋・中村吉右衛門の弟子に中村吉三郎が現にいるので、そちらが返上しろとゆずらない。松竹の担当者の言葉はていねいだが、大衆演劇を侮蔑《ぶべつ》した響きがありありと感じられ、二代目はカチンときて、「親の名前だから大事にしたい。僕は、名前を盗んだ泥棒ではない」と猛反発した。

つまるところ、仲介者の顔をたて、二代目が中村龍鷹に改名して一件落着したが、演芸場では松竹の世話になり、吉三郎では松竹と衝突し、中村龍鷹はよくよくの縁で松竹と結ばれている。

僕は、大衆演劇という枠組《わくぐみ》では、異端者だと思う。人にどう思われようと、わが道を行く、自分の演劇をつらぬく、という信念は曲げたくない。

一役者として、芸の真似だけは絶対にしたくない。最近の若手の役者さんは、ＤＶＤを師匠と勘ちがいしているみたい。化粧も鬘も衣裳も振付も、みんな一緒。そうじゃなくて、役者の甲斐性はオリジナリティでしょ。

中村龍鷹の演技は、ずば抜けてうまい。芝居を存分に堪能した充足感はあるが、困ったことに終演後に心が晴れやかに浮き立ってこない。大衆演劇の役者として中村龍鷹を、どう評価すればいいのか、僕はいまもって悩ましい。

松井　誠

これぞ　まことの

大衆演劇の一座に入門した者なら、誰もが必ず一座のトップである座長をめざす。両親が旅役者で、いわゆる腹の底からの役者も、〝堅気〟の家庭から幕内にとびこんだ者も、思いは一つ。座長の人気のあるなしが、即劇団の死活に直結するほど責務が重く、四六時中緊張を強いられ、個性の強い劇団員たちをまとめていく気苦労はたえないようだが、つねに芝居の主役をつとめ、舞踊ショーのセンターではなやかなスポットライトをあびる看板の魅力は、何にもまして大きいのだろう。

やがて念願の座長に昇進し、集客数をどんどん伸ばして人気が沸騰すると、「たった一日でもいいから、大劇場で一世一代の舞台を演じてみたい」と熱望し、その夢をかなえた座長も少なくない。その特別興行の成功を足がかりに知名度をあげ、多くの座長たちは、出来うればテレビやメジャーな舞台への進出をはたしたいと望みをかけてきた。だが、歌舞伎などの古典芸能やいわゆる商業演劇と大衆演劇との距離は、旅役者が想定していた以上に間遠で、さらなるハードルをのりこえステップアップするのは、一筋縄ではいかなかったようだ。

そんな幾つかのケースをふり返ってみると、裸一貫で九州をとびだし、新歌舞伎座、明治座、御園座などの大劇場で座長公演を成功させた松井誠は、旅役者のサクセス・ストーリィを完結したと言えるだろう。

松井誠は、福岡県大牟田市の常設劇場の楽屋で、昭和三十五（一九六〇）年四月八日に生まれた。この日は灌《かん》仏会《ぶつえ》（花まつり）で、仏教の開祖である釈迦《しゃか》と同じ誕生日なのだ。仏教徒にとっては祝福すべき日ではあるが、誠は母親の不注意により八ヵ月で出生したのだった。

一座の大看板だった松井千恵子は、妊娠した女座長の多くがそうしたように、大きな腹にさらしをまきこんで舞台をつとめていた。大牟田の劇場の楽屋は二階にあり、その夜、千恵子は階段に腰をかけて物思いにふけっていたが、立ちあがった瞬間に足をふみはずし、大階段を転げおちた。幸いにも怪我はなかったが、突然にその場で産気づき、みんなに気づかれぬように奈落（舞台の真下にある地下室）に移動して、自力で男児を産みおとした。

千六百グラムの未熟児で、身二つになった後に駆けつけた助産婦は、「この子は、絶対に助からない」と断言したそうだ。松井千恵子は誠を出産した翌日には舞台に立った。

その千恵子は熊本県荒尾市の生まれで、小桜かおるなど幾つかに芸名をかえながら、少女歌舞伎をふりだしに活躍した後に、松井千恵子の二代目を襲名。千恵子の父親、誠の祖父は、広沢多見蔵を名のる節劇（浪曲劇）を得意とした座長だった。

誠の父は沢田仙太郎。松井千恵子劇団では後見に徹した芸達者で、その父親である二代目・嵐染五郎は、九州一円ではあまねく知られた実力派座長で、『石川五右衛門』の通し狂言を当たり役にしていた。

松井誠は十人兄弟で、下から二番目。大衆劇団で兄弟数が多いのは、梅沢武生（現在の梅沢富美男）劇団とやまびこ座の八人だと認識しているが、僕の知る限り、十人の松井千恵子劇団は最多である。

兄弟がいり乱れているというか、父親の子供が五人、母親の子供が三人、父と母の間にできたのが、私と妹。全部で十人いるが、会っていない兄や姉もいるんです。

ちいさい時の、いい思い出はありません。心を許せる相手は、二歳年下のさゆりだけで、家族にずっと疎んじられていました。……、両親にも。何もかもがみじめで、幼時のころを思い出したくない、という気持が強いのでしょうね。

なぜだか兄たちにいきなり殴られたりとか、両親に「役者の素質がまるでない」と面と向かって言われつづけ、一座の屋台骨にしようという育て方を、私はされておりません。まぁ、後継者になるべき兄たちがいっぱいいましたから。

で、実際のところ、たまに子役で舞台に出してもらうと、目の前にお客さんがいるのがうれしくて、芝居のストーリーに関係なくニコニコと笑っていたそうです。

太鼓のバチをもってとんではねるだけの踊りの『三郎太鼓』も、親父に幕袖から「とべ」「決めろ」と指示されながら踊ったがお花がない。これ見よがしに三度笠を舞台に投げいれられたが、それでもお花がつかず、ベソをかいて楽屋にもどると、鬼のような形相の親父ににらみつけられた。これ、いま思えば、角兵衛獅子の親方と同じ。

好き嫌いで言うのなら、少年時代の松井誠は舞台が大好きだった。楽屋で刀をもって一人でふりまわしたり、顔が別人のように変化する化粧がおもしろい。芝居に出演する時は、座員たちに手とり足とり指導してもらい、夜中まで一緒に遊んでくれる。勉強などしなくてよいし、小づかいもあまり不自由しない。だが、両親が愛情をそそいだのは長男と次男で、黙殺同然だった誠は、子役として舞台で大活躍し、お花をたっぷりとつけてもらう兄や姉たちを、幕引きをしながらうらやまし気に見つづけた。そして二ヵ月に一度の割で、突然に出演を言いわたされると、件《くだん》のごとく両親の期待に応えることができなかった。

そのころの松井誠は、他聞をはばかる症候を二つかかえていた。一つは痙攣《けいれん》で、突然に発作がおこると、白目をむいて全身が硬直し、一時的に呼吸がとまって意識を失う。ひきつけがはじまると同時に舌をかむ危険があるので、口にシャモジをさしこんだ。さらに口にたらすと硬直した舌をゆるめる作用があると、民間療法で言い伝わってきたのが醤油で、誠はいつもシャモジと醤油を持ち歩いていた。

いま一つが夜尿症。幼児ならまだしも、小学高学年になっても、布団を再三ぬらした。こっそりと隠している現場を父親に見つかって、「幾つや、お前は」と、ボコボコに殴りつけられた。それでも夜尿症は治らなかった。

夜尿症の要因が、何らかのストレスによるものだったら、それは、一片の愛情もかけてくれなかった両親への不平不満がいびつに凝りかたまっていたのではないか、と松井誠はいまになって思う。それがゆえに、夜尿症が見つかって散々罵倒されても、父親の気持が自分にまっすぐに向かっているのがうれしくて、叩かれながら充足感をかみしめていた。ちょっと理解しがたいデリケートな心情だが、いずれにせよ、誠が幸福とは程遠い少年時代を送っていたのはまちがいない。

無口でおとなしく、すべてが受身で、自分をうまく表現できない子供でした。だから、幼稚園のとき赤痢にかかって、私、道におちている物を拾って食べる癖があり、大牟田の山の中の隔離病棟に収容されたんです。病棟は、十人か二十人の子供たちだけの世界で、みんなで毎日積木ごっこをして遊んだりしたのが、子供のころの一番楽しい思い出です。

旅役者のたいていの子供は、お金や物をもらうのが当り前になって、いただくことに感謝する気持がほとんどない。私も、そんなふうな一座内の常識で育てられ、〝幕外〟で暮らしてみて一般社会とのズレを痛感しました。

大衆演劇ならではの、芸そのものがお花に直結するシステムは、芸の上達の早道にちがいはないが、一方、役者にとって大切なものを喪失する可能性も、また大きい。

私はそう確信したので後年、お花を一切受けとらなくなりました。生意気だ、とずいぶん陰口を叩かれましたが……。

松井誠が中学生だった昭和三十七（一九六二）年ごろ、九州の大衆演劇界は不況にさらされ、全盛期には二十五名を擁した松井千恵子劇団も、身内でかためた十二名の一座となった。かつて役者失格の烙印を押されていた誠も、いまでは立派に舞台をつとめ、エレガンスな美少年ぶりで急速に人気を伸ばしていた。だが、常設劇場の廃業があいつぎ、巡業コースは減少する一方で、松井劇団は一時期、初代・橘菊太郎劇団（北條寿美子座長）と

合同公演して急場をしのいだ。やがて拠点の福岡県大牟田市を離れ、広島県のあやめ荘、海田温泉、宮島近鉄センター、兵庫県の滝野ヘルスセンター、静岡県の焼津ヘルスセンターを主に巡業するようになった。

ファミリー劇団というと、ほのぼのした、仲よし家族の一座をイメージされるだろう。確かにその通りで、家族が心をひとつに連携しないと劇団をしっかりと運営できないが、その反面旅役者たちは、こと舞台に関しては、親子、夫婦、兄弟といえどもみんなライバルで、熾烈に芸のしのぎを削りあっている。ましてや松井千恵子劇団は、異父と異母の兄弟姉妹で、血族でありながら場合によっては、おたがいの憎悪の感情が露骨に交錯する。

つい先ごろまで、何をやらせてもトンチンカンで、おねしょしていた誠が、化粧して舞台に立つといきなり喝采をあび、劇団で一番注目される存在になった。まるでアヒルが白鳥になったような変わりようで、その変身ぶりを兄たちは歓迎しなかった。幼年時代より恰好のいじめのターゲットにしていた弟の、人気者ぶりを目《ま》のあたりにして以来、兄たちには劇団内の勢力図が変化するのが我慢ならない。その傷ついた自尊心をとりもどすように、嫉妬と焦慮とで末弟を殴りつけた。

この理不尽な暴力沙汰に、誠は反撃しなかった。弱腰と見てとってか、兄たちの卑劣な行為はエスカレートしたが、ひたすら耐えぬいた。子供の喧嘩と、父も母も見て見ぬふりを通し、一度も止めだてしなかった。そんなことが度重なるうちに、両親にも家族にも絶望し、松井千恵子劇団にもひとかけらの愛情も感じなくなった。中学を卒業すると同時に、公演中の香川県坂出市の城山温泉でドロンした。見送ってくれたのは妹の松井さゆり一人で、その時、十五歳の胸に大衆演劇との訣別を刻みつけていた。

年齢を十八歳と詐称し、東京新宿・歌舞伎町のホストクラブで働いた。ホストが百名もいる「エルシド」という一流店だった。どんな職業でも、楽をして稼げるほど、世の中は甘くない。女性客相手の接待業は、見ると聞くとは大ちがい、気のやすまる暇《いとま》のないハードワークだった。どこか淋しさをただよわせる水商売やフーゾクで働く女性が大半で、彼女たちの話や愚痴をうなずきながら聞くのが仕事なのだが、酒をいっぱい飲ませて売り上げを伸ばすためには、無理な要求にも笑顔で応じなければならなかった。

いまふり返るとまるで夢のようで、よくあんな無茶苦茶ができたな、とあきれるぐらいの生活でした。朝八時に焼肉をたべて、眠りにつくのが十一時。午後二時には起きて、お客さんと芝居や映画、一流ホテルのディナーショーを見にいく。出勤は午後七時だが、同伴なら十時でもＯＫ。十二時までは中年の女性実業家、零時をまわるとフーゾク関係。店でのランクを上げるために、朝日がのぼってもトコトンつきあいましたよ……。毎日、自分をゆっくりとふり返る余裕もなく、時間に追われ、気をゆるめると坂をころがりおちる気がして、……、そして眠たかった。

二年後にトップ5入りするまで、ありとあらゆる苦労をかさねた。福岡弁を「田舎者まるだし」とホスト仲間に笑われ、アルファベットが読めず、ボトルのヘネシーやナポレオンを頭文字だけで必死に覚えこんだ。ブルース、タンゴ、マンボ、ジルバなどの社交ダンスを必死で修得し、ハードワークと睡眠不足と気疲れで胃潰瘍《いかいよう》と十二指腸潰瘍を大手術し、幽冥界をさまよった。そんなある日、松井誠は、運命を変える舞台に遭遇《そうぐう》する。

お客さんには、いろんな演劇を見につれて行ってもらいました。美空ひばりさん、北島三郎さん、松方弘樹さん、歌舞伎、新劇、アングラ。その中で衝撃を受けたのが『屋根の上のバイオリン弾き』。すばらしい俳優がたくさん出演しているのに、森繁久彌さんだけしか目にとびこんでこない。その存在感とすごい演技力に、いいな、不思議だな、ただただ圧倒されました。ええ、正真正銘のカルチャーショックでしたよ。大きな舞台で大きな役者になりたい、と私、本気で思いました。

二年前に香川県坂出市の城山温泉でドロンし、その後、「親でもなければ、子でもない」と勘当を言いわたされていた母親の松井千恵子から「座員がいなくなって困っている。帰ってきてくれ」と電話がはいった。「なにを、いまさら」と無視するつもりだったが、一般人の五倍あるいは十倍も密な世渡りを強いられる、ホストの仕事を一生つづけるつもりはなかったし、充足感のともなわないあぶく銭に未練はなかった。森繁久彌の名演にふれて、みずからのめざす演劇にチャレンジしてみたいという希望もふくらみ、いまが、松井千恵子劇団にもどる潮時かも知れないと判断し、福岡県の甘木健康ランドに向かった。

松井千恵子劇団の歴《れっき》とした後継者である「二代目」と九州演劇同志会(現・九州演劇協会)に認定され、松井まことは、芸達者で個性派ぞろいの九州劇界で徐々に頭角をあらわしはじめた。十七歳の若さと東京仕込みのフアッションが女性ファンに大受けし、人気もうなぎ登り。

二代目を私に継がせたが、当時五十歳だった母は、座長を引退する気はさらさらない。この世界、親子でもライバルなんですよ。私にファンがふえると、母はヤキモチを焼いて、ファンの方に悪態をついたり、まったく無視するんです。よその劇団だったら、息子にファンがつくと、「どうぞよろしく」と挨拶するのが普通なのに、「まこと、まことと気やすく呼ぶな」と怒り出す始末。間にはいって、私が、気をつかいました。

そうこうしていると、兄貴が帰ってきて、すると、母は兄貴に目をかける。途端に私は爪弾《つまはじ》きにされ、一座にいるのが、息苦しくなってくる。

一座にいづらくなったら、二代目・片岡長次郎劇団や市川市二郎劇団のお世話になった。まあ、武者修行みたいなもので、玄海（竜二）さん、小竜（三代目・片岡長次郎）さん、よしみつ（二代目・市川市二郎）と一緒に芝居をさせてもらった。楽しかったですねぇ。刺激となり、いい勉強をさせていただきました。

旅役者のみならず、これまでに多くの俳優、歌手、芸人、タレントなどの芸能人に取材してきたが、松井誠のようにあけっぴろげでインタビューに応えてくれる人は初めてだった。歯に衣をきせずにずばずば明言するので、「そんなことを言って、いいのですか」と当方がたじろぎ、「書いても、いいのですか」としばしば念を押した。九州男児特有の豪放快活さなのか、「どうぞ、いいですよ」と頓着《とんちゃく》がない。

家族、とりわけ母親の松井千恵子に対しては辛辣《しんらつ》で母と子の情愛がまるで感じられない。千恵子の立場からすれば、きっと、反論があるにちがいないが、「一生に一度の頼みだ。助けてくれ」と泣きつかれ、心機一転、一座をたてなおすために骨身をおしまず奮闘していたまことにとっては、ころころと言動を変える母親のいい加減さが許せなかった。不信感がつのる上に、気まかせにドロンとカムバックをくりかえす七歳年上の兄との確執がふかまると、ずっと得手勝手な兄を黙認してきた母への憎悪が一気にふくらんだ。

東京からもどって七年がすぎ、その間、すったもんだで二度ほど劇団をとび出したが、いまでは松井千恵子劇団のエース格としての声望をあつめている。だが、ついに堪忍袋の緒が切れ、「こんな劇団でいくらがんばってみても、ウダツがあがらない」と、松井まことは新天地での独立を宣言した。で、説明が後まわしになったが、九州時代の松井は、「まこと」を名のっていた。しかし親の反対を押しきって一座を出ていくのならまことを返上しろと迫られ、以来、「誠」と改めた。

松井千恵子劇団の稼ぎ頭の独立に、両親が猛反対するのは織りこみずみだし、多少のトラブルはもとより覚悟していた。窮地に立った両親は、座長仲間や興行関係者に相談をもちかけ、その結果、九州演劇協会の座長たちから電話がはいり、どうにも埒《らち》があかないと見てとると、直々に説得にやってきた。会長の二代目・片岡長次郎をはじめ、九州の錚々たる顔ぶれの座長がまことをとりかこむ。まだ座長に就任していない〝小僧っ子〟の松井まことからすれば、雲の上の座長たちで、わざわざ足を運んでくれただけで、「はい。私の思いあがりでした。独立はとりやめます」とお詫びしなければならないシチュエーションが設定されている。

しかし、まことはうんともすんとも言わず、黙りこくっていた。片岡会長には、これまでも随分と可愛がってもらっているし、右を見ても左を見ても、大衆演劇界を代表する名座長が並んでいる。「俺ごとき青二才の独立のことで、たいへん申し訳ない」という自戒と、かと言って心が大きく離れてしまった母親と縒りをもどす気にはとうていなれない。どうすればよいのか、まこと自身が迷いあぐね、沈黙するしか術はなかった。その態度が横柄と映ったらしく、ある座長に暴言を吐かれた。売り言葉に買い言葉で、「金輪際、あんたらの世話にはならん。フリーでやるけん、文句はなかと！」と席を立った。この場でのカッコいい啖呵が後年、松井誠の演劇活動の足かせとなり、さらには人気役者へのスプリング・ボードになる。

このとき孤軍奮闘していた松井まことを、陰になり日向になり応援してくれたのが、市川よしみつだった。

「まこと兄ちゃん。兄ちゃんの進もうとする道が正しいのか、俺にはようわからんが、やるんやったら一旗揚げてくれよ」と激励してくれた。だから松井誠は、「よしみつとは、墓の中にはいってからもつきあう」つもりでいる。

演劇界の頂点をめざし、松井誠は拠点を東京におき、二十五歳で「劇団誠」を結成した。知人に保証人になってもらい、金融機関から借りた二千万円で必要最小限の音響、照明機器、衣裳、鬘、背景幕などを買いそろえたが、肝心の仕事がない。だからといって、旧知の興行師にお世辞をならべたり追従《ついしょう》してまで、劇団を安売りする気にもなれない。フリーでやると見得を切ったまではよかったが、いざ一座を結成するとなると、旅役者以外に役者仲間のいない誠は、さっそく頓挫《とんざ》をきたした。つまるところ人にも金にも運にも見はなされ、劇団活動どころか、糊口《ここう》をしのぐのが精一杯の日暮しに追いやられたのである。「どうせ東京でしくじって、九州に泣きついてくる」と誠を見くびり、必ず土下座して許しを乞うてくると確信している両親の元には、死んでも帰るつもりはなかった。

そんな絶体絶命の松井誠に、北海道のホテルから出演依頼の話が舞いこんできた。まさしく地獄で仏である。母親の松井千恵子との不仲が本物になり、松井劇団を去る肚をかためると、誠はさっそく行動をおこし、「若さにあふれた新劇団を旗揚げします」との挨拶状を大衆演劇を公演してくれそうな全国のホテルに郵送した。その熱意を、宿泊者増員の目玉企画をさがしていた笹井ホテルが買ってくれたのだ。

さて契約をむすんだが、劇団には誠本人をふくめて、役者が四人しかいない。手っとり早くフリーの旅役者を手配すればよいのだが、あえて東京のプロダクションで俳優と養成所の生徒を借りた。さらに新聞広告で募集したら、二人が劇団にくわわった。寄せ集めのにわか作りで、松井誠劇団は昭和六十一(一九八六)年四月、笹井ホテルで旗揚げした。

プロダクションから派遣された俳優やその卵にとっては、日がわりでプログラムを組む大衆演劇の舞台は異次元の世界で、当初はまるっきり戦力にならなかった。松井誠は開演二時間前に俳優たちを横一列にならべ順番に化粧し、衣裳の着付をした。そして芝居の上演中、タイミングを一瞬でもくるわせると舞台を台なしにしかねない、音響や照明係にも駆けずりまわった。さらにショーにはほぼ出ずっぱりで、十七曲ぶっつづけで踊り歌ったこともある。

「まるで詐欺行為で、松井誠劇団といっても、座長ひとりだけじゃないか」と、ホテルから非難されるだろうと覚悟していたら、「こんなに一生懸命に舞台をつとめる座長は初めて。感動した」との、観客の声が多く寄せられ、中日《なかび》をまたずして翌年の公演が決定した。

ヘルスセンター、ホテルと比較すれば、常設劇場の興行、旅役者が楽屋符丁で言うところの〝ハコ打ち〟は、劇団の真価が問われる。そのハコ打ちに一座結成二ヵ月目の松井誠劇団が、しかも昔から大衆演劇界では一月と八月とならび、書き入れ時とされている五月に、横浜の三吉演芸場によばれた。劇団員の顔ぶれは笹井ホテルと変わりなく、ようやく大衆演劇の空気になじんできたが、素人に毛がはえた程度の役者ばかりで、結局は、松井誠のワンマンショーの大奮闘で、手ごわいハコ打ちをのりきった。

ある日、三吉演芸場のオーナー・本田玉江に、昭和四十九（一九七四）年一月の、開業以来のマル秘の閻魔帳《えんまちょう》を見せてもらったことがある。その集客記録によれば、松井劇団の初興行は高水準の観客を動員していた。劇団と劇場にも、おのずから相性があるようで、松井誠劇団は三吉演芸場といい関係を保持しているみたいだ。三吉演芸場は昭和五十二年に東京大衆演劇協会（当時・東京大衆演劇劇場協会）を脱会し、独自の路線をずっと歩んできていたので、フリーの松井劇団とは相身互《あいみ》いで共闘してきたのだろう。その後、松井劇団は三吉演芸場で公演をかさねるたびにぐんぐんと集客数を伸ばし、平成三（一九九一）年八月には、驚異的な数字をのこしている。

かつて銭湯「草津温泉」の二階にあった三吉演芸場は老朽化で改築した。平成十（一九九八）年一月の、新・

三吉演芸場の柿落とし公演は人気の松井誠劇団がつとめた。すでにマスコミの寵児《ちょうじ》として大活躍していた松井誠だが、超多忙なスケジュールを調整して、三吉演芸場と本田玉江に義理と恩を返したのである。

何とか劇団を維持できそうだ、と自信めいたものをつかんだのが大阪。旗揚げして二年目、パンク寸前の自転車操業で、仕事がなくてこまっていたら、大阪の山根さんから、「急に穴があいた。スケてくれ」と電話がはいった。

うちみたいな新参劇団には考えられないようなすごいコース。あのころの関西は半月興行で、五月が鶴見グランドと浪速クラブ。六月が新生楽園とふぁんび座。九月が朝日劇場と出屋敷演舞場。十月がオーエス劇場と太陽演舞場。喉から手が出るほど欲しい仕事だけど、一瞬、躊躇《ちゅうちょ》しました。うちは素人の寄せ集め劇団だし、芸にきびしい大阪のお客さんを相手にする自信がない。でも、こんなおいしい仕事を断ったら、この世界では生きのこれないだろうし、第一、早く借金を返済しなければ保証人に迷惑がかかる。怖さ半分、開き直り半分で話を受けました。

案の定、「ド素人劇団」「学生アルバイトの劇団」と、ののしられました。でも同時に、「松井誠はええ。誠一人でも見る値うちはある」と。大阪は、噂がひろがるのが早い。九月の朝日劇場では、ハンパじゃないほどお客さんがはいってくれました。

大衆演劇界に松井誠時代が到来した。関西のファンは、やることなすことが派手で、一曲踊るとポンと五百万円はずんでくれる人もいた。ハコ打ちの観客動員数の多寡はもちろん、ファンからの祝儀のあるなしは役者わけても座長にとっては大きい。その財源の確保のために深夜の稽古が終わると、朝方までお客さんとつきあった。新宿のホスト時代もそうであったように、睡眠は連日三時間。桁はずれなスタミナと体幹能力にもめぐまれていたのだ。そうして一座を結成して五年がすぎ、トップ座長の仲間入りをはたしたが、よくよく考えてみると、自分がめざしていたのは、大きな舞台での大きな芝居だったはず。

人気が出て、お金がいっぱいはいってくるようになると、私は、袋小路におしこまれたように息苦しさを感じはじめました。このままだと、子供のころから慣れ親しんでいた大衆演劇の世界に甘んじているだけじゃないか……。

こんなに金、金、金で毎日やっていていいのだろうか。確かにいまは若い。きれいだと言われてお金もはいる。だが、いまのままの芸だと、いずれ通用しなくなるだろう。いまからだって決して遅くない。四十歳を目標に、大劇場での主役をめざそう……。

松井誠の役者魂が覚醒《かくせい》したのは、『まつりIN・ハワイ』というイベントだった。近畿日本ツーリストの主催で、歌手は吉幾三、民謡は原田直之、演劇の代表に松井誠劇団が選ばれ、ホノルルで二日間公演した。この時に演じた『怪猫のろいの館』の壮烈なアクションが絶賛され、終演後は満員の観客が総立ちで、「ブラボー、ブラボー」の嵐。「ラスベガスでも大成功する」と助言してくれた現地スタッフもいた。その時の地平が反転するほどの感動で、パフォーマーとしての松井誠の〝血〟がよみがえったのだ。

平成二(一九九〇)年六月、第一回目の自主公演に打って出た。「小劇場のメッカ」とよばれていた池袋のシアター・グリーンで、『唐人お吉』と『喧嘩の花道』を上演。つづいて新宿のコメディ・シアター、六本木のアトリエ・フォンテーヌ。ハワイ公演の成功が日本のマスコミにも紹介され、それなりの観客数を見込んでの自主公演だったが、集客はままならなかった。とくに三百名収容のコメディ・シアターに、初日の観客はたったの五名。その噂がひろまれば、松井誠ひいては大衆演劇の面目は丸つぶれだ。しかも一ヵ月の長期公演だ。窮地を突破するために前代未聞の宣伝作戦にふみ切った。JR山手線の車輌に花魁《おいらん》の扮装で乗りこみ、乗客の一人ひとりにチラシを手わたしたのだ。車輌での営業行為はいっさい禁止されているはずだが、その時は運よくクリアした。もちろん穴があったらはいりたいほど恥ずかしかったが、誰もやらないことをやるから印象にのこると割り切り、チラシ配りをつづけた。その甲斐があって、千秋楽には大入り満員となった。自主公演は赤字つづきだったが、ハコ打ちも興行回数をへらして続行していたので、辛うじて劇団を維持することができた。

松井誠のチャレンジは終わらない。京都のアートスペース無門館で公演し、翌年には先斗町歌舞練場に進出。さらに池袋の東京芸術劇場、浅草の常磐座で、『お夏清十郎』『蒲田行進曲』『四谷怪談』『さぶ』などを上演。そのころには大手芸能プロダクションのマネージャーが頻繁に劇場をおとずれ、楽屋挨拶にくるようになった。それから間もなく、『水戸黄門』や『御家人斬九郎』のテレビ時代劇の出演、ドキュメンタリー番組『妖艶生きる博多人形』、女性週刊誌などで紹介され、いよいよ全国区でブレイク。

かつて森繁久彌の名演ぶりを食いいるように見つめ、大劇場進出への夢を馳せる切掛となった『屋根の上のバイオリン弾き』を公演した帝国劇場に、平成十（一九九八）年十月、松井誠は出演した。山田五十鈴主演の『花のうさぎ屋』の、山田の息子・数馬役のいい役どころで、見せ場もふんだんにある。その公演中に、「あなたには、長谷川一夫さんの色気と花柳章太郎さんの品のよさがある」と、日本一の女優から芸養子に迎えられた。平成十二（二〇〇〇）年三月、名古屋・中日劇場の『権八小紫』で、念願の初主演をつとめた。目標としていた四十歳より、一ヵ月早い達成だった。

爾来、現在にいたるまで松井誠は、わが国演劇史にその名を刻む、二百人との壮絶な大立ち回りを演じた『大殺陣・雄呂血』をはじめ、時代人情劇、新派、歌舞伎の名作、劇団☆新感線との共演、ギリシャ悲劇、シェイクスピア劇、一人芝居などに果敢に挑戦してきた。そして劇団創立三十周年に向けて、松井誠は、次なるステージへ全力疾走している。

いきなり親父がドロンして

二代目・澤村章太郎

『演劇グラフ』はもちろんのこと、いずれの新聞や雑誌でも、旅役者に関する記事を執筆する時、いつも強い思いを文章に注入している。ちょっと仰々しい表現になったが、僕の書いたルポルタージュやコラムに目をとめた人が、大衆演劇への興味をふかめ、だまされたと思ってでも常設劇場やヘルスセンターに足を運び、是非とも一度は旅役者の舞台を見て欲しい、と。そして大衆演劇の素晴らしさをさらにひろくアピールするためには、映像のみならず活字媒体、ありとあらゆる旅役者本をもっと出版するようにつとめるべきだ、とかねがね考えていた。

そんな僕の思いが聞きとどけられたかのようなコミック本が出版され、大衆演劇ファンの評判をよんでいる。木丸みさき著の『わたしの舞台は舞台裏・大衆演劇裏方日記』（KADOKAWA）である。木丸さんは、大阪府下にある大衆演劇専用の芝居小屋の女性棟梁（裏方）で、たった一人で舞台裏をきりもりしている。裏方の主な仕事は、幕の開閉や舞台転換、小道具の制作や調達などで、とりわけ本番中は気の休まる暇のないハードワークだ。そんな重労働を強いられる多忙な時間を、どうやりくりしてオリジナルのコミックを仕上げたのか、僕には真似できないが、その半端じゃないバイタリティーには驚くばかりだ。

六年前にたまたま通天閣下の芝居小屋をのぞいて大衆演劇にいたく感動したフリーターの女性が、親の反対を押し切って裏方稼業。とんでもない失敗をかさね、先輩たちの叱咤にめげずに修行をつみ、四年前、T劇場のオープンと同時に棟梁に。

本書は、その新米棟梁の奮闘記なのだ。強烈なキャラクターの座長、ベテラン役者、女優、子役、女性劇場オーナー、なじみの常連客との、悲喜こもごもの出来事や交流が、瑞々《みずみず》しいタッチで描かれている。読みすすめるうち、素晴らしい旅芝居を見ているかのように、ほのぼのと温かな空気にくるまれ、勇気がじんわりとわきあがってくる。客席では窺《うかが》い知れぬ、正直に言うなら僕も知らないことが多かった、舞台の仕来《しきた》りや裏事情がよく理解できる。必ずや大衆演劇がもっと好きになるコミックで、ビギナーにはお誂え向きのガイドブックとして、是非ともご一読をお勧めします。

この「あっぱれシリーズ」は幸いにも十年近く続き、すでに五十三名の旅役者の、芸と生きざまと人となりを綴ってきた。その中で、楽屋での立ち居振る舞い、インタビューでの応答でもって、「この人は、まちがいなく好人物なのだ」と感じた一人に、二代目・澤村章太郎がいる。

今回の取材に際し、約束をとりつけた当方にあってはならないことだが、電車を乗りまちがえ、二十分ほど遅れそうになった。その旨を携帯電話でショートメールすると、二代目は「承知しました」とさっそく返信メールをくれ、つづけて「急がずにゆっくりとお越し下さい」と。さりげなく添えてくれた言葉に、やさしい人柄が見てとれ、二代目・澤村章太郎への信頼感が大きくふくらんだ。

二代目・澤村章太郎は昭和三十八（一九六三）年十二月に大阪市で生まれた。父親は、初代・澤村章太郎。東映、松竹、大映の撮影所があった京都市太秦の生まれで、活動写真の街で育ったせいか、タカラジェンヌだった母のDNAによるのか、子供のころから芸事が好きだった。海軍飛行予科練習生だった十七歳で終戦を迎え、バンドマンを経て、〝外連〟の澤村源之丞に弟子入りし、数多くいた劇団員の中から後継者に抜擢された。母親の双葉礼子は、源之丞の芸道上の相棒だった、中村時枝の長女である。

二代目章太郎は二人姉弟で、一歳年上の姉は「南條隆一座とスーパー兄弟」の大路にしき。従って龍美麗と南條影虎（現在は三代目・南條隆）は甥で、双葉礼子の齢の離れた弟である勇羅庵嘩は、四歳年下だが叔父である。物ごころがついた時は、母と姉と三人で、大阪市東淀川区のアパートで暮らしていた。父からの月々の仕送りはあったはずだが、生活はどちらかといえば貧しかった。劇団をやめて姉弟を育てていた母は、章太郎に手がかからなくなると働きに出た。大衆演劇ではこうしたケースが多く、まるで母子家庭だ。父は、半年に一度の割でアパートに帰ってきた。

子供のころ、親父は非常に怖い存在でしたね。たまに家にもどってきて、車がとまってドアを閉める音が聞こえると、何となく家の空気がこわばり、僕、威圧感でかたまっていました。

普通の親子のように膝の上で抱いてもらった記憶はないし、ずっと離れて暮らしていたので、どう親父に甘えてよいのか、僕はわからなかった。

家族が公然と楽屋に出入りするのを、親父は嫌った。曲がりなりにも夢を売る稼業。熱心に応援してくれる女性ファンに、嫁や子供と仲むつまじくしている姿を見せるのは失礼だと考えていたみたいだし、実際、人気にも差しつかえる。

常打ち小屋ではお客さんの目につきやすいので、時おりたずねて行ったのが地方のヘルスセンター。そのセンターでも、親父と一緒に歩いたり、風呂にはいったり、ゲームで遊んだことが、一度もない。……、とくに寂しいとも思わなかった。

その初代・澤村章太郎の舞台に僕は夢中になり、大衆演劇の深間にどっぷりとはまりこんでしまった。昭和四十六(一九七一)年五月、ひょんな切掛で旅芝居を見るようになって、せっせと常設劇場に通い、やがて変わり映えしない芝居に少し嫌気がさしはじめていたとき、兵庫県尼崎市の寿座で澤村章太郎劇団の『四谷怪談』に出会った。

本水をつかうため七月、八月限定の、五日連続興行だった『四谷怪談』は、髪すき、隠亡堀、戸板返しなどふんだんに見せ場が仕組まれていたが、クライマックスは何といっても五日目の四綱《よつづな》(劇場の四隅で固定し、客席の真上で交差させたロープ)のアクションだった。

章太郎が演じるお岩は、新世帯をもった伊右衛門に怨みをつのらせ、額のはげあがった髪をふりみだして、「うらめしや」と激しくからみついていく。「おのれ、お岩、まようたか」、伊右衛門が太刀をふりかざすと、お岩はふぁっと闇に消える。すると花道に用意していたはしごを、お岩が天井まで素早く駆けのぼり、きしむロープをするすると移動。そして四綱の交差点ですっくと立ちあがる。一歩ふみはずせば、観客の頭上という、文字通りの綱渡り芸。お岩は舞台の伊右衛門をにらみつけながら怨みの言葉をはき、次の瞬間、裂帛《れっぱく》の気合を発してロープの反動でとびあがり、両足を四綱にぬいいれ固定させるや、真逆様にそり返り、逆吊りとなって「うらめしや」

深い水底のように静まりかえった寿座の、不気味にきしむ四綱の上に、役者魂で全身を染めあげた澤村章太郎がいた。感動が、快感が五体を駆けめぐった。

『四谷怪談』は、まさしく娯楽の原点で、「見せてやるではなく、見ていただく」観客サービスに徹した、芝居そのものだった。これこそが、大衆演劇のエッセンスなのだ、と確信した。いただいた入場料以上に、観客に堪能してもらい、ちょっぴり得した気分で客席を後にしてもらう芝居世界。それから僕は初代・澤村章太郎を追いかけつづけた。

二代目・章太郎は、口下手で人見知りする子供だった。小学校では勉強が好きになれず、当然ながら学業はふるわなかった。下校すると暗くなるまで近所の仲間と草野球に興じた。打順が二番で、守備はサード。野球がずば抜けてうまかったわけではないが、父親が小学生には不釣りあいな高級なグローブを買ってくれた。父性愛にふれた、数少ない思い出の一つである。

子役で舞台に立つのは稀で、芝居の出演は皆無にひとしかった。二代目は現在、大衆演劇界で一、二位を競うほど歌がうまいが、その才能は小学生ですでに開花していたようで、夏休みなどに時どき歌謡ショーに出演した。カラオケが普及する以前の大衆劇団では、劇団員がみずからギター、ドラムス、オルガンなどを演奏する楽団を組んでいた。いずれの劇団も役者の余技を出ない、音程もリズムもはずれた〝ブンチャカ〟楽団が大半だったが、かつてバンドマンだった初代は、ギターもトランペットも巧みに演奏し、しかも楽譜が読めたので、音楽センス

が卓出していた。
ある日、二代目が歌謡ショーに出演中、〝お花〟をつけてもらった途端に歌詞をすっかり忘れ、立ち往生した。休憩時間にすぐさま座長部屋によばれ、「お前、あんな失敗をしでかして、お祝儀をいただけると思っているんか。すぐに返してこい」と、すごい剣幕で叱りつけられた。

親父は、完全主義者。こと舞台に関しては、横着をゆるさなかった。だから自分にもきびしく、やるとなったらトコトンで、国定忠治をやる日は、朝から忠治になりきり、誰とも口を聞かなかったそうです。
僕にたいへんきびしかったのは、将来、役者になるならないにかかわらず、一人の人間としての礼儀と挨拶を、しっかりと躾けてくれたみたいです。座員さんには評判のよいやさしい座長で、決して怒ったり横暴なふるまいをすることはなかったそうです。酒グセは、あまりよくなかったらしいですが……。

昭和四十九（一九七四）年、初代・澤村章太郎は「わしは、もうやめる」と言いのこし、忽然と幕内を去った。旅役者として円熟期にさしかかる四十半ばの引退で、寝耳に〝鉄砲〟水みたいに劇団を託された実弟の澤村謙之介（のちの光陽）、弟子の澤村ひろしは事態がのみこめず、オロオロするばかりだった。二代目は十歳、小学四年生で、初代はそのまま自宅に帰ってこなかった。

この当時、関西の大衆演劇界の親睦団体「関西芸能新共栄会」に所属していた劇団の座長名をイロハ順で列記すると、初代・市川おもちゃ、四代目・市川千太郎、花房研二郎、大日方満、大日方八重子、大門力也、若草葉一、勝小龍（のちの二代目・小泉のぼる）、二代目・浪花三之介、浪花章之輔、山崎ひろし、二代目・江味三郎（のちの美山昇二郎）、澤村章太郎、桜京之介（のちの桜右京）、美里英二、美影愛、島田高志。新共栄会の副会長をつとめていた、実力派座長の澤村章太郎の名が、連名から消えた。

澤村劇団を再編成するために、母親の双葉礼子が女優に復帰した。双葉は、かつては女座長をつとめたキャリアをもつ芸達者で、十分に即戦力になる。いずれにせよ一言の相談もなく、失踪同然に劇団を投げ出した夫の不始末を見すごしにできず、みずから劇団入りを買って出たのだ。と同時に二代目の楽屋暮らしがはじまり、本名の正より澤村ただし、姉は澤村章代と命名された。

澤村ただしの初舞台は、大阪市天王寺区の源ヶ橋演芸場。芝居の序幕で「火の用心」と拍子木を打ち鳴らし、夜まわりする役だった。だが、たいていは姉の章代と歌う歌謡ショーがメインで、ピンキーとキラーズの「恋の季節」やザ・ドリフターズの「いい湯だな」で喝采をあびた。子供ながら、お花をもらうのは心はずむ。それを全額母親に手わたし、改めて小づかいをもらってゲームで興じた。

気性のさっぱりとした章代（大路にしき）が、「ただしは、何ごとによらず、遠慮しすぎや。あの子が、うちと入れ替わっていたら、すごい役者になっている」と歯がゆがるが、生来、引っこみ思案でやさしすぎる澤村ただしは、やっぱり役者には不向きだったのかも知れない。子供のころからずっと舞台に出るのが苦痛で、役者はもちろん、父親の跡をついで座長になる気もまったくなかった。中学二年の正月明けから不登校となり、やる気がないまま劇団でゴロゴロしていた。役者を毛嫌いするのならやがて中学を卒業して、他の職業に就けばよいのに、その決断も下せず、チャランポランのままで月日が流れた。

僕、アホやったんです。あのころは、大衆演劇らしい小粋な狂言をいっぱい上演してたんです。自分がやる気だったら、筋立て、台詞が全部〝はいって〟いたと思う。いまとなっては後の祭りで、ほんま、惜しいことをしました。

もちろん澤村ただしが、舞台を軽んじたり、手抜きしたわけではない。好むと好まざるにかかわらず舞台に立ちつづけているうちに、ひとりでにいろんな芸が身につき、さまざまな役柄をやるうちに一人前の役者と見なされ、真面目なただしは、割りあてられた仕事は一生懸命にこなした。

父親の師匠だった澤村源之丞が、劇団に特別出演した時は、身のまわりの世話をしながら芸を〝盗んだ〟。そんなただしを源之丞は殊の外可愛がり、食事をご馳走してくれたり、よく映画につれて行ってくれた。

僕は、親父の外連物を一度も見てない。いまのようにビデオやＤＶＤがあればともかく、まわりの先輩から聞いただけです。

澤村のお家芸というべき外連物を勉強させていただいたのは、当然のことながら源之丞先生。先生が外連でネコをされる時、僕がからみのリーダーをまかされました。シン（主役）をきれいに見せるための立ち回り、トンボを切ったりする、からみのちょっとした工夫があるんです。ひたすら経験を積み、体に覚えこませた動きなんです。もしも僕がタイミングをはずせば、先生が大ケガをする……。外連をやる前は、緊張で心臓がドッキンドッキンしてました。

僕が十六だったかな、親父が芝居小屋の客席にあらわれた。そりゃ、びっくりしましたよ。うれしい半面、えらく緊張しました。その夜、姉と一緒にスナックにつれて行かれ、「今日は幕間が長すぎた。お客さんに大変失礼だから、その間、お前らが幕前に出て、お客さんが退屈されないように歌でつなげ」、そんなダメ出しでした。あのころの関西のお客さんは、休憩時間が長いと、「何しとんねん、早よ、やらんかい」と騒ぎたてましたからね。

久しぶりに会った親父は元気そうで、不思議にも、オーラがありました。

昭和五十六（一九八一）年七月、六十五歳の澤村源之丞は、東京・浅草木馬館大衆劇場で公演中に急逝した。それから四ヵ月後、師匠を追いかけるように五十一歳の初代・澤村章太郎が不帰の客となった。その父親の死を切掛に、十八歳の澤村ただしは本格的に芝居にとりくみはじめた。

澤村謙之介劇団が、一年に二、三回公演する大阪・浪速クラブは、桁はずれな集客数を誇っていた。いずれの一座にとっても、ドル箱的存在ではあったが、役者は殺人的スケジュールを強いられた。昭和五十五年当時、大阪市内の常設劇場では「モーニングショー」が流行していた。従って午前十一時に開演する浪速クラブでは、昼の部終演後の一時間の休憩をはさんで、午後九時に終演するまで、役者たちは終日ほぼ出ずっぱりで奮闘した。少し前までのただしは、「クラブは、しんどすぎる」とか「飯をロクに食う時間もない」と泣き言をならべていたが、やると覚悟を決めてからは、大急ぎで食事をかきこんで化粧にかかるなど、何ごとにも率先して動いた。

昭和五十九（一九八四）年十一月、神戸の太陽演舞場で澤村源之丞、澤村章太郎の合同追善座長大会が開かれた。その口上の席で、ただしの二代目・澤村章太郎の襲名が披露された。謹直《きんちょく》な二十一歳の澤村ただしは、「親父の名前をいただく限りは、章太郎の名前を汚すことだけは、絶対にやるまい」と神妙に心に誓った。

僕は、無口で口下手。不器用なんでしょう、この齢になっても人見知りする。酒が飲めず、人づきあいも悪く、役者仲間も多くはないです。

若いころ、あこがれていたのが嵐劇団の勝小龍（のちの二代目・小泉のぼる）さん。芝居のうまさ、カッコよさ。踊りがきれいで、音楽センスとギターが抜群。立ち回りのすごさ、すべてずば抜けていた。僕、ずっと真似してました。

小龍さんは十歳ほど年上。一世代上の座長さんの大日方先生、美里先生、浪花先生には、畏《おそ》れ多くてまともに口がきけませんでした。

年末に大阪・飛田のオーエス劇場で若手会があって、岸本社長のお声がかりで参加させてもらいました。小龍さんが指導役で、芝居の演出が具体的で、基本からていねいに教えてもらい、「なるほど」と納得することばかり。ご一緒したのが寿美英二さん、二代目・桜京之介（京誉）さん、沢村紅丸（二代目・千代丸。澤村喜久二郎）さん、近江竜童（飛龍）さんたち。いい勉強になりました。

関西のヘルスセンターで公演中、休みのたびに小龍さんの芝居を見に行ってました。

平成八（一九九六）年十月、三十三歳の澤村章太郎は、神戸の新開地劇場で二代目・澤村謙之介とともに襲名披露座長大会。澤村姫之介改め二代目・謙之介は、現在の勇羅庵嘩。章太郎の母・双葉礼子の齢の離れた弟である。

当時の関西大衆演劇親交会に所属していた、敬愛する小泉のぼるをはじめ、十七名の名立たる座長がお祝いに駆けつけてくれた。その特別興行の口上で、章太郎は「襲名特別公演をやらせていただき、本当に幸せでございます。これからも一生懸命にがんばりますので、どうぞご贔屓ください」と涙ぐみながら挨拶した。

大衆演劇界では昔から、親子、夫婦以外の、二人座長体制を維持するのは多難みたいだ。章太郎と謙之介の二人座長を擁した「劇団澤村」も例外ではなく、その後に二人とも独立宣言し、「劇団輝」と「章劇」を結成した。四半世紀にわたって苦楽をともにしてきた役者仲間、ましてや叔父と甥の血族が袂《たもと》をわかつ時、初代・謙之介、二代目・章太郎、二代目・謙之介は三者三様に愛憎を交錯させ、計らずも泥試合をくりひろげたかも知れない。

澤村章太郎が太夫元（劇団責任者）座長をつとめる章劇は、平成十二（二〇〇〇）年六月、栃木県・鬼東沼レジャーセンターより新たな一歩をふみ出した。すでに親交をむすんでいた東京大衆演劇劇場協会（当時）の篠原淑浩会長に協会への参加を勧められ、あえて生まれ育った関西を離れ、新天地で一座の命運を賭けた。章劇の創立メンバーは、澤村蓮、颯馬一気、双葉礼子、二人の新人女優と章太郎をふくめて六名。ちいさな一座ゆえ、演りなれていた芝居をコンパクトに脚色した。主役の出番を長くして台詞をふくらませ、二役などで配役を工夫した。旗揚げ当初は、連日朝方まで稽古にはげんだ。誰ひとり不平を言わなかったし、章太郎自身、ヘトヘトにくたびれたが、その疲れが心地よく、かつて知らない充実感を味わった。

独立したかったのは、自分の役者、座長としての器量を見きわめたかった、というのが第一。みんな、そうなんじゃないですか。「劇団澤村」で座長をしていても、やっぱり叔父さんにオンブにダッコ、何かにつけて頼ってしまう。そんな甘えが、我ながら許せなくて、太夫元座長にチャレンジしました。

でも、なってみたら、お金の心配と気苦労で、神経が休まらない。体調をくずしても、休めませんし……。関東の空気になじむのに、一年ほどかかりましたかね。

平成二十六（二〇一四）年三月、浅草木馬館大衆劇場がリニューアル・オープンした。その記念すべき初興行を飾ったのが章劇。澤村章太郎が、一か八かの大勝負で、拠点を関東にうつして十四年。その結果は上上吉で、今般の木馬館大衆劇場のトップランナー起用が示すように、いまや関東を代表する劇団と断言しても差し支えないだろう。

僕は、章劇の芝居を見ていると、昭和の時代に立ちもどったように、ほのぼのと懐かしく、じいんと心が躍る。そして、その芸と面立ちに、大好きだった初代・澤村章太郎をいつも重ね合わせている。

神わざ二本扇子

南條すゝむ

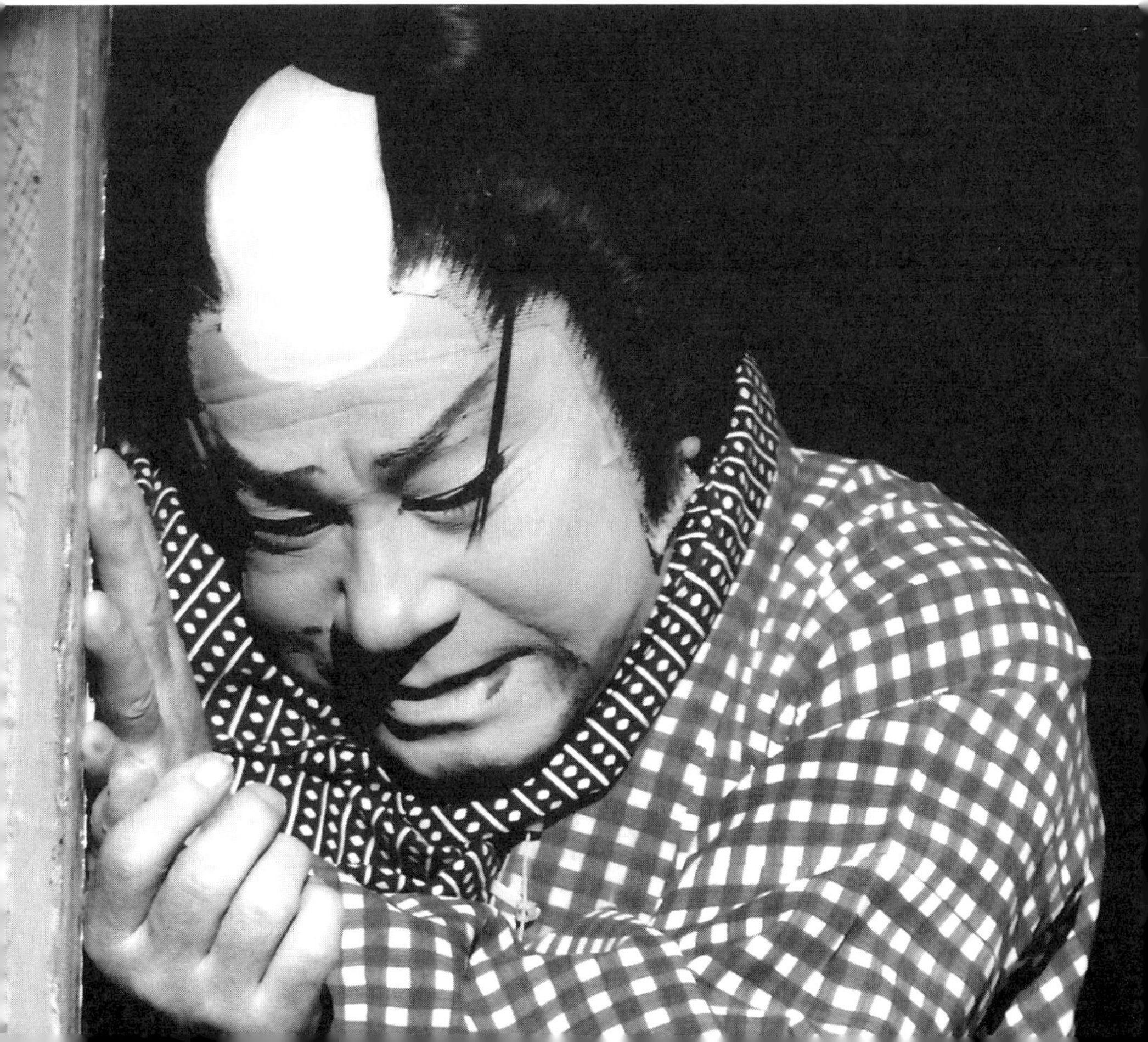

本稿の取材は平成二十六（二〇一四）年十月十七日だった。南條すゝむは若くして関西を席巻した人気座長で、舞踊の名手としても知られる、大衆演劇界の重鎮である。いつものインタビューよりは、やや緊張しながら質問をかさねた。「思い出の舞台は」の問いに、南條すゝむはたちどころに「清水劇場で上演した『雪冤《せつえん》』『伸ちゃんの三輪車』」をあげた。ともに清水劇場の高田博支配人に資料を提供され、南條が台本を書きあげたという。

その高田支配人が十月末で退職すると伝えると、「私は、聞いていない。みんな、知ってるの」と驚きをかくさなかった。僕は支配人からメールで知らされたのだが、「清水劇場で公演した大抵の劇団が、支配人にずいぶんと世話になっている。みんなで金を出しあって感謝状とか記念品を贈らな、格好つかんで」と南條すゝむは真顔で言った。その旨を幾人かの座長に電話すると、賛同してくれたのは、沢竜二、樋口次郎、若葉しげる、二代目・南條隆、澤村新吾、紀伊国屋章太郎。僕が想定していたよりずいぶんと少なく、いつも演じている芝居では義理と人情をうたっているのに、いまどきの旅役者は薄情なものだ、と正直がっかりした。結局は僕が世話役を引き受け、十月三十日の千秋楽の舞台で感謝状と金一封を贈る役をまかされた。

清水劇場が昭和五十八（一九八三）年に開業すると、口八丁手八丁の凄腕の支配人がいるという噂が、幕内をかけめぐった。そして同時に、大衆演劇界に一大革命をまきおこし、やがて長きにわたって頂点に君臨する〝超新星〟里見要次郎が疾風迅雷で登場してきた。

高田は演劇、歌謡曲をはじめ芸能界での顔がひろい上、経験に裏うちされた造詣が深く、芝居台本、作詞も手がける才物で、それゆえに役者の力量を見る眼に狂いはなかった。里見要次郎以降にも、いわば鳴かず飛ばずだった役者が、高田の薫陶よろしきを得て羽ばたいたケースは多く、十月公演の市川叶太郎（前・千太郎）も、高田との出会いでブレイクした一人である。

これが旅役者の精髄《せいずい》だ、といわんばかりの舞台を樋口次郎とつくりあげ、ビデオやDVDで記録する一方、南條すゝむ、若葉しげる、澤村新吾らと創作芝居にチャレンジ。大衆演劇らしい義理人情のテーマとは水と油ほどかけ離れた、原爆や拉致問題などの社会劇を一人芝居などで上演し、新聞やテレビで巧妙な宣伝活動を展開し、みごとに興行を成立させた。

恒例となった子役大会もＮＨＫの全国放送にのせ、会場をわかせた名子役に、現在の大日方皐扇、橘炎鷹、里美たかしらがいる。

僕の知る限り、全国の常設劇場には高田博のような傑出した支配人はいなかったし、今後も決して出てこないだろう。プロ一流の美学と才覚を三十二年間つらぬいた、なんとあっぱれな支配人渡世なんだろう。

南條すゝむは徳島市で生まれた。父は初代・市川人丸で、関西歌舞伎の第一人者だった二代目・市川右團次の弟子である。右團次は、市川右之助時代に圧倒的な人気を誇り、大阪毎日新聞の人気投票では、初代・中村鴈治郎をしのぎ、堂々の一位を獲得した。父の死後、二代目・右團次を襲名し、家の芸である外連の『東海道四谷怪談』『児雷也』、舞踊の『鯉つかみ』を当たり役にした。

市川人丸の一歳年下の、弟弟子は市川右一といい、やがて映画界に転じて市川右太衛門を名のり、片岡千恵蔵とともに東映時代劇映画の黄金時代を築いた。北大路欣也は次男。

市川右太衛門がそうであったように、梨園ではいかに巧者だとしても門閥でない弟子は出世がおぼつかず、市川人丸もみずから一座を結成し、関西を拠点に中国、四国、東海を七、八年間巡業し、昭和初期の中歌舞伎の座頭として名を馳せた。

母は、大阪・ミナミの新地で評判の、唄も踊りも三味線も達者な芸妓だった。すゝむは一人っ子で、四十二歳の父と三十歳の母に、目の中にいれても痛くない、というほど過保護に育てられた。両親の溺愛ぶりを「よその子と僕は、ちょっとちがう」とすゝむ自身も、幼な心で感じとっていた。

南條すゝむが二十歳の時に母親が死去。その通夜の席で、親戚の女性に、「進、お前よう親孝行したってくれたな。本当の子でも、あそこまで世話はできん」と思いがけないことを聞かされた。「おばちゃん。いま、何言うたん」「えっ。お前、知らんかったんか」。すゝむは市川人丸の実子ではなく、養子だったのだ。

一人息子の大学生と一人娘の女学生が恋愛の末、男児をもうけたが、嫁入りか婿取りかで両家が反目して破談となり、生後七日目の赤児をもらいうけたのが、徳島市を巡業中の市川人丸だった。

「実の親に会いたかったら、遠慮なく行ってこい」と市川人丸はその後すすめてくれたが、すゝむは「僕は二十年間もお父さんの子として育ててもらったので、他に親はいない」と突っぱね、実の父と母には会おうとしなかった。

僕が養子でもらわれたころは、親父は、歌舞伎専門からチャンバラなどの大衆演劇に転向し、南條昇と改名していた。ところで、僕は、大衆演劇の子役の経験が一度もない。四歳の初舞台というのは日本舞踊で、大阪・千日前の歌舞伎座で「手習い子」を踊りました。ほんの短い一人踊りで、音羽流の先生が後見で見守ってくれました。踊り終え、拍手をいただいたのをうっすら覚えています。

大阪府豊中市の自宅は、古い大きな一軒家でした。僕を養子にとってから、おふくろは劇団を離れ、自宅で養育に専念してくれました。暇にまかせて三味線をつまびき、家中に小粋な空気が流れ、三味線の音色がおのずと体にしみこみました。

踊りは音羽流で、一門の高弟が自宅に出稽古できてくれました。踊りが好きでたまらず、稽古が嫌だと泣いて逃げ出したことがない。扇子がおもちゃで、何本やぶったことか。将来は、舞踊家になるつもりでした。

小学六年の時に音羽流の師匠が急逝し、歌舞伎の市川八百蔵が家元の橘流にかわった。芝居がかりのダイナミックな橘流は、音羽流とはまるで風趣が異なり、その勇壮な所作がすゝむには目あたらしく、踊りに一層のめりこんだ。一門にはほぼ同世代の三人の中学生がおり、若手四天王とよばれ、たがいに切磋琢磨した。

土、日曜日には南條昇劇団で踊りだけ出演した。父親の弟子だった辻野浩司（後に関東演劇界で大活躍し、梅沢富美男の女形芸に影響をあたえたといわれる辻野耕庸）が、すゝむはお気に入りで、化粧や衣裳などの仕度は、辻野でなければ「ぜったいに嫌」と駄々をこねた。いわゆる乳母日傘《おんばひがさ》で育てられたすゝむは、勝手気ままな子供でもあった。ところが南條すゝむを名のって踊った舞台は、四歳から修練をつんできたホンマモノで、所作が総じて大仰な旅役者の踊りを見なれた観客たちには新鮮で、喝采をあびた。

その気随《きずい》な南條すゝむが、父親の厳命で否応《いやおう》なしに座長に就任させられた。すゝむが中学三年の一月、尼崎市寿座で正月興行の最中、女座長の松島澄子が重傷を負った。松島は、劇団責任者の南條昇と二枚看板で活躍していた座長で、関西の女剣劇では瀬川信子、杉村千恵子、大内洵子、堀江洋子らと覇を競っていた。その松島澄子が立ち回りで戸板から落ち、骨盤を骨折。その夜、すゝむは寿座によびつけられ、「明日からお前が座長や。ええな」と、出し抜けに言いわたされた。「いやや、できひん」と必死に反発したが、いままで見たこともない悪鬼のような形相でねめつけられ、渋々座長を引き受けた。夢見ていた舞踊家の道は絶たれ、南條すゝむの旅役者人生がはじまった。

南條昇劇団は総勢三十名。人気役者の松尾茂之、川浪伸太郎、暁照夫、東京からきた牧新太郎らがいて、十名いた女優は全員、松尾姓を名のっていた。そのトップにすゝむは立ち、それまで全然やったことのない芝居の主役を、さっそく翌日からやる破目になった。

その当時は、前・中・切狂言と芝居三本とショーの四本立てで、座長の僕の受けもちは切狂言。そこで一夜漬けでやれるように、親父がつくってくれた『紅蜘蛛《べにくも》物語』は、極端に台詞のない役柄。

こんな芝居です。若い娘が悪者に痛めつけられているところへ、忍者の黒装束の僕が刀を背負って登場し、

刀を抜いて、キッパリしてチョーン。
つぎは、おじいさんが首吊りしようとしているところへ、三味線をもって粋な着流しで登場し、おじいさんを助けてチョーン。
つぎは股旅やくざ。喧嘩場の大立ち回りで、みんなを叩き斬り、親分をやっつけて、キッパリしてチョーン。
最後の場面は、旗本屋敷に招かれた役者が「娘道成寺」を踊り、旗本の殿様が拍手したら、「十年前の父の仇。覚悟せい」と斬りかかり、チョーン。このたった一言の台詞が、寿座の最前列に座ったお客さんに、聞こえなかったそうです。親戚の者も前で見ていて、「す、む、何か、言うたんか」。あがって声が出なかったんですね。無理やり座長にすえた親父も、気が気でなかったでしょうね。おふくろは鳥屋（花道奥の控室）から祈るように見てました。踊りの経験があるから、所作や殺陣はへっちゃらでしたが、台詞がなかなか……。

それから台詞の量が徐々にふえ、三ヵ月ほどで芝居がそこそこできるようになりました。

後日談であるが、南條すゝむは十八歳の真冬、声の通らないコンプレックスを克服するために寒声《かんごえ》をとった。浪曲師や民謡歌手がそうするように、大寒の二月に喉を鍛錬したのである。昔から幕内では、役者の器量は「一声、二顔、三姿」だと言われ、台詞のイントネーションや響きのよさは、最大の武器となる。

「声が出んようになるまで、滝にむかって叫んでこい」と父親に強く勧められ、早朝、大阪府箕面の滝に通った。人にもよるが、すゝむは二日目にツバに血がまじり、声が出なくなった。お茶を飲んでも、ご飯を食べても喉が痛く、発声はいっさい禁じられている。その間、当然ながら舞台を休演した。すると七日後に、立ち役でも女形でも老け役でも、見事にこなせる、伸びやかな声が出るようになった。いまも相手役とのバランスでワイヤレスマイクをつけるが、実のところ、大劇場でも客席の隅ずみまで声が通る。

女剣劇で一世を風靡した不二洋子の父・迫日出雄と南條昇は朋友で、昇は和歌浦波子時代の不二洋子に、殺陣の手ほどきをしたそうだ。そんな縁もあって、京都・西陣劇場で公演中の十六歳の南條すゝむの舞台を、不二洋子が一目見て気にいり、「養子に欲しい」。天下の不二洋子に芸才を見こまれ、昇は有頂天にはなったが、すでに看板のすゝむをつれていかれたら、一座の存続が危うくなる。体《てい》よく固辞したら、「一週間だけ貸してくれ」と懇願され、南條すゝむは浅草・常磐座に出演し、幕間で踊りも披露した。

観客は関東も関西もさしてかわらなかったが、浅草六区は不思議な熱気を帯び、役者の血が妙に騒いだ。

大衆演劇界でも、歌舞伎の人気一門の出身者が幅を利かすのか、それとも当人が政治力をそなえていたのか、南條昇は、当時の劇団の親睦団体だった「あけぼの会」をとりしきった。寿座の劇場主で、あけぼの会の会長だった桝原岩五郎も、運営を南條昇に一任していた。そんな後楯もあってか、南條す丶むは急速に人気を伸ばし、長年にわたり関西劇界を凌駕してきた市川おもちゃ、大導ひろし、月丘譲二の「三羽烏」につづいて、寿座の専属に抜擢された。つまりは、名実ともに関西を代表する座長と認定されたのである。

役者歴はもちろんのこと座長歴も長いので、南條す丶むは、多くの弟子を育成してきた。独立して一座を旗揚げした座長には、市川喜章、宝海竜也、「南ファミリー劇団」の二代目・扇子家玉四郎がいる。数年前、二本扇を鮮やかにあやつりながら踊る宝海大空が、天才少年ともてはやされていた時、その舞踊を特別興行で見ていた山根演芸社の山根照登は、「大空も確かにすごいけど、昔の南條す丶むの扇子は神業やった」とつぶやいた。大衆演劇界で〝要がえし〟の、それも扇子二本の超人的な〝連続パフォーマンス〟を初めて演じたのは、南條す丶むなのだそうだ。つまるところ南條す丶むの二本扇が、宝海竜也を経由して、息子の宝海大空に継承されていたのである。

で、南條のあまたいる弟子で、もっとも異色だったのが南條まさき。かつて〝京大の玉三郎〟とマスコミでクローズアップされた社会学者で、現在は京都文教大学教授の鵜飼正樹。京都大学大学院生時代の昭和五十七（一九八二）年四月から一年二ヵ月間、市川ひと丸（当時　南條す丶むより改名）劇団に在籍し、本格的な役者修行にはげみ舞台に立った。そのひと丸劇団でフィールドワーク（現場でおこなう調査・研究）にとりくみ、舞台と楽屋と人間模様を事こまかに著述した労作が『大衆演劇への旅』（未來社、一九九四年）。他の著作には『怪読力』（メディア・ワークス、一九九九年）、『見世物稼業・安田里美一代記』（新宿書房、二〇〇〇年）がある。

鵜飼正樹は、文化人類学者かつ歌人としても高名な深作光貞奈良女子大学教授に付き添われて、大阪市北区・天満演舞場で公演中の市川ひと丸をたずねた。その二ヵ月前、尼崎市・寿座で見たひと丸の芸に魅かれ、大衆演劇の世界を修士論文のテーマにしたいと思いたち、協力要請にやってきたのだ。市川ひと丸に異論はなく、しかも、「あんたが真剣に論文を書くのなら、うちの劇団で一緒に生活しながら、旅したらどないや」と勧められ、それから十日後に鵜飼は市川ひと丸劇団に入団した。

わずかな小づかいのみで、他の弟子とは分け隔てない見習いの扱いだったが、南條まさきは舞台、裏方、雑用をこなした。それまでに一座に弟子入りしてきたゴンタクレや家出少年たちとは異なり、言葉づかいも礼儀も正しく真面目な南條まさきに、ひと丸は、声を荒げたことは一度もない。

十四ヵ月目の姫路市・あづみパラダイスで、京大の玉三郎は幕内暮らしにピリオドを打った。その最後の夜に「お別れ会」が開かれ、あれやこれやと舞台の話に花を咲かせながら、食べて飲む会はお開きになった。市川ひと丸が床につこうとしていたら、ドアがノックされ、南條まさきがはいってきた。「長い間、お世話になりました」と深々と挨拶した後、まさきは分厚い封筒の束をひと丸に差し出した。毎月の小づかいとして渡していた二万円の封筒で、手つかずで十四ヵ月分。「先生。これは、お礼のしるしです。舞台の小道具の一つでも買ってください」。こんな心やさしい人間がこの世の中にいるのか、ひと丸は驚嘆と歓喜で胸がいっぱいになり、声をあげて泣いた。この日は、南條すゝむの役者人生でもっともうれしい一日となった。

昭和三十七（一九六二）年発行の大衆演劇専門誌『演劇にっこう』十一月号に、「新機軸を編み出した南條劇団のショウ」とのタイトルで、こんな記事が紹介されている。

――今、破竹の勢いで人気街道を突っ走る南條すゝむ劇団では、御大南條昇師をはじめ、座長南條すゝむ、松島澄子ら一座を挙げて、ショウの新機軸を編み出すべく全力を集中している。

ここに紹介するのも最近のヒット作で、中吊りのヘリコプターに座長南條すゝむが、まるであどけない子供のように楽しく乗りこみ、得意の歌をうたって、観客のド肝を抜いている。歌謡ショウの「王将物語」も然り。

このように常に斬新なショウの上演に全力をあげ、他劇団よりも一歩前進体制をとって、ますます南條すゝむの人気を高めている。関西大衆劇団随一のスターであるといっても過言なかろう――

ヘリコプターは名古屋の鈴蘭南座。舞台裏で三人ぐらいがロープを引っぱって吊り上げ、幕があき、僕が歌いはじめたらゆっくりと降ろすんです。お客さん、わぁー、言いましたもん。南座の社長、あんなん作るん、うまいんです。「浦島」踊るいうと亀を作ってくれ、その亀にのって上から降りたり。趣向をこらしたショウを心がけてました。

二十歳前後の人気絶頂のころ、若い子にきゃあきゃあ騒がれました。いつごろからやろ、二十年、三十年前からかな、楽屋に女の子が入ってきませんもん。僕らの若い時は、昼の部が終わったら、楽屋口のところに鈴なり。座長部屋に十五、六人いて、外で待っている子が、「私ら、まだ入られへんの」とヒステリックに叫んでました。そういう意味でいうたら、いまの若い座長はかわいそう。

JR天満駅前の天満座にのると、切符売り場に三百人ほどお客がならびました。あのころ、トップを独走していたのが山崎ひろしさん。ずっと先輩ですが、きれいな役者でした。あこがれと同時に、「山崎さんより少しでも多く、お客を入れよう」とライバル視していました。

若い南條すゝむが大活躍していた昭和三十年代の常設劇場の興行は五日だった。それ以前は三日興行で、以降は十日、十五日、一月興行と移行してきた。現在の一月公演の舞台に見慣れてしまうと、五日興行は初日から千秋楽があっという間で、ファンもよほど留意しておかないと、見逃す劇団が多かったにちがいない。

劇団にとっても、一月に六度もの乗りこみは大変だったことだろう。その乗りこみを若い南條すゝむは、一度も手伝ったことがない。荷物運びに手を貸そうとすると、父親で太夫元（劇団責任者）だった南條昇に「やめときなさい」と叱りつけられた。乳母日傘で育てられ、座長に昇進してからも年上の劇団員に「坊や」とよばれていたすゝむが、格別に甘やかされていた訳ではない。当時の座長は誰もが特別待遇で、乗りこみにはいっさいかかわらなかった。

荷物の総量もいまの三分の一ほどで、劇団員が三十名もいたので、運搬作業の負担も軽かったようだ。各劇団の荷物が大量にふえた要因の一つが鬘。昔は大衆劇団には必ず専属の床山がいて、翌日に上演する外題にあわせて朝までに鬘を結い直した。それゆえに髪型が多種多様な女形の鬘も、三面あれば十分だった。ところが昨今では男女の、ユニークな髪型や色とりどりの鬘をあわせて、座長は少なくとも百面以上はもっているそうだ。そして、南條すゝむが乗りこみを陣頭指揮でやるようになったのは、劇団員がにわかに減りはじめた二十五歳だった。

役者冥利に尽きるというのは、田舎の掛け小屋の芝居。皆さんは、神社の境内などでの祭り興行というと、惨めな情景をイメージされるみたいですが、とんでもない。食べ物、女性をひっくるめて、いっぱいええ思いをしました。

祭り興行の話は、興行師を通さず直《じか》です。村の世話役が劇場へやってきて、親父と日程、金銭の折りあいがつけば、その場で契約。あのころはハコ打ち（常設劇場で公演）が五日でしたから、行きと帰りの移動に一日ずつ、芝居を三日やりました。

田舎には宿がないので、みんな分宿。座長はたいがい村長の家で、どこの家でも、一年に一回のとびきりのご馳走を出してくれる。夜になると、村長の娘が私の部屋にしのんでくる。こっちからではなく、向こうから……。役者さまさまでした。

「あけぼの会」（劇団の親睦団体）の座長大会が一年に一度、年末の寿座でありました。うちの親父は、桝原岩五郎会長に信頼されていたので、配役は親父が独断で決めていました。演目は、ええとこどりの一幕をつないだ『忠臣蔵』。僕が浅野内匠頭、親父が吉良上野介。大石内蔵助が明石英雄、赤垣源蔵が市川おもちゃ、岡野金右衛門が大日方満、その恋人が市川恵子、片岡源五右衛門は姫川竜之助が抜擢されました。

　もちろん場内は超満員で、芝居はさすがに見ごたえがありました。ショウはなく、芝居だけでしたね。


天職だと思いこんでいた役者だが、ある日突然、舞台をつづけるのがつらくなった。鏡に顔をうつすのが気重《きおも》になるほど、役者をやめる決意をかためたのは、可愛さざかりの幼稚園児だった長男が言った「よそのパパは運動会にきてくれるのに、うちのパパは仕事ばっかりでつまらない」。その言葉が胸をしめつけ、三十七歳の南條すゝむは迷うことなく〝幕外〟へと去った。

　商才にもめぐまれていたのか、大阪空港近くで開業したスナックが二軒とも繁盛した。マスターぶりもすっかり板につき、水商売をずっとつづけるつもりだったが、かつての盛名を知る関係者が、南條すゝむを放っておかなかった。

　旧知の博多淡海、吉本新喜劇の岡八郎から声がかかり、テレビで共演した。また歌舞伎の坂東竹三郎の自主公演で、道頓堀・中座などでの『四谷怪談』『女殺油地獄』『男の花道』にも出演した。関西歌舞伎の二代目・市川右團次門下だった父・南條昇にもまれてきたので、本格的な歌舞伎公演でも十分に対応できたのだ。

　スナック経営が軌道にのり、気がむくと時どきゲスト出演。大衆演劇界には断じてもどるまいと腹をくくっていたが、「美里英二の正月公演を、手伝ってやってくれ」と寿座の桝原岩五郎から電話がはいった。関西大衆演劇界のドンである桝原に依頼されたら、絶対に断れないので出演を快諾した。ゲストは半月のつもりだったが、「もう少し、いて下さい」との美里の度重なる要請で二年間在籍した。その後、やはり桝原の電話にうながされ、美山昇二郎劇団で半年、さらに大日方満劇団で一年半、特別出演の待遇で活躍した。僕が南條すゝむを初めて見たのは、昭和五十五（一九八〇）年秋の天満演舞場、大日方劇団の舞台だった。台詞が明瞭で、踊りの肩と腰の線がきれいな役者だ、というのが第一印象であった。

その大日方劇団に在籍中、父の南條昇が他界した。自宅で葬儀の段取りをしていたら、大日方満がお悔やみに駆けつけてきた。その帰り際に、「これ、もっとき」と札束を握らせてくれた。「何」「いろいろ、いるから」、押し問答の末に「気持だけはいただいておく」と返したが、札束の手触りはかなりの高額だった。大日方の昔気質の、やさしい気持が心にしみた。ともに寿座専属で長年のライバルだが、無二の心友だと南條すゝむは現在もつきあいをつづけている。

特別出演であっても、座長や劇団員に気兼ねしながら舞台に立つことには変わりなく、それならば、いま一度座長に返り咲こう、と昭和五十六年六月に劇団を旗揚げした。座長の再スタートにあたり心機一転、父親が歌舞伎時代に名のっていた市川人丸にちなみ、市川ひと丸と改名した。

若くして頂点をきわめ、名実ともにトップを独走してきた南條すゝむは、現在も颯爽たる舞台をくりひろげながら、大衆演劇界の柱石として後進の指導にあたっている。

ところで座長大会の舞踊ショーでの振舞を見て、昔から南條すゝむを誤解している人が多い。踊りの最中に〝お花〟を頑なに拒む態度が、観客にはえらく高慢に映るようだ。

歌謡ショーなら遠慮なくいただきます。でも舞踊ショーでは、途中でいただくと、その瞬間に気持がくずれ、納得のいく踊りができなくなるんです。高い入場料を頂戴しているお客さんに、立派な芸を披露するのが座長大会でしょ。一万円札のお花合戦をキャアキャア言っているようでは、お客も役者も進歩しない。踊りでのプレゼントをみんなで改善していかないと、大衆演劇は駄目になります。

南條すゝむは、少年時代に夢見た舞踏家の血を脈動させながら、あっぱれな役者街道を歩みつづける。

舞台いのちと心にきめて

藤間新太郎

この「あっぱれシリーズ」でくり返し述べてきたことだが、旅役者たちの仕事は、客席で想像している以上に過酷である。総じて劇団員が減少した昨今、多忙をきわめる演者としてばかりでなく、芝居の場面転換であれ、ショーの音響や照明の操作であれ、裏方としての、一人ひとりの役割分担がふえ、終演後の見送りが終わるまで気の休まる暇がない。

ましてや一座の看板である座長は、ハードワークを強いられる。毎日かわる芝居の主役をつとめながら、舞台制作のさまざまな労苦がついてまわる。何はともあれ、座長の人気のあるなしが、即一座の死活にかかわるのだから、これは実際にきびしい。しかしながら芸能世界の不思議なところで、実力と人気は別物で、芸達者が必ずしも人気者になるとは限らないのだ。いずれの座長も、つねに観客動員で腐心する。そうして積もりつもったストレスが疾患の引き金となる。だが体調が悪い、膝に激痛がはしるといって、座長はおいそれと休演できない。つまるところ、無理に無理をかさねて症状をこじらせ、最悪の場合、急逝した座長も少なくない。

藤間新太郎は平成十七（二〇〇五）年六月一日、静岡県の八幡老人温泉センターでいきなり病魔におそわれた。前日の愛知県・豊橋健康ランドからの乗りこみで、重い荷物を運んでいてもまったく元気だったのに、朝、起きあがると足がもつれ、階段を降りる時、足の踏みどころが頼りない。足のみならず右手も不自然で、食事では箸の運びが心もとなく、歯みがきでもブラシで頬を突っついた。さっそく病院でＭＲＩ検査をしたら、脳梗塞と診断された。

その十日前に長男の藤間智太郎に座長をゆずりわたしており、劇団運営に大きな支障がなかったのが、不幸中の幸いであった。二十年に及ぶ座長の重圧から解放され、蓄積していた心身の過労が一挙に噴出したのかも知れない。もう役者にはもどれない、と一瞬不安がよぎったが、生まれついての楽天的な性格で、「なるようにしか、ならん」と肚をくくり、のんびりとリハビリと毎朝二時間の散歩にとりくみ、一年後には舞台復帰をはたした。

想像だにしなかった脳梗塞を患ったことも含め、「役者人生は、百点満点で何点ですか」と質問したら、「百点満点、……。役者は舞台で死ねたら、本望といいますが、実際にそんな気持になってきます。言葉ではうまく表現できませんが、心と体にしみついた何かが、舞台で妙に騒ぐんです。あの味を一度覚えてしまったら、役者はやめられません」と、藤間新太郎はきっぱりと言い切った。

藤間新太郎は、兵庫県姫路市で生まれた。父は藤間明という役者で、芸歴は長いが座長経験はない。素封家の四人兄弟の長男だったが、生まれついての美丈夫で役者を志望し、女剣劇の第一人者だった大江美智子劇団の幹部・藤間源之丞（後に森川）に弟子入りした。物ごころついた新太郎が、初めて父をたずねた時は、関西の石川浪之輔劇団に在籍していた。この劇団では京町健太郎の人気が高く、やがて一座を後継すると噂されていたが、父親はさして目立つ存在ではなかった。その後、藤間明は松井健太郎、川上好太郎劇団を経て、巨星座・島田高志劇団で長く活躍。その島田劇団での人気ぶりが、昭和三十七（一九六二）年発行の大衆演劇専門誌『演劇にっこう』の十一月号に、次のように紹介されている。

〈島田劇団には、座長をはじめ一騎当千の連中が多士済々で、実に群雄割拠の感がある。（略）そこへもってきて好漢二枚目の藤間明の活躍である。年期をいれているだけに、駈け出しの二枚目とはすることすべてに問題にならない芸風がある。ファンが「藤間」「藤間」と騒ぐのも無理はなかろう。〉

母は藤間明のファンで、一般家庭の育ち。夫の姫路の実家で男児を出産したが、女性にもてもての藤間明は妻子をほったらかしで、実家に寄りつこうともしない。見るに見かねた姑、新太郎にとっては祖母に、「あんたは若い。あんな極道者、いつ帰ってくるかわからん。孫はわたしが育てるから、出直した方がええ」と説得され、母は乳飲み子をのこして泣く泣く姫路を去った。

父には見捨てられ、母もいない赤ん坊に、いっそう不憫さが増し、祖母は新太郎を猫可愛がりした。食べ物を好き嫌いしても叱らないし、欲しい物はなんでも買いあたえる。俗に三文安だといわれる典型的なおばあちゃん子で、その溺愛ぶりに、三人の叔父たちが焼餅をやくほどだった。いま新太郎がふり返っても、祖母の過保護で、濃厚すぎる愛情で育てられたと思う。それゆえに幼児のころ、友だちが母親に甘える姿を見ても、うらやましいと感じなかったし、多感な年ごろを迎えても、『瞼の母』の番場の忠太郎のように、母親に一目でも会いたいと思ったことは、一度もない。

祖父は界隈で評判の床屋、理髪店主だった。若いころに小料理屋をやっていて、社交的な祖母とくらべ、客商売にしては口数が少なく、職人肌の堅物で、しかし腕前がいいから店は繁盛していた。新太郎は、何不自由ない生活環境で養育された。

小学、中学時代は野球に明け暮れた。小柄だったが、俊速のトップバッターで外野を守った。中学の野球部では一年生でレギュラーに抜擢され、姫路ではちょっと注目される存在だった。野球に熱中したためか、勉強はからきし駄目だった。嫌いな勉強であくせくしなくとも、いずれは理髪店を継ぐのだ、という思いが頭の片すみにはあった。

母親に初めて会ったのが、中学一年生。藤間明が出演していた大阪府吹田市の角座へ母がたずね、「是非とも息子に会いたい」と懇願したのだ。祖母につれられ、角座の楽屋で対面した生みの母は、新太郎を一目見るなり大声をあげて泣きくずれた。しかし新太郎は不自然なぐらい冷静で、感情が大きく波立つことはなかった。

母は再婚しており、異父の弟と妹がいた。二人ともお兄ちゃんと慕ってくれるので、やはり可愛く、母ともわだかまりなく往き来し、母子関係が復活した。

一方、父の藤間明は、役者の勲章というべきか、取っ替え引っ替え相手を替え、新太郎が夏休みや冬休みに楽屋へ遊びに行く毎に、「お母さんとよべ」という女性が目まぐるしく替わり、しかも段々と若くなっていく。後年、戸籍謄本を見たら、結婚、離婚のくり返しで、新しい記入欄が貼られていた。

ところで、藤間新太郎が母親と初めて会った昭和三十五（一九六〇）年前後は、大衆演劇界の端境期であった。敗戦直後から昭和二十八（一九五三）年に、他に娯楽の少なかった時代背景があるとはいえ、連日大入り満員の黄金時代を築き、わが世の春を謳歌していた大衆演劇は、テレビの急速な普及で打撃をこうむり、昭和三十四年ごろには退潮の兆しを見せはじめた。その当時の近畿圏の常設劇場を順不同で列記する。

［三重県］栄座。［奈良県］新徳座。大福劇場。［滋賀県］大津昭劇。［京都府］東寺劇場。大宮劇場。伏見劇場。桂劇場。若春劇場。亀岡劇場。［大阪府］吉野劇場。大和劇場。松島劇場。千林寿座。八千代座。新世界劇場。源ヶ橋演芸場。天満座。西島劇場。西天劇場。日劇五階劇場。楽々館。舎交劇場。八幡屋劇場。今池劇場。淡路会館。光劇場。神路劇場。第二相生座。呉服座。角座。片山劇場。三ノ瀬劇場。中ノ宮座。柏原劇場。楠公座。中村座。桜館。天坊座。広栄座。黒井劇場。府中劇場。日本劇場。新泉座。朝日劇場。岬劇場。長滝劇場。［和歌山県］ほてい座。エビス座。中ノ島劇場。明治座。紀ノ国座。月本座。宮前劇場。箕島公園劇場。七曲座。セントラル劇場。橋本座。［兵庫県］中村座。大石劇場。御影劇場。新道座。二葉劇場。新八千代座。新生楽園。板宿寿座。西宮中央劇場。杭瀬寿座。パーク座。二光劇場。若葉劇場。新町座。

五十七年後の現在、存続する劇場は一館もない。

中学の野球部が兵庫県大会のベスト8になり、主力選手だった新太郎に、スポーツ推薦で高校進学する道が開けた。そうして実技テストを受けたが、まわりは大柄な選手ばかりで、「こりゃ、太刀うちできん」と、野球進学はあきらめた。

三人の叔父はさっさと就職してしまい、顧客の多い、祖父の理髪店の後継者がいない。新太郎が跡を継ぐことを心待ちしている、祖父母の気持が痛いほどわかるから、理容学校へ入学した。一年間の専門課程を修了して、さらに一年間インターンで実習し国家試験を受ける。祖父の店では実習が手ぬるくなりがちなので、よその店に住みこんだ。朝一番に起きて、店の掃除から仕事がはじまり、言いつけられた用事を必死にこなして、あっとい

う間に一日が終わる。休日には地域のインターンの講習会があり、ゆっくりと骨休めもできない。友だちと会って遊べないのが、若い新太郎には何よりも不満だった。日本カミソリを長い皮でといだり、基本ばかりを叩きこまれるだけで、技術がまったく上達せず、実習そのものに嫌気がさしてきた。

そんな折りしも、父親のいる島田高志劇団に顔をのぞかせた。同世代の若者が三人いて、物憂い表情の新太郎とは異なり、活きいきと舞台と楽屋をとびまわっている。幹部はすれちがいざまに小づかいを握らせてくれ、若手たちもやさしく声をかけてくれる。こうして劇場にいると、なぜだか血がざわめいてくる。そう言えば五、六歳のころ、親戚の寄りあいで、新太郎はおだてられると科《しな》をつくって踊り、「カエルの子は、カエルや」とみんなを驚かせた。

十六歳やから、深い考えはない。「役者は、ええで」「一緒にやろうな」と誘われて、私、島田劇団にはいりました。親父は反対も、賛成もしなかった。おばあちゃんは、店の後継ぎにと期待していたおじいちゃんに合わす顔がない、と大反対しましたけど、結局は「しゃあない」と……。

巨星座へ入門と同時に、父親の藤間と本名の博文とで、藤間ひろしと命名された。巨星座は、大先生とよばれた島田謙太郎が太夫元（劇団責任者）で、座長が島田高志、幹部は島田浩太郎、藤間明、梅沢すすむで、総勢二十名。関西劇界ではもっとも厳格な一座といわれ、礼儀と舞台行儀はとりわけきびしく、つまらないミスをするとゲンコツがとんだ。父親という後楯がいるので、ひろしは他の若手より優遇されているように映ったが、師匠でもある父は、こと芝居に関しては仮借がなく、しばしばドスで殴りつけられた。

暴力は肯定しませんが、上達するにはスパルタは必要。中学の野球部でも、何かあるとケツバット。いつも青筋がはいってました。愛のムチのケツバットのお陰で、野球がうまくなったという実感がありました。芝居も、そう。タテ社会の幕内では徹底的にきたえないと芸は伸びないし、役者も育たない。民主主義でみんな仲よしは、芸能社会では絶対に通用しない。

と、言ってはいるけど、俺、やさしすぎるから、うちの弟子には、男の子、女の子とも怒ったことがない。

藤間ひろしは、巨星座・島田高志劇団一筋で修行してきた。当時のプログラムは、前・中・切狂言の芝居三本とショーの四部構成で、上演時間は三時間半。内容が盛りだくさんなので、各劇団は休憩時間の短縮につとめ、演目が終演するたびに、大道具の転換などで、若手たちはてんてこ舞いした。少しでも幕間が長いと、せっかちなファンは拍手で催促し、時には「早くやれ」と罵声がとんだ。

三本の芝居のうち、前狂言の主役は、一座の幹部が持ちまわりでつとめた。三人いた幹部の中でも、藤間ひろしは、身びいきではなく、父親がたてる芝居に強くひかれた。その一つが『馬喰《ばくろう》一代』で、ひとひねりしたストーリーと巧みな台詞に、心にくいほど味わいがあり、いまも藤間劇団の特選狂言として演じつづけている。

当然ながら芸で影響を受けたのは、一挙手一投足をずっと間近で盗んできた父の藤間明。〝塗りごと〟はずば抜けて美しく、芝居がうまかった。それなりのキャリアをつんできた現在も、藤間新太郎は、父親の芸域にはとうてい及んでいない、とつくづく思う。

その父がかすむほど大きな存在だったのが島田謙太郎。新国劇の島田正吾の弟子で、関西の大衆演劇界では別格の扱いだった。巨星座は個性派の芸達者ぞろいで、「芝居はピカ一」と多くのファンが評した。役にめぐまれないまま、藤間ひろしの下積みはつづいた。

入団一年後に、藤間ひろしは藤島鉄也と改名した。この藤島鉄也時代は長く、昔なじみの役者仲間には、いまもって愛称だった「鉄ちゃん」とよばれている。その改名より程なく、初めて台詞のある役をもらった。市川雷蔵主演の映画を、島田高志が脚色した『ひとり狼』。影のある股旅やくざ・追分の伊三蔵につきまとう三下役だった。

高志座長との面白いカラミがある役どころで、先輩たちに妬《ねた》まれました。「素人に毛がはえた程度の鉄也が、なんでやねん」と、聞こえよがしに。

役者は誰でも、自分の腕は棚にあげ、いい役がいっぱいやりたい。僕も、そうやった。だから先輩たちが演じているカッコいい役をやりたいから、「病気で休め」「女でしくじって、劇団からいなくなれ」と、いつも肚の中で念じていました。役者根性いう奴やね。それで一度でもいい役を体験すると、次はもっといい役がやりたくなり、自分なりにいろいろと研究しました。

それで『ひとり狼』の三下は、はきはきした台詞がよかった、と高志座長にほめられ、どんどんいい役をつけてもらえるようになりました。

藤島鉄也は小柄で華奢《きゃしゃ》なので、舞踊ショーでは〝女優〟として総踊りに出演し、女形から叩きあげられた。いまでこそショーで女形を踊らないと手抜きだとファンに非難されるが、〝下町の玉三郎〟梅沢富美男が注目される三十五年前までは、座長が女形を披露するのは月に一回程度だった。女形専門はともすれば疑惑の目が向けられ、女性ファンがつきにくいこともあいまって、ハイティーンの鉄也には抵抗感が強かった。しかしながら厳格な島田謙太郎の命令なら従わざるを得ない。巨星座には舞踊が際立ってうまい朝日蘭子と富士輝子がいて、基本からきっちりと教わった。

大衆演劇では特異なパフォーマンスである三味線ショーを、巨星座は十八番にしていた。三味線のリズミカルな撥さばきにのせて、演唱と台詞のかけあいで『瞼の母』『お里沢市』などの物語をくりひろげる音楽ショーで、中心はもちろん三味線。見様見真似で特訓にはげみ、しかも左ききのハンディを克服して、鉄也は三味線をマスターし、巨星座での足場をかためていった。

ぼちぼちと名も売れ、役者ざかりにさしかかった二十七歳で妻帯したが、妻の両親からの「役者をやめなければ、結婚は許さん」という条件を呑み、藤島鉄也はいさぎよく堅気になった。妻の松竹町子は、民謡舞踊を得意とした「松竹舞踊団」(演劇や映画の松竹とは無関係)の人気スターで、その町子が舞踊団を後継しなかったために解散した経緯があり、それゆえに両親は、役者との結婚に双手をあげて賛成しなかったのだ。

町子の立場をおもんばかり、姫路市に帰郷し、長男も生まれた。そして二年がすぎ、働いていた姫路駅前のコーヒーショップに、ヘルスセンターのあづみパラダイスで公演中の巨星座の劇団員が偶然にやってきた。「いま、劇団がピンチなんや。帰ってきてくれ」と頼まれ、芝居が根っから好きだった鉄也は、幕内に立ちもどった。

「こまどり姉妹」のお姉さん・並木栄子さんには、長い間応援していただきました。浅草の木馬館の座長大会で踊った「追分鴉」（歌・大川栄策）が、気にいってくれたみたいです。ちょっと渋目で、奥行のある股旅演歌です。

ありがたいことに、〝お花〟もつけていただきましたし、衣裳もたくさん作って下さいました。妹の葉子さんとちょっと仲違いしていた時期で、単独で活動されていたこともあり、しょっちゅうゲスト出演してくれ、三味線ショーも手伝ってくれました。僕もお返しにはなりませんが、こまどりさんの全国興行にご一緒させていただいたこともあります。

大衆演劇の一部のファンは、あることないこと言いたい放題で、いろいろ噂をたてられました。僕は別にかまいませんが、こまどりさんにご迷惑がかかるんじゃないか、とそれだけ心配していました。いまも時おり、「元気」って、お電話をいただいています。

こまどり姉妹の並木栄子よりプレゼントされた高価な衣裳を、常設劇場の火事で焼失した。藤島鉄也は、巨星座より独立した劇団に在籍し、一座では二番手の、いわゆる副座長格のポジションにいた。ファンからのお花が急増し、人気もうなぎ登りだった。兵庫県尼崎市の出屋敷天満演舞場で公演中の昭和五十九（一九八四）年四月四日に出火し、楽屋が半焼した。劇場の棟梁（道具方）が飼っていた犬がストーブを倒し、延焼したのである。不運にも藤島鉄也の衣裳、鬘、鏡台、舞台用具がすべて焼けた。劇場から見舞金が贈られ、被害をこうむった劇団員で公平に分配するつもりでいた。ところが普段より温和な鉄也は、我勝ちに主張するタイプではない。おばあちゃん子の弱点というべきか、「俺は最後でいい」とおっとりと構えていたら、一円の金もまわってこなかった。この時ばかりは怒り心頭に発し、「こんな連中と一緒にやっていけない」と劇団をとび出した。

それまでは座長になりたいなんて、一度も思わなかった。芸の力量は誰よりも自身が承知しているし、性格的にも座長向きではない。父親の藤間明がそうしてきたように、伸びのびと劇団員のままで役者人生をまっとうしようと考えていた。だが、文字通りに火事場泥棒みたいな、えげつない仕打ちに腸《はらわた》が煮えくりかえり、座長になってみんなを見返してやろうと決断した。と、一念発起したものの、ないない尽くしの丸裸で、藤島鉄也は、見栄も外聞もなく、新潟市のラドンセンターに専属出演していた、妻・松竹町子の両親の下にころがりこんだ。

藤島鉄也の奮闘、こまどり姉妹の応援出演が評判をよび、ラドンセンターは大幅に集客数を伸ばした。やがて一座をまかされて藤間新太郎を名のり、昭和六十年に劇団を旗揚げした。新潟や北陸のヘルスセンターをまわっていたら、大阪の山根演芸社より、「関西でやってみいひんか」と声がかかり、神戸の新生楽園にのった。久しぶりのハコ打ち（常設劇場興行）で、藤間新太郎もえらく緊張した。芝居はそれなりにやれる自信があったが、連日、朝四時まで稽古をつづけ、疲労困憊《こんぱい》の極みに達し、トイレの用便中に眠りこんだ劇団員もいた。

ハコ打ちでは、まぁまぁコンスタントにお客をいれたと思います。座長として目標にしていた朝日劇場、浪速クラブ、そして浅草の木馬館にのれたのが、何よりの喜びでした。

陰でずっと支えてくれた女房のお陰です。妻、母親、女優として、松竹町子は最高の女性です。面と向かって言ったことはありませんが……。

曲がりなりにも僕がはたした、そうした劇場に倅の智太郎、孫の歩が、いつでも公演できるような劇団になるのが、いまの僕の夢です。

親の十四光り

市川市二郎

二代目・市川市二郎は昭和三十九（一九六四）年八月、福岡県遠賀郡で生まれた。と紹介した二代目は、実は三代目が正しい。だが、九州演劇協会で長く幹事長をつとめた「市ちゃんオジさん」の初代、その後継者である長男の二代目は、すでに九州劇界で普遍化しており、本稿でも二代目・市川市二郎で統一する。父親の初代・市川市二郎は大分県別府市の、母親の市川光子は福岡県遠賀郡の、ともに堅気の家で生まれ育った。初代は子供のころから無類の芝居好きで、九州の名劇場の一つに数えられていた、別府・松濤館の専属だった先代・市川市二郎に弟子入りした。もちろん家族の反対を押し切っての入門で、初舞台は二十三歳、「御用」の捕り方だった。

歌舞伎の流れをくむ先代・市二郎は武家物を得意にしていた。ある日、先代が殿様を主演していた芝居で突如意識が混濁し、そばに控えていた家来役の初代をよびよせ、「俺はもう駄目だ。後はお前にまかせた」とつぶやいて目を閉じた。すぐさま幕をおろし、病院に運びこんだがすでに死亡していた。

その遺言に従って、〝二代目〟市川市二郎劇団を旗揚げした。ところが、大衆演劇界は石炭から石油へのエネルギー革命による、筑豊の斜陽化にともなう不況に見舞われ、劇団はやむなく解散へと追いやられた。その後、市川市二郎は、名だたる九州劇団の大幹部として活躍した。

北九州市の井筒屋デパート黒崎店につとめていた光子は、デパート内にあった花月劇場で見た、二代目・樋口次郎劇団の市川市二郎に夢中となった。逢瀬をかさねるうち、光子の言葉を借りれば「騙されて」、二人は長崎県対馬へ駆けおちした。その恋の逃避行は、光子には生き地獄のような〝道行〟で、対馬海峡をわたる船がさかまく荒波でローリングし、はげしい船酔いにおそわれた。以来、光子は船には二度と乗らなかったそうだ。九州演劇界でその昔、「市ちゃんオジさん」と「みっこネェ」と誰彼なしに慕われた、おしどり夫婦がそうして誕生した。

駆けおちから一年がたち、市川市二郎が出ずっぱりの芝居の最中に、楽屋の電話に長男出産の知らせがはいった。主役の樋口次郎が、市二郎との演技のやりとりの合い間に、観客には悟られないように、「市ちゃんオジさん。男の子が生まれた」「あんたの跡取りが生まれたばい」と耳元でささやいた。その長男の名付け親が樋口次郎で、初代の本名である善一郎の善と、光子の光で、善光と命名した。善光には二人の弟がおり、次弟が二歳年下の和博、末弟が八歳年下の英二（英儒）。

両親は、仲のよい夫婦でした。親父は根っからの役者で、ちょっといい加減なところもある、万事にイケイケのタイプ。おふくろは曖昧《あいまい》なことがいっさい許せない、はっきりと白黒をつけるタイプで、しかも石橋を叩いて渡る慎重派。いつも苦労を一人で背負いこみ、親父を支えつづけていました。

親父は不思議な人で、幹部として働いていた樋口次郎、南條隆、鹿島順一、片岡長次郎劇団の、初代先生たちにたいへん可愛がられたそうです。その親父以上におふくろは好感をもたれ、初代・南條隆劇団では劇団員が食堂で立って食事しているのに、座長部屋によばれ、「光子、今日は湯豆腐や。好きなだけ、食べ」とご馳走になっていたそうです。

その時の口癖で、母は二代目・南條隆先生を「まあ坊」とよび、すぐさま平謝りしてました。すると南條先生は、「みっこネェ。俺をまあ坊とよんでくれるのは、誰もおらんばい。姉ちゃんだけは、ずっとまあ坊とよんでね」と、……。母はデパートガール時代、日本舞踊を習っていて、青年部の南條先生に「桃中軒雲右衛門」という踊りを教えたこともあるそうです。

親父とおふくろが九州の幕内で、いい種まきをしてくれたお陰で、両親が亡くなってからも、いまの二代目先生たちに僕も可愛がってもらっています。親の七光りならず、十四光りで、この太くて強い人脈こそ、両親が三桝屋に残してくれた宝です。

二代目・市川市二郎は、初舞台のことをまったく覚えていない。生後まもなく〝抱き子〟や一、二歳で背中に負われて出されたような気もするが、うろ覚えなのだ。あるいは子役としての出演が、案外と少なかったのかも知れない。父親の市二郎は幹部とはいっても所詮は雇われの身で、一座に座長の子供がいれば、その子が必然的に子役に重用される。子役のおヒネリは昔も今も、結構な実入《みい》りになるらしい。その収入や、舞台修練のためにも、座長がわが子を子役に優先的に出演させるのは当然だろう。

二代目が記憶にしっかりととどめているのは、三歳の時の、子別れの芝居だった。とても立派な芝居小屋で、旅役者の檜舞台とよばれていた、福岡市の大博劇場だったような気がする。台詞はたった一こと「ちゃん」で、大きくはっきり言え、と父親に指示された。大衆演劇ではお定まりの子別れの場面で、生みの親と育ての親が「子供を返せ」「返さない」と言いあらそい、一悶着《ひともんちゃく》がおこると、子役が割ってはいる。

ここからの見せ場で、演出が劇団ごとに多少異なる。多くの劇団が採用するのは、「おいらのちゃんは、このちゃんだ」「おいらを残して、どこへ行くんだ」と子役が育ての親にすがりつく演出。だが、初代・市二郎はこんなふうに考えた。子役にたっぷりと演じさせると、こましゃくれた印象が強まり、可愛らしさがかき消え、しかも芝居がくどくなって、観客の共感がうすまるおそれがある。ならば、「ちゃん」の台詞だけで、あどけなさを増幅し、じんわりと観客の涙をさそう演出の方が、いかにも子別れの芝居らしいのではないかと……。

後年、二代目がさまざまな外題の演出を担当するようになった時、初代がそうであったように、他の座長とは趣向の異なる作劇術を、知らず識らずのうちに駆使していた。

父親の命ずるままに、好きも嫌いも言えずして、子役をつとめてきた。ショーでは時間かせぎで、浪曲入りの「妻恋道中」を踊らされた。化粧はすでに仕上がり、出番が近づくと、「おいで」と女座員に手招きされ、衣裳一式がそろう楽屋の片すみに立つ。座員が膝をポンと叩くと座り、手甲、脚絆をつけ草鞋をはかせてもらう。そして衣裳を着つけ、尻からげして帯にドスをさしこみ、三度笠と道中合羽を手わたされ、「行っておいで」で舞台袖へ。「妻恋道中」の前奏が流れ、「何でも踊ってこい」と背中を押され舞台へ。芝居も踊りも興味なく、ずっと舞台は嫌いだった。

子役時代の芸名は、本名を平仮名にしたよしみつ。同様に次弟はかずひろ、末弟はえいじ。あえて芸名をつけなかったのは、客席などにいる時に芸名でよばれ、すぐさま返事しなければ、ファンの目には横着に映る。いつでも名前をよばれたら、咄嗟に反応できるようにと、初代は芸名イコール本名としたのだ。律儀で生一本な、いかにも市ちゃんオジさんらしい了見だ。そして善光は、子役よりはじまって、初代が死去し、二代目・市川市二郎を襲名するまでの三十六年間、市川よしみつを名のった。

よしみつが小学二年の昭和四十六（一九七一）年、市川市二郎は再び劇団を結成した。「九州の芸と劇団を残そう」と、九州演劇同志会（現在・九州演劇協会）をたちあげた二代目・片岡長次郎の呼びかけに応じたのだ。当時の九州劇界は「人なみの生活をめざそう」をスローガンにするぐらい不況のどん底をさまよい、生活保護を受けている座長がいる、という噂が実《まこと》しやかにささやかれたりした。市川市二郎劇団も旗揚げはしたものの、まるで貧乏とイタチごっこの有様で、逼迫した公演収入を必死に切りつめながら劇団運営していた。子供ながらもよしみつは、夜中にほつれた衣裳や破れた足袋を繕《つくろ》い、使い古した鬘を結っていた母親の姿をよく覚えている。

市川よしみつは小中学生時代、母方の祖父母に預けられて義務教育を修了したので、旅役者の子供の宿命である転校を一度も経験していない。土・日曜日と、夏、冬、春休みに劇団へ行って、芝居と踊りに出演した。土日ぐらいは、友だちと思い存分遊びたいと思う一方、週に一度は親の顔を見たい気持もある。いずれにしても、役者の子供は、舞台に立たなければいけないもの、と腹をすえていた。おヒネリをもらえば、満面の笑みを浮かべるが、さして心ははずまなかった。

中学の卒業式当日、証書をもって校門を出たら、親父が車で待っていた。つれて行かれたのが佐賀県の嬉野温泉センター。そのセンターの正面玄関に真新しいポスターが貼ってある。なんと、僕のポスターでした。

座長の長男やし、劇団の荷物もけっこうあることやし、「お前は、座長をやるんぞ」と、それとなく言われていたが、中学を卒業と同時に、いきなり座長とは。その日、舞台に立つと、陰マイクで「座長・市川よしみつ」と紹介されました。反発しても仕方ないので、腹をくくりました。

本格的に役者デビューした日に、座長就任するなんて、大衆演劇界でも稀有である。当然ながらよしみつが望んだことではなく、父親の初代・市川市二郎が仕組んだ筋書きだった。劇団は市川市二郎と市川よしみつの二人座長で、劇団員は清川昇、美川伸太郎、片岡浩二、歌手の利根幸二、市川かずひろ、市川光子、小町京子、橘ゆり、子役の市川えいじ。座長といえども、当初は子分役ばかりだった。実際のところ、十五歳では〝役者声〟には程遠く、主役はつとまらない。

座長になって、初代に初めて注意されたのは喫煙。舞台向きの強靭な声帯ができあがるまでは、たとえ二十になっても、二十五、三十でも「タバコは絶対に吸うな」と言う。ちょっと反抗して、かくれて吸おうかとも考えたが、結局は忠告に従った。市川よしみつが座長に就任して三年目の昭和五十七（一九八二）年、大衆演劇はいちやく脚光をあび、新時代へと突入する。

二代目・片岡長次郎は昭和四十六（一九七一）年に九州演劇同志会（後の九州演劇協会）を結成した事由を、次のように語っている。

「昭和四十五年前後の九州の劇団は、どん底のどん底で、一座がどうにも維持できなかった。常打ち小屋がことごとく廃業し、全劇団が温泉センターの世話になっていたが、その出演料を各劇団が、仕事が欲しいばっかりにバナナの叩き売りみたいにどんどん下げていきよった。百万、八十万、自分の首をしめるのを承知で六十万円といった具合で、それがエスカレートして、最低が八万三千円までいってしまいよった。一ヵ月の出演料が、ですよ。

食事と宿泊はセンターもちといっても、八万円そこそこで何ができますか。こんな馬鹿な話があるもんか。それで劇団の生活安定と親睦を目標に、『なにを、この。来るなら来ちゃれ』と命がけで、同志会をスタートさせた訳です」

九州演劇同志会の発足から五年目の昭和五十（一九七五）年に、発行されたパンフレット『演劇画報』によれば、所属劇団は二十二。座長名を順不同で列記する。

大川竜之助。小林隆次郎。荒城月太郎。南條隆と南條千代之助。玄海竜二。司浩二郎。三河家桃太郎。小不二洋子。藤ひろし。市川市二郎。松井千恵子。波島剣太郎。筑豊太郎（二代目・片岡長次郎）。三波貴志。黒潮次郎。美月幸二と水谷錦也。樋口次郎。姫川竜之助。梅若桂之助。大導寺はじめ。黒田隼人。鹿島順一。

会長は片岡長次郎で、副会長が荒城月太郎、幹事長を九州劇界で「市ちゃんおじさん」と親しまれていた市川市二郎が永年つとめていた。片岡長次郎は自他ともに許す攻めの人で、思いこんだら一直線で猛進する。絵に描いたような九州男児で、剛直で潔いが、その直情さは、同志会の運営で必ずしもプラスに作用するとは限らない。強烈なリーダーシップを発揮する会長と、個性派ぞろいで圭角《けいかく》にとむ座長との親睦団体である九州演劇同志会を、バランスよくまとめあげたのは温厚で誠実な荒城月太郎と、明朗で気立てのよい市川市二郎だった。

とりわけ苦労人の市川は、人情の機微に通じたところがあり、超ワンマンな片岡を、その時どきに宥《なだ》め煽《おだ》て諫《いさ》めながらサポートした。片岡のやろうとすることに同意すると、いち早く座長たちに働きかけて意見を集約し、あるいは片岡がオーバーランしそうになると、巧みにブレーキをかけた。そして実際に片岡も一歳年下の市川を心頼みにし、その意見にじっくりと耳をかたむけた。

もしも大衆演劇界の功労者をあげろと言われたら、ためらうことなく二代目・片岡長次郎の名をあげるが、最良のパートナーであった市ちゃんおじさんの人なつっこい笑顔を、僕は、同時に思い浮かべる。市川市二郎の硬軟自在な支えがあったからこそ、片岡長次郎は九州劇界の改革を敢行したのだ、と。

名ばかりの座長で、芸がともなっていないのは、誰よりもよしみつ自身がよく承知している。初代に教えを乞うても、「盗め」の一点張りで、アドバイスもいっさいない。「舞台で恥をかくのも、芸修行」と開き直り、子分や斬られ役を演じつづけた。

市川市二郎劇団には、利根幸二という専属歌手がいた。観客よりリクエストされると、どんな曲でもギター一本で歌いこなした。だが、ギターの弾き語りだけではステージ栄えがしないので、よしみつにドラムス伴奏を勧めた。座長としてのアピールポイントを一つでもふやしたかったので、よしみつは利根のスティックさばきを見様見真似で覚えこみ、曲がりなりにもドラムス演奏をマスターした。

市川市二郎劇団の座長に就任し、初代との「二枚看板」で三年が経過した。十八歳になった市川よしみつは立派に芝居の主役をつとめ、実質的に一座を牽引するようになった。この年、昭和五十七（一九八二）年二月に熊本市に片岡演舞場、三月に福岡県中間市に九州演劇温泉センターが誕生している。前者は、片岡長次郎宅の稽古場を改造したミニ・シアターで、後年には隣接地に、九州演劇協会の拠点となる、片岡演劇道場が建造される。

後者の九州演劇温泉センターは、市川市二郎が私財を投じて建築した。かつて旅芝居のメッカとよばれていた九州、わけても芝居が盛んだった福岡県だが、福岡市の奥博多温泉センター、北九州市の勝山閣、望玄荘、若戸スポールが廃業すると、主な公演会場は久留米リバーサイドのみで、先行きに光明が見いだせなくなった。だが一方、昭和五十五（一九八〇）年九月、福岡県飯塚・嘉穂劇場で開催された第一回全国座長大会が、NHK特集『晴れ姿！旅役者全国大会』をはじめ、マスコミに大々的にとりあげられ、上げ潮にのっている。千載一遇かも知れない、とこの機に市川市二郎は賭けた。妻の市川光子の親戚が所有していた倉庫を大改築し、舞台が広く、四百名を収容する温泉センターをオープンしたのである。

市川市二郎はその熱き思いを『旅役者座長銘々大全集』（創思社出版）で、次のように語っている。

「舞台の役者と客席のお客様が交わす、喜怒哀楽の感情が熱気をはらみ、小屋全体をつつみこむ。それこそが大衆演劇の極致で、多くのお客様に芝居の楽しさをご堪能いただくために、福岡市と北九州市と筑豊に近い中間市で、私の理想とする劇場を建てました」

九州演劇温泉センターは幸先よいスタートを切ったが、程なく大衆演劇ブームが到来し、芝居ファンが多い北九州市にバーパス松劇場や玄海パレスが開業した。集客争いの激化は必至で、アクセスの利便性に劣る温泉センターは、遅かれ早かれ窮地に追いやられそうだ。そう見立てると、市二郎はあっさりとセンター経営をやめてしまった。四年間の収支が、大儲けだったのか、借金をかかえこんだのか、市川よしみつは何も知らされていない。

あこがれたのは、玄海竜二（九州演劇協会）会長。子供のころから、ずっとファンでした。当時はベテランの座長さんばかりで、その中で会長の斬新かつ洗練された舞台は際立っていました。芝居、踊りはもちろん、バイク、ファッション、私生活もカッコよく、言動のすべてを尊敬しています。

ご自身を律する意志も強い。かなりヘビースモーカーだったのに、激しい立ち回りがやれるようにと、五十をすぎて煙草をぴたりとやめられた。ある芝居で大立ち回りがあり、相手役の座長は斬られて幕袖にはいると、呼吸《いき》がハァハァとあがっていたのに、会長は呼吸の乱れなんてどこ吹く風で、そこからずっと長台詞。

……、白鳥なんですよね。白鳥は水中で必死に水かきしていても、水面では優美な姿しか見せない。会長は、玄海竜二であるために、つねに水中で足をバタバタさせていると思います。

座長大会は、僕たちの真剣勝負の場であり、大会のたびに会長に一泡ふかせてやろう、と懸命に挑みかかるけど、会長は進化しつづけていて、まったく歯がたたない。僕たちが階段を一段あがったら、あの方は五段、七段上にいて、それで時おり、「ええっ」みたいな、芝居常識をひっくり返すような玄海流をくり出してくる。お客さんにはわからなくても、共演している役者は、その凄さにただただ圧倒される。感動も、する。玄海竜二という役者と間近で芝居をする喜び、ありがたさで……。玄海竜二は、僕の、永遠の目標です。

片岡家と市川家の強い絆は、玄海竜二と二代目・市川市二郎にもしっかりと受け継がれている。

昭和から平成へと年号が変わった一九八〇年ごろより、市川市二郎劇団がブレークする。座長に就いて十年目をむかえた二十五歳のよしみつは、すでに堅実な演技を高く評価されており、キャラクターの異なるかずひろ、えいじの、三兄弟ならではの呼吸のあった舞台は、人気が人気をよび、九州を代表する劇団の一つに数えられるようになった。大衆演劇ブームはあいかわらずつづいており、従来より市川劇団は「来る者は拒まず」の方針だったので劇団員がふえ、総勢二十六名の大一座となった。その市川三兄弟で旋風をまきおこしていたころ、市川よしみつは一世一代の外連《けれん》にチャレンジした。

大分県別府市のスギノイ・パレスは、大型アミューズメントホテルで、かつては大ホールで有名歌手や舞踊団が実演していた。大衆演劇でも時おり人気劇団がラインナップに名を連ね、飛ぶ鳥をおとす勢いの市川市二郎劇団は九年連続で出演した。

芝居とショーの二部構成で、昼夜二回の一ヵ月公演。プログラムは温泉センターとまったく同じなのだが、台本のチェックにはじまり、入念な打ちあわせ、リハーサルをかさねて作りあげる舞台は、月とスッポンほどの隔たりがあった。普段の大衆演劇なら、裏方は役者が兼ねるが、スギノイ・パレスには舞台監督、音響、照明、美術などのスタッフが十五名在籍していた。その一人ひとりが、職人肌のプロフェッショナルである。いつもの芝居では自在にくり出すアドリブが御法度《ごはっと》で、一言一句の台詞ミスも、スギノイでは見のがしてくれない。些細《ささい》なことでも失敗があると、「音響や照明の微妙な切掛がずれる」と、終演直後に舞台監督がとんできてダメを出した。そうして誠心をこめてステージに打ちこむスタッフと勝負しながら、市川よしみつは多くのことを学んだ。

公演回数をかさねる毎にスタッフたちとのコミュニケーションが密となり、「オレ」「お前」でつきあうようになった。ある日、「座長なら、うちにある道具を、ふんだんに使ってくれてもいい」と、棟梁（道具係の責任者）が言ってくれた。

かねてより市川よしみつが構想をふくらませていたショーが『天草四郎』で、ラストで四郎が天空を駆けるシーンを、どんなふうに演出しようかと思案していた。そんな折柄に、願ってもない棟梁の提案。スギノイの舞台機構と優秀なスタッフがフォローしてくれれば、壮大なラストシーンが可能かも知れない。「宙吊りを、やらせて下さい」と、よしみつは思いの丈をぶつけた。当然のごとく、「危険すぎる」と猛烈に反対されたが、必死懸命に説得しつづけ実現にこぎつけた。

処刑された天草四郎は、すぐさま六メートルのはしごを駆け登り、妖怪に変身して宙を舞う。もしトラブルが発生しても、宙吊りが続行できるように落下防止しているが、よしみつは、片手一本だけで十五メートルを移動した。連日、嵐のような拍手がまきおこった。このアクロバティックな『天草四郎』は、スギノイ・パレスで語り草になっている。

両親にきびしく教えこまれたのは礼儀です。挨拶は、大きく高い声で元気よく。電話では、必ず笑顔で応対しなさい、と。

『あっぱれ！　役者列伝』にはじまる本シリーズで、約五十名を取材してきた。その中で極め付きの好人物は、二代目・市川市二郎。芝居のうまさも超一流。ところが人がよすぎて謙虚なのか、自身をあまり語ってくれない、取材者泣かせでもあった。

いの一番の半畳で

島崎寿恵

平成二十七（二〇一五）年十二月九日に、作家の野坂昭如氏が死去した。本稿の締切りは十二日で、いつもの月なら九日は懸命に原稿と格闘しているのだが、昼すぎのテレビニュースで訃報に接し、動転して丸一日執筆する気にはなれなかった。

野坂昭如は、僕がもっともあこがれ、影響を受けた作家である。暇にあかせて小説などを乱読していた大学時代、『アメリカひじき』『火垂るの墓』で直木賞を受賞する以前からの狂信的な野坂ファンで、エッセイや雑文集もむさぼり読んでいた。文体や思想はもちろん、人格形成でもおおいに感化され、いまもって斜にかまえて偽悪家ぶる性向は、野坂昭如の影響だと思う。

昭和五十二（一九七七）年八月、なけなしの金をはたいて北九州を旅したのは、『エッセイ集4　漂泊の思想』（中央公論社・昭和四十八年発行）の「筑豊の旅役者」に誘発されたのだ。一節を引用する。

――嘉穂劇場は、飯塚市のメインストリートを少し入ったところにあって、収容人員は千六百名、木造建築の劇場としては日本最大ではないか、客席はすべて桟敷に仕切られ、花道は仮花道とあわせて二つあり、ぼくは戦前、道頓堀近くの中座だったか角座だったか、こんな風な芝居小屋をみた記憶がある、とにかく宏壮なもので、しかもここの経営者が女性のせいか、すみずみまで手入れがゆきとどきチリ一つとどめぬ清々しさ、なんとも圧倒されましたな――

この「筑豊の旅役者」に出会っていなければ、大衆演劇とのかかわりはただの好事家《こうずか》にとどまり、カメラ、テープレコーダー、寝袋持参の取材はなかったかもしれない。その後、僕が発表した幾つかのルポルタージュの文章が、思わず知らず野坂の文体に酷似してしまい、また友人にも「まるで野坂のコピー」と手きびしく指弾され、以来、ひたすら野坂〝離れ〟につとめてきたつもりである。

遅ればせながら、野坂昭如氏のご逝去を悼み、衷心よりご冥福をお祈り申し上げます。

島崎寿恵《しまざきひさえ》は昭和三十一（一九五六）年十一月、二人姉妹の長女として、母親の実家があった山口県柳井市で生まれた。父の山崎学、母の小桜恵美子はともに旅役者で、二歳下の妹が生まれた時もそうだったらしいが、「女か。この世界じゃ、女は駄目だ」と、父は落胆の色をかくさなかった。

寿恵の誕生を誰よりもよろこんでくれたのが学の父親である、祖父の山崎勇だった。明治三十九（一九〇六）年生まれの勇は捨て子で、この生年も実は定かではない。家族を知らずに育った。それゆえに肉親にそそぐ愛情は人一倍濃く、三人の子供たちはさりながら、初孫の寿恵を異常なぐらい可愛がった。「僕は、ね」といつもやさしく話しかけ、欲しいと望まなくても、おもちゃなどをいっぱい買いあたえ、楽屋には寿恵の荷物が山盛り。そんな甘くてやさしい祖父が、寿恵はもちろん大好きで、物ごころがついてからは片時も離れようとしなかった。「どうして、お姉ちゃんばっかり」と、妹は嫉妬に燃えた険しい視線を向けてきた。

島崎寿恵に教えられるまで知らなかったが、山崎勇は、知る人ぞ知る剣劇の大スターであった。大衆演劇で山崎と言うと、たいていの人が山崎ひろし、しげる兄弟を思い浮かべる。僕も、そうだった。ところが山崎勇は、芝居社会では山崎兄弟よりずっと上位に格付けされた大物だった。日本一の興行師とよばれていた保良浅之助の籠寅興行の看板役者で、女剣劇の第一人者である初代・大江美智子と並び称されていた。島崎寿恵が大衆演劇関係者に、祖父の名前をそれとなく伝えたところ、籠寅の山崎勇を知っていたのは、嘉穂劇場のオーナー・伊藤英子と、平成二十七年春に亡くなった朝日劇場のオーナー・橋本秀太郎だけであった。

捨て子だった祖父は人買いの手で売り買いされ、日本にもそんな時代があったんですね……、籠寅に流れつきました。芝居の才能にめぐまれていたのか、左少丸《さしょうまる》と名づけられ子役で活躍し、元浪曲師だった籠寅のおじいちゃんに認められて、出世していきました。

東京で名前が売れていた時代は、けっこう長かったみたいです。喜劇の榎本健一さんとは家族同然のおつきあいをしていて、父も榎本さんの息子さんの遊び仲間でした。

同じ籠寅の大江美智子さんとは二枚看板の扱いで、濡れ場も二人で演じたらしく、辻堂から登場するシーンが、ゾクッとするほど色っぽかったそうです。私が子供のころに見た山崎勇は、中肉中背で立ち姿が美しく、見る者を虜《とりこ》にするオーラがただよっていました。……、祖父を美化しすぎているでしょうか？

祖父が得意としたのが剣劇で、激しい殺陣が評判でした。私は写真で見ただけですが、立ち回りをきたえるための、山崎勇門下の殺陣グループがあったようです。

いまでは考えられませんが、当時は緊迫感を出すために本身（真剣）をつかって立ち回りしたそうです。〝からみ〟にはケガがつきもので、上下手の舞台袖には消毒用のオキシドール液のバケツが置いてあり、斬られて出血したらバケツにジュッと手をつっこんだ。そのキズが、からみには勲章だった、とか……。

山崎勇劇団の熾烈だった立ち回りを裏づける、大井広介著の『ちゃんばら芸術史』（実業之日本社・昭和三十四年発行）の一節を引用する。

——東上してきた剣劇団では、公園劇場が松竹の演芸部の経営に移り、はじめてでてきた山崎勇一座の『荒木又右衛門』は、この一座の立回りが巧いとか、面白いというのではなく、文字通りの激しい猛闘を演じて印象に残っている。のちに松竹座で不二か二代目大江の序幕に山崎がでたじぶんは、一党の猛者はへっていたが、やはりその名ごりはとどめていた——

山崎勇は岡山の市村座という常打ち小屋の娘と結婚し、二男一女をもうけた。島崎寿恵の父親の山崎学は次男で、長男が市村新、長女が山崎よりえで、三人とも山崎勇劇団の舞台で活躍した。

寿恵の母親の小桜恵美子は、関西を主に巡業していたとよ川重一郎劇団に在籍していたが、すごい役者がいるから勉強してこいと勧められ、山崎勇劇団にやってきた。一座内で明るく活発な恵美子を、勇はたいへん気にいり、「二人いる息子のうち、どちらかと一緒にさせよう」と考えをめぐらせ、早稲田を出て頭も顔もよい市村新ではなく、どちらかと言えば平凡な山崎学に添わせた。

島崎寿恵の初舞台は二歳で、寺の和尚を踊ったらしいが、まったく覚えていない。舞台慣れしてくると、芝居では『一本刀土俵入』のお蔦の娘役で、小ばさみでチョキチョキ切ったり、踊りの「博多夜船」では重い鬘をかぶって扇子をもち、格子縞《こうしじま》の裾ひきでしっかり舞った。おヒネリが投げいれられ、お定まりの三度笠でかきあめた。舞台は好きだったけれど、達者な子役ではなかった。

昭和三十六（一九六一）年、愛媛県新居浜市の朝日劇場で、五十五歳の山崎勇は役者を引退し、長男に二代目を襲名させ、劇団名は弟の学にちなみ、「まな美座」と命名した。

私が五歳でした、祖父の引退興行は。朝日劇場は警察署長が小屋主の大きな劇場で、お客さんがぎっしりとはいりました。いまみたいに座長をたくさんゲストによぶ特別興行ではなく、内々でやりました。

狂言は、祖父の十八番物の一つだった『平手酒造』で、鮮明に記憶しているのはラストシーン。舞台一面に竹が立ちならび、平手が竹林をぬって敵と竹をバスッバスッと斬っていく。例によって、刀は本身なんです。見事な太刀さばきで斬り捨てていくが、やがて力尽き、斬りおとした竹で腹を突き刺され、平手が絶命する。「あっ。おじいちゃんが死んでしまう」と私、大声で泣きさけびました。

生まれてこの方、旅回りの楽屋暮らしだった寿恵は、まるで〝ひっつき虫〟みたいに大好きな山崎勇にへばりついてきた。とくに役者を引退し舞台に立たなくなってからは甘えたい放題で、四六時中祖父より離れなかった。ところが寿恵が学齢期に達すると、「女は役者として多くを望めない。しっかり義務教育を受けさせる」との父

親の方針で、母親と二人が劇団を離れて暮らすことになった。「おじいちゃんと離れればなれになるのなら、死んだ方がまし」と必死の抗議をこころみたが、当然ながら聞きいれられなかった。

小学、中学、高校は愛媛県松山市ですごした。父親の仕送りで十分に生活できたはずなのに、母親は根っからの働き者で、早朝に出勤し夜おそくに帰宅する毎日で、小学生の寿恵はあたかも一人暮らしのような心細い日々を送った。その母親のがんばりの甲斐があって、やがて食堂を経営することになる。

勉強は苦にならず、とりわけ正解が決まっている算数、数学が好きで、成績はつねに上位だった。体格にも体力にもめぐまれ、スポーツは万能だった。中学では水泳部に所属し、みんなから「ひーちゃん」とよばれ、三年生でキャプテンに選任された。進学したミッション系の松山東雲高校ではバタフライの県代表で四国大会に出場した。その一方、アイドル歌手にもあこがれ、「スクールメイツ広島校」に週一回船で通い、きびしいレッスンを受けた。

高校を出て、母親が営んでいた食堂を手伝い、調理師免許も取得した。食堂で知りあった男性と恋愛結婚し、男女女の三人の子宝にめぐまれたが、言うに言えない事情があって、涙をのんで離婚した。島崎寿恵は、間もなく三十路を迎えようとしていた。


私がもっとも幸せだった時代は、祖父に溺愛されていた、小学校にあがるまででした。離婚を境に人生の歯車は反転し、苦労の連続でした。

そんな時、一番心頼みにしたかった祖父は、高校時代に亡くなっていました。松山市のがんセンターに転院してきた時は、喉頭がんは末期で、現在ほど治療も進歩してなかったので、死を待つだけでした。高校の帰りに毎日お見舞いに行きました。役者ですから枕元に手鏡がおいてあり、祖父は鏡をのぞきこんでは、メモ用紙に「殺してくれ」とミミズのはったような字を書いて、泣くんです。私も一緒に泣きました。

離婚にあたって、子供たちに嫌な思いをさせ、両親にも借金の肩がわりなどで迷惑をかけました。このままではいけない、何とかしなくては、と懸命に糸口をさぐっていたら、伯父の市村新から「芝居をやらないか」と声がかかったんです。


市村新は昭和四（一九二九）年生まれで、早稲田大学を卒業して山崎勇劇団にはいり、長谷川一夫ばりの美貌と女形が人気をよんだ。三歳年下の山崎学は男っぽさが売り物で、タイプの異なる兄弟は、父親ゆずりの激しい立ち回りを好んで演じた。市村はやがて二代目・山崎勇を襲名するが、その一座を解散し、いまは東京の若葉しげる劇団に幹部で在籍している。

その若葉劇団で親子四人の家族が突然に退団することになった。「頭数《あたまかず》だけの賑やかしでもいいから、僕の顔を立ててくれ」と市村は言う。もう二十五年も芝居とは無縁の生活を送り、いまさら舞台なんてと寿恵は思い、「劇団に迷惑をかけるだけ」と体よく辞退した。しかしながら市村新の執拗な要請に根負けしてしまい、四歳と一歳の娘をつれて北海道・登別温泉のホテルで公演中の若葉劇団にくわわった。長男はいずれ大学に進学させたいという夢もあり、親戚に預けてきた。

その時の若葉しげる劇団のメンバーは若葉しげる、若葉弘太郎、若葉愛、三門扇太郎、清川隆、市村新、トニー山川、中村愛子、愛すずめ。劇団のドル箱スターで、圧倒的な観客を動員していた、超人気の〝ちびっこ玉三郎〟片桐光洋（現在・嘉島典俊）は、片桐さとみ、桜千春の家族ともども直前に退団していた。

ホテルに到着し、若葉先生にご挨拶にうかがったら、「明日は『瞼の母』。夜鷹の役がいないから、寿恵ちゃん、やって」といきなり言われた。市村とは員数あわせの、歌だけの約束だったので、「無理です。芝居はやったことがありません」ときっぱり断わると、「寿恵ちゃんなら、やれる。お稽古しましょ」と、とりつく島もなく、さっそく口立て稽古。

夜鷹をなんとかやりおおせたら、「大丈夫だったね。次は『残菊物語』のおっかさん」。無理やりに次から次へと大きな役ばかりつけられ、「寿恵ちゃん、いいじゃない」、おだてすかされ……。すると二十数年のブランクがあるにもかかわらず、一気に役者の血が騒ぎ出し、舞台は面白いな、とやる気がわいてきました。おまけに長女が、「私も舞台に出たい」と言い出し、市村が踊りを教えてショーに出演させると、お花がバンバンあがる。たとえコインであっても、チリも積もれば、結構な額になります。登別に二カ月いるうちに、この仕事を本腰いれてやろうと思いました。

寿恵は離婚以来、子供たちの前では明るく元気にふるまってきたが、絶えず空虚な思いにかられ、「他に歩むべき、私の道があるはずだ」と自問自答をくり返してきた。その答えは、やはり役者だったのだ。かなり遠まわりし、ハンディの大きい子連れであるが、幕内で再スタートすると決意すると、もっとも居心地のよい場所にたどりついたのだと実感し、そう仕向けてくれた市村新に感謝した。そして、楽屋で芳しいビンツケ油の香りにつつまれていると、大好きだった祖父の山崎勇に見守られているような気がした。芸名は、大空に高くはばたくようにと願い、大空寿恵と自分で名づけた。

舞台は初心者も同様で、当然ながら連日の芝居で冷や汗をかいた。とくに台詞は死に物狂いで覚えこんだ。テープレコーダーに録音した台詞を、ノートにきっちりと書きうつし、一言一句マスターし、夜間、洗濯機をまわす横で声をあげてくり返し、完全に覚えこむまで眠りにつかなかった。一役、一役と若葉が課してくるハードルの高い役柄を演じているうちに、台詞覚えが苦痛でなくなってきた。

東京・十条の篠原演芸場で公演中に、若葉しげるが映画『吉原炎上』（東映・五社英雄監督・一九八七年）を見てきて、翌日に上演すると場内の予告ポスターで貼り出した。構成もストーリーも台詞もすべて、台本は若葉の頭の中で、口立て稽古のみで特別狂言『吉原炎上』を上演。大空寿恵は、若葉の芝居づくりの才幹にただただ感服した。

その若葉版『吉原炎上』の序幕は、舞台に居ならんだ花魁《おいらん》の割り台詞で開演する。若葉しげるをはじめ一座の主なるメンバーが花魁に扮して佇立していたが、幕が開いた瞬間、いの一番に「大空」と半畳（掛け声）がかかった。座長を差しおいての、その一声が大空寿恵にはたまらなくうれしく、心の内で快哉《かいさい》をさけび、女役者としての先行きに自信めいたものを抱いた。

若葉劇団には六ヵ月間在籍し、その後、女座長について勉強したいと思いたち、「劇団虎」の若水照代に弟子入りした。かねてより噂に聞き、座長大会で見た若水の、圧倒的なエンターティナーぶりと観客をたちどころに魅了するパフォーマンスに心酔していたのだ。

「よし、わかった。お前は根性がありそうだから、人が三年かかるところを、一年で仕込んでやる」と、照代先生は二人の娘も一緒に快く迎えいれてくれました。

学んだのは、妥協を許さない舞台のきびしさ。楽屋の空気はいつもピリピリしてましたし、しくじれば容赦なく罵声をあびせられ、怖い存在でした。でも一方、あんなにも心やさしく、情が深く、面倒見のよい先生はいない。「寿恵。役者は衣裳より鬘が大事」と、一通りを注文。「先生、手元にお金がありません」と遠慮すると、「返せる時でいい」と全額たてかえてくれました。一事が万事、こんなふうで、人間の器がちがいますが、私にはとても先生の真似ができません。

「女は〝つっころばし〟の娘だけじゃ、駄目だぞ。立ち役のやくざ、さむらい、じいさん、ばあさん、何でもこなせる女優になれ」と照代先生に常づね言われ、実際、いろんな役をやらせてもらいました。

地方のセンターでは、勉強になるからと主役に。初めて主役に抜擢された舞台で、自分のことでいっぱいでパニクッていたら、座長の（林）友廣さんに「シンをやるんだったら、自分だけじゃなく、まわりのすべてに気を配りなよ」と助言されました。そうなんですよね。主役をつとめるということは、芝居全体を、音、照明、道具を把握して、指示しなければいけないんです。折々の友廣さんの忠告は、ありがたかったです。

今日、曲がりなりにも私が舞台に立たせていただいているのは「劇団虎」にいた賜物で、照代先生は永遠の道標《みちしるべ》です。

私淑する若水照代の指導をあおぎ、みっちりと芝居修行に明け暮れた「劇団虎」を三年で退団して以降、紆余曲折を経て、大空を本名である山崎に改姓した寿恵は、二つの劇団をたちあげた。平成八（一九九六）年一月、長女の山崎卑弥呼《ひみこ》が山口県長門市のホテル西京で「劇団とんぼ座」を、平成十四（二〇〇二）年十二月、次女の雅舞子が宮崎市の橘劇場で、かつて山崎学にちなんで名づけた「まな美座」を旗揚げしたのである。

あとに結成した「まな美座」の発足と同時に、太夫元（劇団責任者）として参加したのが美影愛。「役者としては、僕は変わり者だ」と当人が自認するように、美影は、クライマックスで情感たっぷりに山をあげて熱演する、いかにも旅役者らしい類型的な舞台とは、一線を画する作劇術を駆使し、人物を超リアルに活写する芝居をつくってきた。万人受けがしない、いわゆる玄人好みの役者で、僕は勝手に「新感覚派旅役者」とネーミングした。美影愛は、もしかして早く登場しすぎた大衆演劇界の鬼才だったのかも知れない。

芸の鑑《かがみ》になる、達者な役者の間近にいることが、手っ取り早い演技の上達法である。山崎寿恵にとっては、美影愛が打ってつけの鑑で、約十年にわたって相手役をつとめ、つぶさに演技や演出を体感するうちにめきめきと腕をあげた。その練達ぶりを見てとった美影は、九州の女役者だった実母・島崎竜子の島崎の姓を、是非とも旅芝居に残しておきたいと、寿恵に改姓を要請し、島崎寿恵が誕生した。

芝居好きのファンが、こんなことを言ってました。大衆演劇の芝居は四コマ漫画と同じで、単純明解でストレートに客席に伝わる。美影愛さんの芝居は高尚な小説みたいで味わい深いが、見る方にもちょっとした知識が必要で、ファンは限定される、と。言われてみて、芝居の善し悪しではなく、私もそう思います。

芝居には、役者ごころをくすぐる見せ場が何ヵ所かあり、お客さんにはわからなくとも、役者同士の呼吸がピタリとあったら最高に気持がいい。一年に二、三回あるか、ないかの役者冥利なんです、私の。

大金を稼ぎたいという意識が、そんなに強くないので、わずかなギャラでも毎月公演が途切れず、お客さんが芝居を見てくれれば、それで満足だと思っています。仮にお客さんが一人でも、熱心に見ていただけるなら、私は、「まな美座」は懸命に演じさせてもらいます。

役者デビューが遅いベテランの女座長で、知名度も高くなく、公演会場がめぐまれないハンディもあって、島崎寿恵は、大衆演劇ファンにはなじみがない。だが、知る人ぞ知る、傑出した技倆をあわせもつ実力派なのだ。仕草も声音も台詞まわしも申し分なく、容姿には品格がただよう。とりわけ人物描写が克明で、心の機微を巧みに描く、写実的で真情がこもった演技は、じんわりと心にしみこみ、「いい役者の、いい芝居を見た」という幸福感を、十分に満喫させてくれる。こんな達者な女優が注目されないのは、大衆演劇界の不幸だ、と僕は思う。

旅役者の裾野は果てしなく広い。まだ見ぬあっぱれな役者と出会うために、僕の旅は終わらない。

追悼

二代目・片岡長次郎

かつて楽屋に寝泊りし、取材をさせていただいた座長たちとは、いまでも親しくつきあい願っているつもりだが、「冠婚葬祭」の知らせを直接に知らされることは稀である。ことに通夜や葬儀には可能な限り列席し、最後のお別れをしたいとかねがね思っている。しかし香典などの負担を配慮してくれるのか、あるいは物書きはもとより幕外と見なされているのか、初代・市川おもちゃ、初代・澤村章太郎、篠原浅五郎、初代・大川竜之助の訃報は残念ながら僕には届かなかった。そして、役者や大衆演劇関係者たちの死去を後日、客席でかわすファンの噂で知ることになる。

九州演劇協会の会頭だった二代目・片岡長次郎さんの他界は、程なく葬儀がはじまるという時刻に、『演劇グラフ』編集部からの電話で知らされた。熊本市にはとうてい間にあいそうもなかったので、葬儀の時間にわが家の仏壇で合掌し、桁はずれの剛力と情味あふれる心くばりで九州を統轄し、さらにわが国の大衆演劇界の活性化に尽力した片岡長次郎さんを偲んだ。

僕が片岡長次郎さんと最後に会ったのは、平成十九（二〇〇七）年二月二十日であった。『演劇グラフ』の「あっぱれ役者列伝」の平成十九年九月号、十月号の取材で、熊本市の片岡演劇道場をたずねたのだ。

おぅ、久しぶりやな。橋本、お前、よう太って、そんなにブクブク太ったら身体にようないやろ。身体だけは、大事にしろや。

言ってもはじまらんが、病気はつまらん。昔は肩こりで毎日のように弟子たちにもませていた。腎臓病で二日に一回人工透析を受けるようになったら、肩こりは嘘みたいに消えたけど、透析がしんどい。

わしも喜寿、七十七になった。もう欲も得もない。人間、こないなったら、つまらん。いまは一〇〇％やさしくなった。昔は、俺は鬼やったけどいまは仏さまよ。バァさんと夫婦喧嘩もせん。

目の前にいるのは絵に描いたような好々爺で、その昔の、気弱な者には近よりがたい、傲岸不遜なワンマン親父ではなかった。実のところ、取材中にこっぴどく叱られたり、電話で頭ごなしで怒鳴りつけられたこともあり、旅芝居ではもっとも怖い存在だった。その片岡さんが、「腹はへってないか」などと、とてもやさしく心くばりしてくれる。それが僕には物足りなく、少し寂しかった。

次男の三代目・片岡長次郎さん

晩年になって丸くなって、親父らしくなくなってしまった。物ごころがついてから、すべてが命令。だから「はい」だけしか言えないし、口答えしたことは一度もない。俺には言葉だけで、あまり暴力をふるわれなかった。兄貴の玄海は反発したから、滅茶苦茶叩かれよった。

でも、男としてどう生き、どうやったら飯が食えるか、しっかりと教えてくれていた。父親としては、百点満点でマイナス百点やけど、男としては百点プラス百点で二百点。男の生き様として、俺は尊敬しています。

三代目・藤ひろしさん

会頭先生は病気になられてから、人間がすっかり変わられたみたいです。お元気だったころは、しょっちゅう怒っている感じで、いつ雷がおちるかビクビクしてましたが、最近ではにこにこと笑顔でした。

片岡演劇道場の客席の後部で、いつも腕組みして芝居を見ておられて、シルエットの坊主頭で会頭先生とわかるんです。終演後にご挨拶にうかがうと、「若いのに元気がない」と手きびしく指導されました。あえて憎まれ口を叩いて、僕らを発奮させてくれていたのですね。

二年前のインタビューの結びで、「俺は、人の三倍も濃い人生を送ってきた。やりたいことはやり尽くし、思い残すことは、何もない。これからは一日一日を、一生懸命に生きていく」、片岡長次郎さんはそう語っていた。

平成二十年十一月下旬―

片岡長次郎さんがいつになく体のだるさを訴えた。掛かりつけの病院で受診したら、「腎臓に少し水がたまっているが、検査の数値に異常はなく、体調そのものは悪くない。それでもご家族が心配でしたら、念のために入院してみますか」と主治医。十二年前に脳血栓で倒れて以来、手術やきびしいリハビリテーションで入退院をくり返していた片岡さんが、「病院は絶対にいや」と言い張るので、自宅にもどってきた。

その翌日の二十九日は、片岡演劇道場の乗りこみ日で、いつもより夕食の仕度が遅くなった。玄海竜二さんの妻・章江さんが、「お腹すいたでしょ。ごめんなさい」と部屋に食事を運ぶと、「胸がつかえて食欲はない」と片岡さんは力ない笑みを浮かべた。薬だけのんで寝るというので、パジャマの着がえを手伝っていたら、突然、章江さんの腕の中にくずれおちてきた。すぐさま玄海さんを電話でよび、心臓マッサージしながら救急車で病院に運んだが、腎不全で意識はもどらなかった。家族に見守られての、大往生であったという。享年八十歳。

――昨日、四十九日の法要を終えられて、片岡会頭が亡くなったという実感は。

玄海竜二　その実感が、まだわかない。僕の人生の半分は親父との闘いでした。親父はとにかく怖かった。舞台でしくじったら、叩かれる、怒鳴られるのくり返しだったから。ところが弟の三代目（片岡長次郎）は可愛がられた。弟は子役でも達者で、稼ぎがいいから、僕は劣等感と被害者意識でこりかたまっていた。だから、しゃべらない、反応しない、無表情な少年だったから、なおさら親父には小憎らしい奴だったと思う。

――殻に閉じこもって、窮屈だったでしょう。

玄海　正直、しんどかった。反抗しつづけるのもエネルギーいりますからね。そんなある日、腹にすえかねて取っ組みあいの喧嘩をしました。ストレスがたまりにたまって、おさまりがつかなかったんです。切掛はささいな、冷蔵庫のコーラ一本のことで、止める人がいなければ、どちらかが死んでしまうみたいな喧嘩でした。その時に思いましたよ。なんて、後味が悪いのか……。どんな事情があっても、親は殴るべきではない、と。

――片岡会頭も内心、つらかったでしょうね。

玄海　きびしい反面、親父は子煩悩なんです。僕が赤ちゃんの時、お袋の母乳が出ず、ふつうの粉ミルクが体質にあわなくて、イチゴなんかにかけるコンデンスミルクしか飲めなかったそうです。安い給料からそのころたいへん高価だったミルクを求めて、遠い町まで歩いて買いに行ってくれたそうです。そんな話を本人は、口が裂けても僕にはしませんでしたけど。

女二人男二人の子供をかかえた片岡長次郎（当時は片岡勝次郎）さんは、貧しい楽屋ぐらしに明け暮れ、大ピンチに見舞われると親戚や知人宅に子供を預け、いよいよ生活が立ち行かなくなると、夫婦ともども役者稼業に見切りをつけ、片岡劇団をとび出した。「どんなに貧しくとも、家族は一つ屋根の下で暮らそう」、片岡さんは魚の行商、炭坑夫、土木作業員となって必死に働いた。ところが初代・片岡長次郎座長が病で倒れ、二人（初代・藤ひろしさんと美影愛さん）の子供がいるにもかかわらず、堅気になっていた片岡さんに是非とも二代目を継いで欲しい、という。

初代・藤ひろしさん

私は子供時代から引っ込み思案で、父親（初代）が役者は向いていないというので劇団を出て、坂東嘉門劇団で「ご用、ご用」をしていた。そこへ勝ちゃん、若い時からの口癖で勝ちゃんとよぶんですが、迎えにきてくれ

て、親の劇団の舞台に立つようになった。

勝ちゃんはいつも若手のリーダー格で、みんなの気持ちを汲みあげてまとめ、陣頭指揮でよく動く男やった。父親が二代目に勝ちゃんを指名したことに、私はまったく異存はなかったし、あの時代の九州は、度胸と腕力がなければ座長になれんかった。

――突然に、二代目・片岡長次郎を襲名すると聞いて……。

玄海　そりゃ、びっくりしましたよ。一家団欒というか、ようやく家族らしいぬくもりを感じはじめていたころやから、「私に苦労せぇ、と言うのか」とお袋が真っ向から反対した。昭和四十五（一九七〇）年、大衆演劇は惨憺たる状況で、将来の見込みはまるでなかった。それでも役者になった者なら、一度は夢に見る座長の座。それも九州ではそれと知られた片岡の看板。その座長が目の前にぶらさがり、見逃す手はない、と親父は考えたんやろね。

――四十二歳と、座長就任としては遅咲きで。

玄海 そのため十四歳の僕が座長に……。否でも応でもなく。

――会頭との対立は。

玄海 強まるばかりで、親父と腹をわって話できるようになったのは、親父が脳血栓で倒れてから。

二代目・片岡長次郎さんは昭和四（一九二九）年七月、金満家の四男に生まれた。大分県宇佐市で代々つづいた名家で、誰からも「ぼんぼん」とよばれて何不自由なく育ち、小学校へはただ一人革靴をはいて通学した。ところが十歳のとき父親のギャンブル狂いが仇となり、蔵が三つもあった家屋敷や広大な田畑および山林が人手にわたり、当人の言葉では「天国から地獄」への急転直下で、一家離散の悲運に見舞われた。「米食い虫」と冷然と除け者扱いされながら親類をたらいまわしにされ、大学を出て大阪にいた長兄宅に身を寄せた後に、父親と一緒に満州にわたった。若年ながら関東軍歩兵師団の軍属（非軍人で軍務に従事する者）として通訳などで働き、現地で敗戦をむかえた。その日からソ連軍さらに毛沢東が率いる中国軍の仮借ない攻撃をあびた。

民間人と一緒の行軍で、道中はそりゃ悲惨やった。十六歳だった俺も、武器をもって戦った。撃たなければ、味方が撃たれるから、無闇矢鱈に引き金を引き、敵兵を撃ち殺した。いかなる事情があっても、人を殺すのは、気色いいもんじゃない。人生観が百八十度変わってしまった。

あの激しい戦闘でケガ一つ負わず、きびしい行軍で生き残ったんやから、後の人生はオマケみたいなもの。残飯あさって、泥水すすり、地べたを這いつくばって生きのびてきた男じゃもん、どんな苦労や困難も乗りこえる自信が、俺にはあった。

一千キロの逃避行の末、北京での数ヵ月の抑留生活を経て、引揚船で長崎県佐世保に帰国した。その際に支給された特別金を元手に、故郷の宇佐市で長兄と共同出資ではじめたのが雑貨店。化粧品を届けに芝居小屋の楽屋に出入りするうち、十八歳の片岡さんは本気で役者稼業にあこがれ、長兄の猛反対を押し切って初代・片岡長次郎劇団にとびこんだ。

大衆演劇で功成り名を遂げた座長の大半は〝腹の中からの役者〟であるが、片岡長次郎さんはずぶの素人からスタートを切った。そして六十有余年の役者人生を歩み、片岡さんと結びつく役者はかなりの人数に達する。血縁、芸道の系譜で繋がる座長名を順不同で列記する。

玄海竜二。三代目・片岡長次郎。初代・姫川竜之助。初代・藤ひろし。美影愛。姫京之助。二代目・姫川竜之助。滝夢之助。姫錦之助。片岡昇次郎。島崎寿恵。長谷川武弥。三代目・藤ひろし。藤仙太郎。梅若桂之介。見海堂駿。駒澤輝龍。片岡梅之助。哀川昇。恋瀬川翔炎。橘菊太郎。筑紫桃太郎。藤美一馬。藤千代之助。

――この顔ぶれだけで、豪華な座長大会がやれますよね。

玄海　遠い親戚をふくめて、引っぱたこっぱたで、これだけの名前が並ぶ。九州演劇協会の三分の一は、うちの親戚筋とちがうかな。でも、お互いの繋がりをはっきりさせるために、座長の系図を作るとなると、僕らの世界は再婚、再々婚とかいろいろあるから、ややこしくて書けない。

――僕は大衆演劇を取材する際のポリシーとして、意見を求められた場合いがいは、他所の劇団の話はいっさいしません。広いようでも幕内は狭いし、いい気になって陰口を叩いた、その役者さんと血縁とか親友といったケースが、大いにあり得ますからね。口はやはり禍いの門……。

玄海　その口が、親父は達者やった。頭もよかったのだと思います。芝居一筋ではなく、世間の荒波にもまれてきた海千山千やから、交渉がうまかった。その場の空気が読め、算盤もはじき、もし対立したら軌道修正しながら相手を納得させる不思議な力があった。

僕が三十をすぎたころ、会長の後釜にすえようと考えたようで、いろんな交渉の場へつれて行かれた。「俺が何をしゃべって、どう行動したかを、お前はちゃんと見ておけ」ということでしょうね。相手によって態度をころっと変える。どっからこの人、こんな言葉が出てくるんだろう、とびっくりするほどうまかった。ふつうの座長が考えるのは、自分ところの仕事の確保だけで、全体を見わたす視野をもたなかったし、それゆえに九州演劇同志会という組織をつくらなかったと思う。

昭和四十五（一九七〇）年、片岡長次郎さんは、初代のたっての要請で二代目を襲名することになった。四十二歳で座長になってみたけれど、すでに多くの芝居小屋は廃業し、ヘルスセンターにすがっていた九州の大衆演劇は苦境のどん底をさまよっていた。このままだと〝ドサ回りのメッカ〟の九州の芝居が全滅すると見定めた片岡さんは、十五歳の玄海竜二さんに一座をゆだね、「もう落ちるところまで落ちたのだから、ともに手を握りあって、九州の芸と劇団を残そう」と、劇団の結束の呼びかけに奔走した。そうして結成したのが、九州演劇同志会（現在の九州演劇協会）である。

娘婿の初代・姫川竜之助さん

私が十七歳、初代・片岡長次郎劇団にはいった時やから、五十年以上のつきあい。私が初代の娘と結婚した時は、娘婿と（二代目は）弟子。それから兄弟分になって、「あんちゃん」とよび、その後（二代目の）長女と再婚して親子になって、ね……。

とびきり頭が切れて、弁が立ち、行動力もあって、いつの間にか自分のペースでことを運んでしまう。わが親をほめるのも何ですが、男の魅力にあふれる人でした。一時は喧嘩したり反目した相手であっても、頼ってきたら、とことん面倒をみる。親分肌の、人情味のある人でした。もう、ああいう人物は、大衆演劇界から出てこないでしょう。

二代目・南條隆さん

九州で絶大な力を誇っていた、うちの親父（初代・南條隆）たちがまだ生存中に各劇団に働きかけて九州を統一し、……、これはすごいことですよ。その上でバラバラやった関東、関西との連携を強化して、大衆演劇の復活に尽力された。こうした片岡先生の偉大な足跡は誰もが認めるし、大衆演劇界でもっとも大きな役割をはたした人物として、我々が語りつないでいかねばならない。後輩たちはそのことを、しっかりと胸に刻みつけておいて欲しい。

初めてお会いした時、九州弁丸出しで、声がでかく、怒られているのかと思いましたよ。でも情があってね、やさしい方でした。もう、お会いできないと思うと、寂しいですね。

——九州演劇同志会への参加の働きかけは、座長にはそれぞれトップとしてのプライドもあり、多難だったんでしょうね。

玄海　いま僕が親父と同じことをやれと言われても、絶対にできない。とりまく状況がちがうし、劇団の人間関係も、男が男に惚れるという浪花節で話が通じる時代でもなくなったし、ね。それに第一、やると決めたら命がけの強い信念が、親父にはあった。あのひたむきさは、真似してできるものではない。

——交渉も順風満帆ではなく、もちろんトラブルもあったでしょうね。

玄海　親父の動きが目障りだと、ある関係者がピストルをもって乗りこんできたことがある。親父は一歩も引かず、堂々と渡りあった。反発ばかりしていた僕も、たいした度胸やと感心しました。個人の金儲けではなく、九州の共通の利益になるということを相手が理解してくれ、大事には至らなかったけど、トラブルはしょっちゅうあったみたいです。

親父は立場の弱い相手には、よく話を聞いて、決して強く出ない。でも相手がこわもてでくると、「お前より俺の方が強いんだぞ。このバカタレが」という調子で、頭からかぶせてねじ伏せてしまう。そうして丁々発止でやりあいながら冗談をまじえて笑いとばし、場の雰囲気をがらりと変えて自分のペースにもちこむ。その駆け引き、とくに啖呵と間合いは、芝居以上にうまかった。


昭和四十六（一九七一）年に十一劇団で発足した九州演劇同志会は、六年後には二十三劇団を擁する強力な親睦団体に成長した。土台はようやく固まったが、旅芝居はあいかわらず苦境にあえいでいた。そんな状況が好転する突破口になればと片岡長次郎さんが考えついたのが、関東、関西との交流だった。その当時、関東に十劇団、関西に三十劇団があったが、ブロックが異なるとヘルスセンターなどの乗りこみで顔合わせしても、お互いに挨拶もしなかった。「旅役者同士が仲よくするのは、当り前」と、片岡さんがアクションをおこし、昭和五十三（一九七八）年秋、三ブロック交流の合意をとりつけた。この機を逃さず、翌年に勝負を仕かけた。福岡県飯塚・嘉穂劇場での『初代片岡長次郎追善全国座長大会』である。

全国に六十五名いる座長のうち、三十六名が嘉穂劇場に参集した。これほど大規模な座長大会が開催されたことは、かつて一度もない。集客数がまったく読めず入場券を必死で売りさばいていたら、大会前日の昼すぎから観客が劇場前に並びはじめた。そのファンの列に片岡さんは頭を下げながらお茶を配った。そして昼夜二回公演の昼の部では、千五百名収容の劇場に三千二百名の観客がやってきた。その舞台口上で片岡長次郎さんは、「私たちの大衆演劇は、俺たちは生きているんだという芝居をやりながら、ずっとつらい苦しい坂道をのぼってきました。お客さまの心がいただけるなら、九州劇団の誇りである嘉穂劇場にもどってきます」と、泣きながら声をふりしぼって挨拶した。

嘉穂の緞帳があがったら、人、人、人の超満員のお客さん。舞台に居並ぶ全国から駆けつけてくれた座長さんを見て、男泣きしたのをいまだに忘れんですよ。あの日が、わが人生最良の日。男冥利に尽きる一日やった。

翌年の第二回全国座長大会が、NHK特集のドキュメンタリー『晴れ姿！旅役者座長大会』としてゴールデンタイムに全国放送された。その反響はすさまじく、やがて到来する大衆演劇ブームの導火線となった。

妻の丘輝美さん　お互いに再婚で、一緒になって五十三年。知りあったのは初代・片岡長次郎劇団で、子役から芝居に出演し、劇団でも先輩だった私を、最初は「姉さん」とよんでましたね。

死別した前の亭主と比べれば、地球が引っくり返ったと思うほど、やさしい人やった。あの怖い顔から想像できないほど家庭的で、生活が苦しかった時、自分は食べずに我慢して、まず子供たち、私に食事をすすめてくれました。やさしく気配りしてくれて、罰が当たると思いましたよ。

でも、長い間つれそっているといろいろとあって、亭主としては満点とは言えません。

――一番の思い出は。

玄海　ある日、嘉穂劇場で僕の芝居を見ながら、「玄海はとうに俺を超えていった。こいつは我が子ながら日本一の役者だ」、と僕の友人に泣きながら語ったそうです。協会の運営や津川（雅彦）さんをはじめ、多くの俳優さんとの交流などを、トータルで認めてくれたんでしょうね。

でも、僕は親父の最後の舞台、嘉穂劇場の平成柿落として踊った「王将」を目のあたりにして、これは一生抜けないな、と思った。

――大衆演劇史に残る、名舞台だったと思います。

玄海　親父は、僕の永遠の目標になりました。

片岡長次郎さんが死去して一ヵ月後、玄海竜二さんの次男・沢村菊乃助さんのドキュメンタリーが放送された。その番組で片岡さんは孫に、こう助言している。「嘘のない役者になって、ありのままの自分を見てもらえ」、と。すべての旅役者への、二代目・片岡長次郎さんの遺言だったのであろう。

追悼

四代目・三河家桃太郎

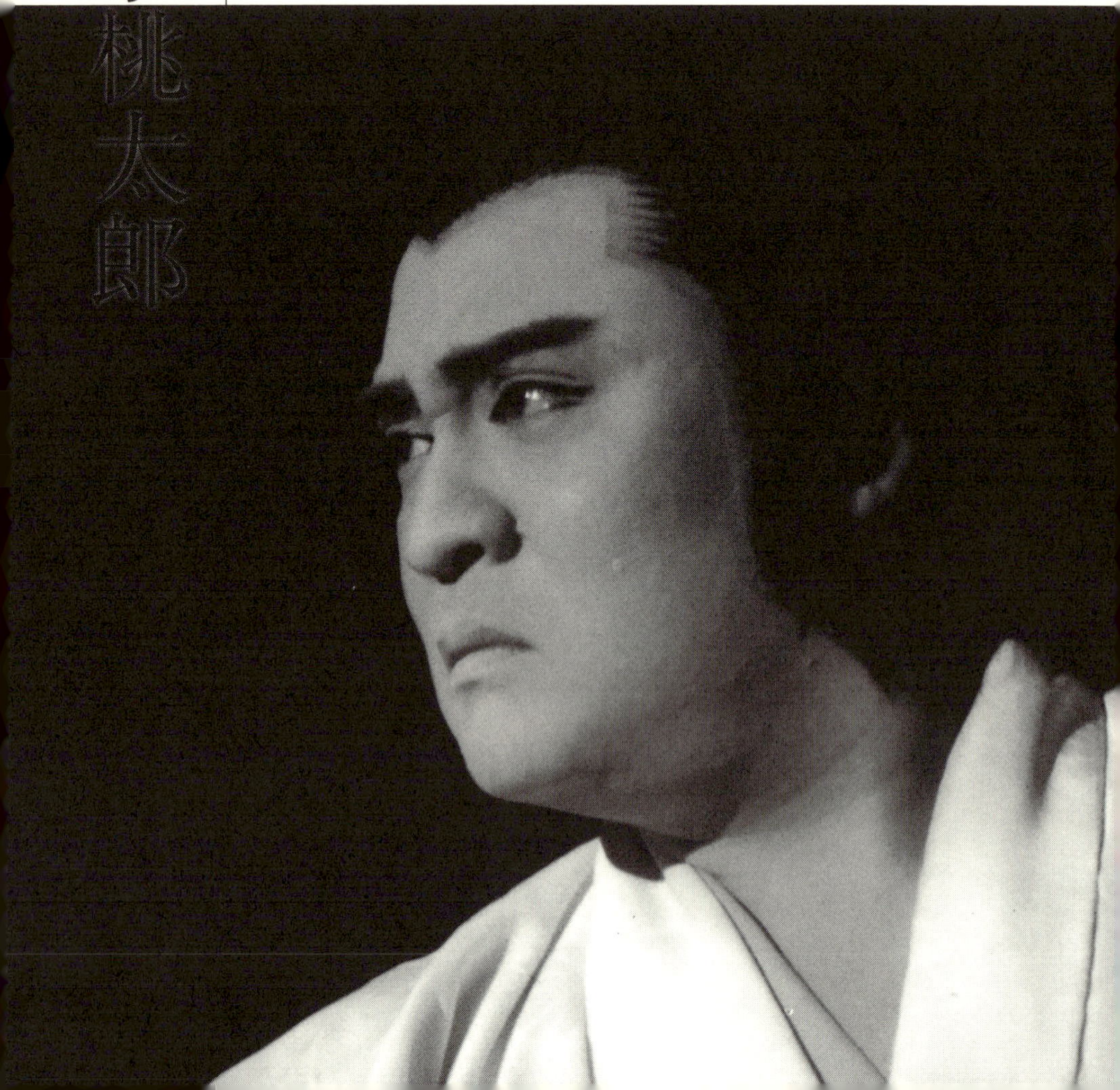

I

九州演劇協会の片岡長次郎会頭の満中陰の法要が、平成二十一（二〇〇九）年一月十六日、熊本市の片岡演劇道場で営まれた。ご葬儀には残念ながら駆けつけることができなかったが、大衆演劇の復活に尽力した、最大の功労者である片岡会頭ときっちりとお別れしたかったので、四十九日の法要に列席したのだ。その追善供養の読経が響く最中に、会場が一瞬ざわめいた。聞き耳を立てていると、初代・姫川竜之助が「三河家さんが亡くなったそうや」と、周囲が聞きとれるように言った。「三河家桃太郎先生ですか」と念を押すと、姫川は大きくうなずいた。

法事が終わるや否や、桃太郎夫人に電話した。「遠方よりお運びいただくのが申し訳なく、訃報はお知らせしませんでした。お気持だけをいただきます」と、皆上愛子は丁重に固辞したが、十七、十八日の通夜、葬儀には少々無理をしても列席することにした。長年患っている自律神経失調症によるものか、搭乗中に呼吸困難となりパニックをおこした経験があり、以来、飛行機は避けてきたが、この際、熊本から東京の移動は飛行機を利用せざるを得ない。機内では不安を振りはらうために、三河家桃太郎との追憶の糸をたぐった。そうして思い出したのは、あっぱれな三河家桃太郎の舞台や芸談などではなく、愚にもつかない出来事ばかりだった。

福岡県糸島郡の深江観光ホテルに取材に赴いたが、その日は宿泊客が少なくて公演が中止になった。それならば長時間インタビューするつもりでいたが、「橋本君を接待したい」と、博多の街へ。ところが、かつての劇団員だったという春海礼二郎の居酒屋で飲むうちに麻雀をはじめ、大負けしてしまった。牌を打ったびにビールをぐびぐびあおるのだから、絶対に勝てるはずがない。その夜は接待どころか、男二人で春吉橋のラブホテルに泊まった。

僕はアルバイトなどでせっせと金を稼ぎ、十万円貯まると関東や九州へと取材に出た。やはり九州のヘルスセンターで桃太郎を取材中、「橋本君、十万円貸してくれないか。必ず、すぐに返すから」と、澄みきった目で頼まれた。僕は気弱なアカンタレで、こういう時にきっぱりと断れない。さっそく銀行で十万円おろして手渡すと、のっけから目論んでいたみたいで、桃太郎は「ボートに行く」と宣言し、芦屋競艇場につれて行かれた。僕は競艇が初めてで、千円ずつちびちびと舟券を買ったが、ビギナーズラックにはめぐまれず、桃太郎は勝ったり負けたりして一喜一憂したが、結局は十万円をすった。

大阪公演中に贔屓してくれそうな女性ファンがあらわれた。すると弟子でもない僕に、「デートのお膳立てをしてこい」と、それが当り前のように命令した。「なんでやねん。太鼓持ちとちゃうで」と、腸は煮えくりかえっているのに、僕はニコニコ顔で桃太郎の言葉に従った。そんな優柔不断な性格を自己嫌悪しながら、なぜだか三河家桃太郎が嫌いにならなかった。

我が人生の最良の友、と僕が思いこんでいる版画家の岩田健三郎と一緒に、岡山県山奥のヘルスセンターで取材した時、桃太郎に「岩田さんは、相手をやわらかく包みこむ包容力があるが、橋本君は生真面目すぎて、少しとっつきにくい」と指摘された。まったくもって言う通りで、僕は寛容な岩田の人間力を常にうらやましく思っている。その点を、初対面の桃太郎に図星をさされ、その洞察力に内心驚いた。

三河家桃太郎と最後にじっくりと話をし、インタビューしたのは、奥さんの皆上愛子に案内されて行った東京都八王子市の聖パウロ病院で、平成十八（二〇〇六）年九月十四日だった。桃太郎がとても幸せそうに語ったインタビューを採録する。約半年後の三月十日に同病院をお見舞いした時は、病状が悪化し、呂律がまわらず話ができなかった。

私が一番好きな芝居は『男・松竹梅』。本水をたくさん使う大きな芝居。昇り鯉の吉春という親分が序幕で殺され、その子分の松竹梅、松五郎、竹二郎、梅之助が仇討ちをする時代劇。昇り鯉なので五月の節句に上演した。『マリア観音』は初代・樋口（次郎）のおじさんの芝居を、無理にお願いして私がもらった。この芝居に関しては、おじさんより私の方がうまい。その昔に沢竜二、樋口次郎と九州の三羽烏とよばれたが、俺は背が低いし二枚目でもなかったが、芝居には自信があったから、堂々と渡りあってきた。

『鬼あざみの清吉』も好きな芝居。都京太郎と三条すすむの父親・都新太郎がおると、私は芝居がやりやすかった。最後まで私を立ててくれたし、私も新太郎を頼りにしていた。

私は弟子を育てるのが、下手だったかも知れない。まったく教えず、すべて盗めだった。でも、芝居をすぐに覚えさせる、独特の稽古があるんです。その方法とは、稽古前に芝居の背景やそれぞれの役柄について詳しく説明しておく。そして口立て稽古の後にきっちりと立ち稽古。口立ての時に役になりきって台詞をしゃべり、みんなが台詞をじっくりと聞く。本イキでやっているので、通して聞いていると、芝居全体が見えてくる。台詞まわしがおかしいと、「この通りにやりなさい」と手本を示し、徹底的に指導する。だから山を上げる場面は、稽古でもきっちりと上げて、全体のバランス、ペース配分、スピードが全員に分かるようになっている。この通りにやると芝居が盛り上がり、お客さんの拍手がちゃんとくるようになっている。

うちのじいさま、初代・三河家桃太郎は大阪の歌舞伎に修行に出た。三河家と屋号のついた一門にいたが、暖簾がないので役がつかず、生まれ故郷の福岡県の芦屋にもどってきた。それで三河家一門にいたので、三河家桃太郎を名のった。ところが、初代は眼を患って早死にした。うちの親父はまだ子供で、じいさまが眼病になった時、弟子に二代目を継がせたが、この二代目が破傷風にかかって足が不自由になり、「ちんば桃」とよばれた。親父が十五になって、三代目・三河家桃太郎を襲名披露し、二代目は弟子の分際をわきまえて分家をおこし、三代目が三河家宗家となった。

昔は六歳六月六日に初舞台を踏めば、上手になると言われたが、私は一歳六月六日で初舞台。子役時代の芸名は三河家桃丸。十二歳から二年間、大空登志夫を名のった。美空ひばりを意識し、縁起の良い左右対称で、自分で勝手に考えた。子役から大人になる前の中途半端な年齢の時には投光（照明）をやった。座長大会もまかされて、先代の樋口次郎、南條隆、江味三郎、梅林良一（後に松竹新喜劇で伴心平）、鹿島順一さんたち、本当にうまい役者ばかりで勉強になりました。

父親の三代目・三河家桃太郎はきれいなだけが取り柄の役者で、芸はからきし下手やった。舞台に出るだけでキャアキャア騒がれ、「あっぱい桃（美しい桃太郎）」と人気があるから、舞台に身が入らない。私が十四歳で四代目・三河家桃太郎を襲名したが、四十前の父親はあいかわらずきれいやった。私は「あっぱい」には程遠い下駄顔で、ボケ役とかババ役を好んでやるようになった。

「三河家の声は千両」とほめてくれますが、実を言うと、昔は声がガラガラで全然通らなかった。先輩に教えてもらったのが、真冬の玄界灘での発声練習。「高い山から谷底みれば、……」と大声をしぼりだし、喉を破って血を吐いたら役者声になった。

踊りの「俵星玄蕃」（歌・三波春夫）を仕上げるのに、毎日稽古して一カ月かかった。大変だったのが槍まわしで、肩越しに後ろにまわし、ピタッと決めるのが難しかった。稽古で槍を何遍飛ばしたことか。♪雪を蹴立てて
サクサク　と耳をそばだてるところは、芝居の『松浦の陣太鼓』をヒントにした。松浦壱岐守が耳をすませて太鼓を聞きとる場面があり、それを「俵星玄蕃」に応用した。俵星が杉野を見つけて、呼び止める「おう、そば屋か」は、映画で杉野十兵次を演じた大川橋蔵さんを真似した。

『忠臣蔵』をはじめとして型物（歌舞伎）で教えを乞うたのが、円十郎じい（中村円十郎）。チャランポランで出来の悪い私を、孫のように可愛がってくれた。円十郎じいに学んだ旅芝居ならではの芸を、後輩たちに一杯伝えたかったけれど、時代が変わってしまい、私などの出る幕がなくなってしまった。

さて、これからの三河家は、どうなるんでしょうね。恵介は、親もとにいるとどうしても甘えが出るので沢（竜二）さんに預かってもらい、独立して三河家劇団を再スタートさせ、昨年の十二月に日本橋劇場で五代目・三河家桃太郎を襲名披露しました。千代乃は中村鷹丸のところに預けて与ろずや茶々、そして伍代孝雄劇団で三河家涼（いまは諒）で頑張っているみたいやね。

酒を飲まなくなり、キャラメルとか甘いものが好きになって、虫歯でこまっている。

東京都練馬区の江古田斎場での四代目・三河家桃太郎の通夜、葬儀は、僕が予想していたより参列者が少なかった。桃太郎の芸歴や交友関係を思いめぐらせると、寂しさは否めなかったが、親族がいわゆる家族葬を望んだとも考えられ、僕がとやかく言うべきではない。あるいは大勢の劇団関係者が列席していた、前日の片岡長次郎会頭の四十九日法要と、心の片すみで比較していたのだろう。

通夜で久しぶりに会った長女の園美と、思い出話にふけった。三河家劇団が神戸・新生楽園で公演した時、園美は木戸でもぎりをしていた。「新生楽園で、橋本さんが真面目な顔をして、私に言った言葉を覚えてる」「いや」「芝居の手伝いをするより、真面目に働いて早く結婚した方がいい、と」「そんなこと、僕が、言った」「役者の娘に対して、失礼じゃない」「言ったかな、……」「それとも、私が可愛かったから、口説いとったん」、そう言うと、いつも陽気な園美はケラケラと笑った。

三河家桃太郎劇団は関西に拠点を移して活動をはじめた。本格派の演技は、関西の芝居通をうならせたが、芸達者は必ずしも観客動員につながらなかった。「芝居がうますぎたのが、三河家先生には却ってマイナスに働いたのかな」とつぶやいたら、「橋本さんは、お父さんの九州時代の全盛期を見ていない。本当、すごかったんだから……」と園美は反論した。言われてみれば、そうかも知れない。三河家桃太郎の芸を熟知しているつもりでいたが、上には上がいたのだ。もっともっと芝居を見ておくべきだったと猛省した途端、涙があふれてきた。

一月十八日の告別式に出席した二代目・樋口次郎は、永年のライバルに焼香をあげながら肩をうち震わせて泣いた。そして出棺を待っていた時、「旅役者の名優が、また遠くへと旅立ちました。ただ、寂しい限りです」とささやいた。

僕は出棺を見送りながら、三河家桃太郎と初めてかわした会話を思い出していた。僕がおずおずと名刺をさし出すと、ちらっと見つめ、「あんた、正樹。私も正喜」と、にっこり笑った。

Ⅱ

四代目・三河家桃太郎　本名＝呰上正喜（あざがみ・まさき）　昭和十三（一九三八）年二月二十八日　福岡県北九州市生まれ　初舞台は一歳で福岡市の大博劇場にて舞台を這う赤ん坊役　十四歳で四代目・三河家桃太郎を

襲名　代表作は『忠臣蔵』（型物）『木鼠吉五郎』（時代人情劇）『母なればこそ』（喜劇）　平成二十一（二〇〇九）年一月十六日　脳梗塞にて死去　享年七十歳

三女の三河家諒さん

じつは私、子供の時から父に対してお父さんという意識がまるでなくて、あの人は、役者・三河家桃太郎なんです。一番好きな芝居って、ぱっと思い浮かばないですね。思い出深い芝居は、『マリア観音』とか、『忠臣蔵』の『岡野金右衛門の絵図面とり』とか。

うちの父は若いころ、中村錦之助さんが好きだったそうです。時代劇の役者としては、長谷川一夫さんと対極的な錦之助さんの魅力は、哀愁であったり、背中で見せる、男の色気。そんな錦之助さんの役者ぶりを、父は目標にしていたような気がします。

四代目・三河家桃太郎は大衆演劇でこそ輝く役者だ、と私は思う。沢さんのところでいろんな芝居をさせていただき、いわゆる商業演劇でも通用したみたいですが、父は大衆演劇が体に染みついた役者。大衆演劇のお客さんの反応が、何にもまして好きでしたから。

父から盗んだのは、芝居に対する姿勢、ええ、芝居バカというところ。ヘンな父親から、ヘンなところだけ受け継いでいる、ヘンな女優です、私は。

二代目・南條隆さん

九歳年上で、正喜兄ちゃんと慕い、よく可愛がってもらい、いろんな遊びを教えてもらいました。やさしい人で、嘘をつかない、人を騙さない、悪口は言わない、ちょっと酒癖が悪かったのが難で、僕は、人間的にも尊敬していました。

「芸は人なり」と言いますが、正喜兄ちゃんもその通りで、どんな芝居のどんな役柄でもこなすオールマイティで、そのいずれの芝居も際立ってうまかった。レパートリィも、一番多かったと思います。驚異的な記憶力で、こまかい台詞までしっかり覚えておられた。

よく芝居が古いと言われましたが、若いころはすごく斬新的な舞台をやっておられた。初代の歴々と対抗するのに演出をさまざま工夫され、芝居の音楽の使い方も、当時としては画期的なものでした。植木等の「スーダラ節」をスーツで踊ったりしていました。そうした数々の試行錯誤の上で、四代目・三河家桃太郎の芸を確立したのだと思います。ずっと目標にしてきましたが、正喜兄ちゃんの足元にも及びそうもありません。

伍代孝雄さん

僕は、三河家劇団の楽屋で生まれました。父親が三河家先生の弟子で、春海礼二郎。初舞台は三歳で、オムツをして「俵星玄蕃」を踊ったそうです。もちろん、覚えていません。記憶に残っている舞台は、『岡崎の夢』。土手に座ってオニギリを食べる役で、三河家先生のお芝居をじっと見つめていました。幼稚園に行くので三河家劇団を離れましたが、五代目、諒、京太郎、すすむ、京花、かなたち子供の友達がいっぱいいて、本当はずっと劇団にいたかった。やめてからも、子供のくせに部屋でひとりレコードをまわして踊ってました。

高校を出てサラリーマンをしていましたが、両親が福岡市博多区で住吉演舞場をはじめると、眠っていた役者の血が抑えきれなくなって、二十三歳で幕内へ。僕が本気だと見た両親は、劇団旗揚げの準備をすすめ、座長としての芸をマスターさせるために、三河家先生の指導を要請しました。口立て稽古では、カセットの録音は禁止で、「俺が言うのを残らずノートに書き留めろ」と命じられました。

台詞を覚えると、舞台で立ち稽古。他の方には、どんな指導をされたか知りませんが、僕には手とり足とりの、懇切丁寧な指導でした。見せ場での所作と台詞は、三回、四回やってくださいました。間近で見て、耳で聞いているので、脳裏に焼きついています。三河家先生のようにやれるはずはありませんが、この特別稽古が、すべて僕の財産になりました。

いまも時どき三河家先生のビデオで勉強させていただいていますが、超人的な演技、役者ぶり、立ち姿の美しさに心が打ち震えます。

高辻春雄さん

戦前より、九州の劇団を統轄していた父の跡を引き継ぎ、その昔、私は大衆演劇のいわゆる二代目たちの興行にたずさわっていました。博多淡海、沢幸次郎（竜二）、樋口次郎、江味三郎（美山昇二郎）、三河家桃太郎、南條隆さんたち。それぞれが、名実ともに一時代を築き、いまも大衆演劇をリードする、錚々たる顔ぶれであったと自負しております。

この精鋭たちの中で、四代目・三河家桃太郎さんが特に秀でていたのは、誰もが認める声。楽屋符丁で言うところの、いい役者の条件である「一声、二顔、三姿」の声音がずば抜けており、芝居通のファンに支持されました。また、先代たちの残した古い芝居を、きっちりとマスターしていました。桁はずれな記憶力で覚えていた外題、台詞の数は半端ではなかったし、芝居の型、所作もまた然り。まさしく大衆演劇界の生き字引でした。

玄海竜二さん

僕が初めて三河家先生の芝居を見た時、これこそが旅役者の舞台なんだと思いました。でも一方で、たっぷりと演じきる、九州独特のくさい芝居であり、当時の僕がめざしていたリアルな芝居とは趣がまったく異なっていた。尊敬はしておりましたが、距離があったのです。

ところが後年、三河家先生と共演する機会にめぐまれ、その舞台で三河家桃太郎のすごさを思い知らされました。昭和五十七年二月、沢竜二先生がプロデュースされた東京渋谷・東横ホールでの全国座長大会。僕は『喧嘩屋五郎兵衛』の主役をやらせていただきましたが、八百屋の源助を演じた三河家先生に完膚なきまでやられました。観客の拍手と声援を一人占めし、花道をはいる時の場内の大歓声。そのどよめきは長く、長く、次の演技がやりづらくなるほどつづきました。いわゆる〝山あげ〟芝居の奥深さ、大衆演劇の醍醐味、妙味を、座長大会という真剣勝負の場で再認識させていただきました。僕の芝居観も完全に変わりました。

さらに三河家桃太郎先生は、九州の先輩たちが残してくれた素晴らしい多くの芝居をきっちりとマスターされており、台詞の一言一句もおろそかにされなかった。

それらの芝居を、もちろん僕も使わせてもらうけど、後輩たちにも九州の芝居として是非とも残してやりたい。「先生、たいへん厚かましいお願いで申し訳ありませんが、台本や名台詞をいただけませんか」と頭を下げたら、満面の笑みで承諾してくれ、後日、手書きの台本を送ってくださいました。これらの台本や名台詞は、僕らの宝物です。

次男の五代目・三河家桃太郎さん

父の訃報に接した時、私は一個人としても、一役者としても、人生の大きな区切りを、いま迎えているのだと実感しました。平成になって、昭和の芸能史に燦然と輝いた多くの名優たちが不帰の客となっていく中、大衆演劇の「三河家の昭和」も終わったのだと思いました。

古き良き昭和の時代に生まれ、育ち、九州の旅芝居で活躍した四代目。祖父から受け継いできた劇団をやむを得ず解散し、単身で上京し、いままでとジャンルの異なるさまざまな演劇に挑んだ時、役者としての無知さを思い知らされたと言う。その一つは、こんな話です。終戦直後の日本を描いた芝居で、四代目はＧＨＱの黒人兵に扮しました。自分なりに工夫して黒人になり切ったつもりでいたら、演出の澤井信一郎監督から、「桃さん、黒人の手のひらは白いんだよ」と指摘され、愕然としたそうです。後日、地下鉄でたまたま黒人と乗りあわせたので、近寄って行って、そっと手のひらをのぞきこんだ。すると、やはり澤井監督の言う通り、手のひらは白かった。この話を四代目は実に楽しそうに聞かせてくれました。とりとめのない話かも知れませんが、私にはとても大事な思い出なのです。

東京で一緒に暮らした六年間でいろいろな話を聞き、役者のすさまじさも垣間見ました。私にとっては、父は、偉大なる昭和の名優。四代目・三河家桃太郎は、私の生涯の誇りです。

四代目・三河家桃太郎は劇団を解散し、新海譲次劇団、伍代孝雄劇団などで演技を指導し、その後、特別出演した沢竜二一座で長く活躍し、盟友である沢竜二をサポートした。

――三河家桃太郎さんは昭和十三（一九三八）年二月のお生まれですが、年歳差は。

沢　桃は、三つ年下でした。

――長いおつきあい？

沢　えっと、……、五十五年ほどになるかな。初めて会ったのが福岡県の田川劇場。桃は十代で、座長じゃなかった。のっけの挨拶が、「俺が、三河家だ」みたいな生意気な感じで、話しているうちに言い争いになり、楽屋裏の庭に「こい」と。

――いきなり喧嘩ですか。

沢　喧嘩じゃなくて、相撲で決着をつけよう、と。「ああ、いいよ」と受けた。桃は相撲に自信があったみたいだけど、僕の方が背も高い。三、四回たてつづけに僕がぶん投げた。すると、あっさりと負けを認め、「よーし俺たち、兄弟分になろう」

――まるで芝居みたいに、よくできた話ですね。

沢　笑いますよね。でも、これが縁なんですね。僕は当時、ロカビリー剣法で売り出して、若い女性客が殺到し、九州では絶大な人気を誇っていた樋口次郎（先代）、南條隆（先代）、三河家桃太郎（先々代）劇団の観客動員数にも、少なからず影響をあたえていたようです。だから桃は、イチャモンをつけながら、沢幸次郎（当時）ってどんな役者だ、と探りにきたんでしょうね。樋口礼二郎（二代目・樋口次郎）も同じように出会い、やはり兄弟分になりました。

――その後、沢幸次郎劇団が関西に進出し、一大旋風をまきおこしていた最中に、二人の兄弟分が劇団に参加。

沢　僕はずっと鶴田浩二さんにあこがれていて、映画スターをめざして東映京都にとびこんだ。僕が抜けた劇団の穴を埋めてもらおうと声をかけたら、樋口と三河家が二つ返事で助っ人できてくれた。でも、京都の太秦撮影所では大部屋で、一向に芽が出る気配がなく、二十人部屋の一人かと思うと段々とみじめになり、鶴田さんが東京の大泉撮影所に移ったのを機に、劇団にもどりました。そして樋口礼二郎と三河家桃太郎が小看板で半年ほどまわりました。

――いまにして思えば超豪華で、二倍の入場料がとれますね。

沢　当時は前・中・切狂言と芝居を三本やる時代で、前狂言は劇団の達者な幹部、中狂言は樋口と三河家、切狂言が僕の主演で二人がからみ、最後は僕のワンマンショーで、歌謡曲、ロカビリー、何でもお客さんのリクエストに応えて歌いました。

若かったから、三人で明け方までいろいろいっぱい遊びました。僕たちの、青春時代でした。

――役者・沢竜二から見た三河家桃太郎。

沢　うますぎる役者。十七、八歳から見ていますが、お父さんは〝あっぱい桃〟とよばれていたきれいな役者でしたが、桃は、こまやかな芝居が抜群にうまかった。それと節劇（浪曲劇）。いまふり返ると、本格的な節劇をやれたのは、僕と三河家だけじゃなかったかな。僕は女歌舞伎の流れの母親（女沢正・坂東政之助）にしっかり教わったが、桃は、「こいつ、うまいな」とただただ感心しました。節劇の場合、浪曲師がかたる節にのせて、独白の部分や心の動きを表情と所作で表現する。この微妙で多彩な表現力が求められる高等なパフォーマンス。節劇は、僕たちの代で終わるでしょうね。

喜劇も下手じゃなかった。博多淡海が亡くなってからのお婆さん役、『稲荷札』『やきもち婆さん』『情の一夜』など、淡海にない味を出していましたね。明日、お婆さん役をやると決めると、あの大酒飲みが酒をいっさい口にせず、ピシッとやっていましたね。

役者としてのキズは、やっぱり酒。総勢二十人で公演したブラジルには、ピンガという強い酒があるんです。サンパウロから帰りの飛行機に搭乗する前に、ピンガでべろんべろんに酔っぱらって、出発ロビーでぶっ倒れた。その様子を航空会社の人が目撃していて、あの男が機内で暴れたら困るので、二十人全員の搭乗は認めないと拒否された。「絶対に迷惑をかけません」と誓約し、うちの弟子四人が周囲をガードして、機内では一滴も飲ませずに成田に帰ってきましたが……。

桃がいなくなって、僕は、二、三年まともに芝居ができなかった。芝居をしている最中に、「この場面に、桃がいてくれたらな」と、何度思ったことか。また、桃と芝居してると、こっちが必死で立ち向かっていかないと、やりこめられるという危機感が常にありました。

踊りでは、「俵星玄蕃」が十八番だと言われていたでしょ。あれも、最初は僕が歌っていて、それが森川信先生に認められて、いまの僕があるんですが……。その後、福岡の大博劇場で座長大会があった時、僕はゲストの扱いで二十分ほどのコーナーをいただき、歌を四、五曲歌うことになっていました。その時、「沢のあんちゃん。俺、横で踊ったらいかんか」と桃が言うので、「後半からなら、いいぞ」と応え、登場して踊ったら桃の方が注目され〝主〟になってしまった。三河家の「俵星玄蕃」は、その時に誕生したんです。

――初めてうかがう話です。

沢　韓国にも国際文化交流で行きました。その日は、舞台の予定がなかったので、例によって、桃は酔っぱらっていたんです。ところが、関係者のパーティに招かれ、「何か一曲、踊ってくれないか」と所望された。誰にしようかと見渡しても、桃以上の踊り手はいない。「「俵星玄蕃」を踊れるか」「踊れる」と言うので、槍の代わりに木刀をもってこさせ、それでスッピンで踊らせた。もしも踊りをしくじったら、文化交流もおジャンだ、と内心ではびくびくしていたが、さすがは三河家桃太郎、立派に踊ってくれ、拍手大喝采。芸となったら、酒も吹きとび、別人格になるんですね。

――心筋梗塞で倒れたのが、沢竜二一座で特別出演していたセンターだったそうで……。

沢　千葉県の「太陽の里」。僕は蜷川幸雄さんの芝居に出演していて、桃に一座をまかせていたんです。例によって、芝居中でも楽屋で「はぁはぁ」言いながら、冷やで二、三杯飲むんですよ。「それじゃ、体をこわすぞ」と叱りつけるんですが、「大丈夫」と聞く耳をもたない。僕が不在の時に倒れてしまって、長い入院生活を送ることになりました。

みんなの話を総合して聞いてみると、僕がいないのを見計らって、散々悪口を言う奴がいて、その場にいた桃がすごい剣幕で反論し、「沢ちゃんは、あんたが考えているような人じゃない」と、僕を必死にかばってくれたそうです。

――心やさしい三河家さんらしい、いい話ですね。

沢　三河家桃太郎は、本当に素晴らしい人物でした。

――昭和、平成の大衆演劇史で、三河家桃太郎さんの実力をどう評価されますか。

沢　芸のうまさは完全にトップ。史上最高の旅役者です。これからも、ああいう本物のドサ役者が出てきて欲しいですね。

終生忘れることのない、僕だけの名舞台がある。昭和五十三（一九七三）年六月に大阪・新世界の浪速クラブで見た『木鼠吉五郎』が、その一つだ。主役の吉五郎を演じた四代目・三河家桃太郎の、所作も表情も声音も五感に沁みついた、と明言できるほど感動した。およそ四十年も昔のことなのに、この時代人情劇の何もかもを鮮明に覚えている。それまで一ファンとして見つづけてきた旅芝居では感じたことのない、別種の幸福感を味わった。

翌七月に三河家桃太郎劇団を版画家の岩田健三郎と一緒に、岡山のヘルスセンターまで追いかけた。雑誌にルポルタージュを幾つか書いてきたが、いわゆる取材旅行は初めてだった。ヘルスセンターとは別棟の古びた宿舎に三泊して夜ふけまで食い下がるようにインタビューした。大学では演劇学を専攻し、シナリオ研究所に通って脚本を勉強した。芝居のいろはは それなりに貯えていたつもりだったが、子役からの舞台の実演者で、芸能全般に博識かつ理論家の桃太郎から大衆演劇や芝居の基礎知識をたっぷりと学んだ。だから形式ではなく、三河家先生と心からよばせてもらった。

三河家桃太郎は四代目である。地元の九州はもとより四国、中国を年中巡業していた役者集団であった芦屋歌舞伎〈福岡県遠賀郡芦屋町〉の流れを汲む。上方歌舞伎で修行した祖父が初代桃太郎を名のり、二代目を弟子が継ぎ、三代目が父だから、四代目は地方歌舞伎出身の由緒正しき旅役者だ。そして父は「あっぱい桃」とよばれ、昭和三十年前後の九州で一、二の人気を競う座長だった。あっぱいとは、福岡弁でいう美しいで、美しい桃太郎で通っていたのだ。当人が謙遜しながら「下駄顔だ」と言い、ずんぐりむっくりの四代目は、顔も姿もあっぱいの遺伝子を受け継がなかったかも知れないが、旅役者としてのパフォーマンスは傑出していた。

●沖津が浜の決闘●マリア観音●艶唄筏流し●新太郎街道●稲荷札●酔いどれ二刀流●加賀忠臣蔵●仲乗新三●命一匹・勇の弥吉●血を吐く武士●せんたく婆さん●やきもち婆さん●金盃の行方●花笠文治●泣き笑い人生●大工の三公●やくざ坊主●国定忠治●影の光●大江戸五人男●悲恋剣法●七化新三●母なればこそ●天野屋利兵衛●嵐山花五郎●博多情話●会津音頭●清水の兄弟●陽気な丁稚どん●兄弟●鳴神音右衛門●博多人形●ハッスル婆さん●濡れつばめ●肥後の駒下駄●廓日記●母紅梅●こじき芸者●東京の人●荒木又右エ門●長崎屋の夢●時雨団七●岡野金右衛門●関の弥太ッペ●男の友情●浅間三筋●加賀騒動●千田川留吉●神崎少年時代●どんたく婆さん●天竜丸●涙の片袖●コークス●真心●赤穂城最後の月●中風と泥棒●梅乃由兵衛●め組の喧嘩●子の心親が知る●お千代帰る●大石江戸探り●情の一夜●無法松の一生●土方一代●桜散る頃●姨捨山●めくら剣法●愛恨淡雪●お千代の母●斬られの婆々●大石妻子の別れ●半面の武士●桜川五郎蔵●化粧桜●愛のにぎり飯●女房の笑顔●きつね●博多節●松浦の陣太鼓●赤垣源蔵・徳利の別れ●追分三五郎●嫁いじめ●忠臣の鏡●二人の母●伊那の風来坊●韓国の花嫁●男・松竹梅●海賊とその妹●桶屋の鬼吉●花の浪花の名物男●幻の峠●色里の夢●宗五郎月夜●あの丘こえて●二人の嫁●乱れ星荒神山●電話室●鬼あざみの清吉●晴れ小袖●落としだね●浪花帰り●弟の真心●木鼠吉五郎●日光の円蔵●酒屋●お役者仁義

時代人情劇、歌舞伎、現代劇、喜劇、社会劇とありとあらゆる外題を三河家桃太郎は千変万化の演技でこなした。上記の外題帳は、桃太郎のノートより書き留めたものだが、実際に公演可能な外題は、この三倍はあるとのことだった。父のあっぱい桃が十八番にしていた上方歌舞伎の世話物は、自らのイメージと異なるのでいっさい上演しなくなったし、三十数名いた劇団員が十名ほどに激減し、いかにストーリィを脚色しても観客の鑑賞に値しないものは省いたそうだ。歌舞伎の演技で不明な点ができると、九州の最長老だった中村円十郎をたずね、「三河家は、私の芝居の財産を根こそぎもっていった」と円十郎に言わせるほど、得心するまで教えを乞うた。

喜劇は「兄さん」と慕っていた二代目・博多淡海の芝居をアレンジし、「三河家新喜劇」を名のった。珍妙なメイクや仕度などのオチャラケで、無理矢理に笑わせるのではない、しんみり泣かせたっぷり笑わせる、本格的な喜劇であった。主役であっても脇役であっても、哀歓のにじむ股旅やくざ、貫禄のある侠客、毅然とした武士、一癖ありそうなお婆さん、好人物の土木作業員など、いずれの役柄も高水準で演じわけた。表情、所作、口跡、姿、佇まいといった、万人が死に物狂いで磨いても修得のおぼつかない要素を、楽々と身につけた天才なのだろう。とりわけ演技に宿る〝影〟のきらめきが、僕にはたまらない魅力だった。

数多くの芝居と同様に、僕の心を射抜いたのが舞踊「俵星玄蕃」だ。ご存知の三波春夫の長編歌謡浪曲で、赤穂浪士の杉野十兵次に寄せる俵星玄蕃の思いを、一人芝居のように踊る。折り目正しかった所作は、討ち入りと知って駆けつけてからダイナミックに振幅し、♪雪をけたててサクサク、「先生」、「おっ、そば屋か」、しっかと目顔をかわすと、長槍を右に左にぐるぐるとまわし、背中に構えて見得を切る。いつ見ても、その成熟した芸に酔った。

「実力NO1の旅役者は」と、もしも尋ねられることがあれば、「四代目・三河家桃太郎」と、僕は躊躇することなく答える。

追悼

美里英二

I

美里英二（本名・古見義彦）さんは平成二十七（二〇一五）年八月二十日午前八時二十分、肺炎で死去。享年七十四歳。三十歳で和歌山市で劇団を旗揚げし、関西の劇場を中心に活躍。「東の梅沢富美男、西の美里英二」とうたわれ、八〇年代の大衆演劇ブームをリードし、今日の旅芝居隆盛の礎を築いた。ＮＨＫ連続テレビ小説『いちばん太鼓』、映画『居酒屋兆治』などにも出演した。

劇団花吹雪・寿美英二さん

美里先生とお知りあいになったのは、尼崎の寿座で道具方の見習いをしていた十七歳。それから一途に三十八年間の英ちゃんファン。親よりも美里英二だったので、初代（桜右京）もあきれ返っていました。先生の散切《ざんぎり》のポスターを盗んできて、化粧前においてそっくり真似しました。地方へ行くと、「あんた、美里さんの子か」とよく声をかけられ、「ちがいます」と答えながら内心うれしかった。

危篤だと聞いて病院に駆けつけた時、意識は朦朧《もうろう》としていて、それでも一時間ほど話しかけました。手をずっと握ってお芝居の話をすると、反応があるんです。キュッキュッと握り返してくれるんです。「先生はわかってくれてはる」と思て……。これでお別れなんやと涙がこみあげてきました。ほんまに、……、寂しいです。

落語家・桂団朝さん

昔、美里英二劇団をよう見に行ってました。大阪・深江橋のふぁんび座、尼崎の出屋敷天満演舞場、新開地劇場。座長引退の舞台も見ました。芝居が『泣き虫兄弟烏』。いまの美川麗士さんが「東京」を歌いながら号泣していたのが、ごっつい印象に残っています。

大衆演劇の役者として、いちばん品あったんとちゃいますかね。芝居中は役に徹しきり、楽屋オチやアドリブをはさみこんだり絶対しない。ふつうお客がだれているると思うと、いじったりするけど、それがない。

ご一緒にお仕事をさせていただいて、楽屋でもそのままの人でした。結局、その普段の人柄が舞台に出ているんでしょうね。咄家みたいに、アホなことを言わへんからね。

近江飛龍さん

いまから十五年前、身内だけでこじんまりした結婚披露宴をはじめようとしていたら、受付を通さずにロビーに座っている人がいる。誰やろうかと見に行ったら、美里座長やった。大急ぎで席や引出物を用意。新郎役を忘れててんてこ舞いし、酒を飲みはじめたら異常にまわり、最後は泥酔する大失態……。

おふくろ（近江竜子）と仲よしでした。多分、おふくろが美里座長のファンやったと思う。子供のころ、美里劇団をよう見につれてもらいました。

普段は深いおつきあいはできなかったですが、とても親近感のある座長でした。舞台では何をしても絵になり、金太郎飴みたいにどこを切っても気品があふれていました。

市川おもちゃさん

五、六歳の子供ながら美里英二という名前を初めて知ったのは、大日方満、浪花三之介、樋口次郎先生とともに関西の黄金時代を築きあげていた、そのころでした。座長を襲名してからは、美里先生の舞台にじかに接したのは座長大会に限られますが、洗練された美しさに魅了されました。股旅やくざにしても、三枚目にしても、当然ながら女形でも、何を演じられても際立って優雅なんです。
そう言えば、小学五年のころ、新開地劇場で美里劇団を最初から最後まで見た記憶があります。芝居は明石十万石の『うぐいす大名』。いま思い返してみても、美里先生はさることながら、劇団員全員が芸達者で、僕ごときが語るのは僭越《せんえつ》ですが、理想的な劇団構成だったと思いました。

山根演芸社・山根大さん

各座長の舞台を自分なりに百点満点で採点すると、ある日は四〇点だったのに、次の日は一二〇点といった具合に、日によって出来に極端な落差がある座長が結構多い。ところが美里先生は常に八〇点から百点、絶対に大くずれしない。

好きな芝居は『大石東下り・武士の情け』。あの立花右近役の美里英二の、右に出る役者はいない。正確に言うなら、美里英二と美川竜二の比類なき名コンビならではの名舞台。

美里英二は、柄から言ってもめぐまれた役者ではなかった。ところが塗ると端整なんですよね。美里先生は眉をつぶさなかった。自身の素の表情を残そうとする意思が、そこに感じられた。またアイシャドーは塗っても、感情を過不足なく表現するため、目バリはいれなかった。

いつ見ても安心感のある、お客様を裏切らない強みが、美里英二劇団にはありました。一年三六五日、休むことなく演じつづける大衆劇団で、高水準の舞台をつらぬいたところに、他の名役者にない、美里英二の凄味がありました。

浪花三之介さん

昔の劇団は草野球が好きで、広っぱがあれば早朝野球してた。大阪の扇町公園とか西宮の白鹿グランド。浪花劇団は、なぜだか美里劇団に勝てんのよ。でも澤村謙之介劇団には勝つんよ。美里は澤村に弱くて三つ巴。三十五年ほど前の、なんぼでも体の無理がきいたころの話。

大日方満さん、美里さんと並んで、三羽烏とよんでもらいました。お互いに若いし、ファンの皆さんが熱心に応援して下さるし、私なりに切磋琢磨《せっさたくま》したつもりです。あの当時、座長大会は年に一度だけ。恒例の年忘れ大会では、美里さんとも火花をちらして競いあいました。

乗りこみで前後したら、お互いの荷物を運びあい、美里劇団とはずっと仲がよく、気やすくおつきあいさせてもらいました。

美里さんは、やさしさにあふれた正真正銘の二枚目やった。俺か、……さぁ俺は、どうやろか。

美川麗士さん

この世界にはいって初めて先生とよんだのは、伯父ではあるが美里先生なので、あこがれは永遠に消えません。麗士《れいじ》とみずから命名したのも、名前の響きを英二と同じにしたかったから。先生のＥＩＪＩと、親父の竜二のＲを合わせてＲＥＩＪＩに。どうしても先生に近づきたかったんです。

先生のすべてを、何から何まで真似しました。ブログでも「真似するな」とさんざん叩かれましたけど、もちろん真似をするだけで芸が上達するほど、役者社会は甘くありませんが……。

先生が座長を退いて、親父が一座をゆずり受け、その劇団美川を継承してみて、改めて美里先生の偉大さを思い知らされました。「ヘタウチして、笑われちゃいけない」、美里英二の看板の重さがのしかかり、プレッシャーに幾度も打ちひしがれました。そんな時、地道な努力を積みかさねておられた先生の姿を思い浮かべ、その背中を道しるべに今日まで劇団を守ってきました。

美里英二は、僕の永遠の誇りです。


関西の役者は、常設劇場およびオーナーを〝本家〟とよぶ。関東や九州にはない呼称だが、劇団と劇場との和気あいあいとした親密感が、それとなく垣間見えるようだ。美里英二にとっての本家は神戸・新開地劇場で、オーナーの森本利雄との二人三脚が、大衆演劇界に光輝あまねく、美里英二時代を確立したと言えるかも知れない。

――終戦直後、数多くの有名俳優や歌手が舞台を飾った新開地劇場が昭和六十（一九八五）年八月、映画館をリニューアルして常設劇場へ。

森本　神戸・三宮の太陽演舞場と二館、大衆演劇をやりましたが、当初は長くつづけるつもりはなかった。

――その昭和六十年に美里さんがＮＨＫ大阪制作の連続テレビ小説『いちばん太鼓』にレギュラー出演。

森本　私、マネージャー役を買って出て、ずっと送迎しました。局内での美里先生は、新開地劇場の楽屋と同様に謙虚で礼儀正しく、スタッフや共演者の好感度は高かったみたいですね。もって生まれたものか、苦労されて身につけられたものか、わかりませんが、徳のある人でした。

――週に二、三日の収録のために人気座長が休演し、集客に影響は。

森本　ダメージは確かにありましたが、全国ネットのテレビ出演の効果は絶大で、トータルでは英ちゃん人気を高めてくれました。

――映画『居酒屋兆治』がよかった。

森本　先だってテレビで久しぶりに見ましたが、高倉健の同級生の役で、なかなか味がありました。

――大衆演劇の英ちゃんの一面と。

森本　どこか妖し気な雰囲気をただよわせる、もう一人の美里英二を発見したような名演技でした。カラオケシーンのスポットライトのあて方も、大衆演劇の一場面を再現しているような演出でしたね。

――美里英二を知らない僕の友人が、「誰、この俳優」とびっくりし、高く評価してました。

森本　京都での松竹映画『必殺！』の撮影には山根（照登・山根演芸社）さんとご一緒しました。

――「美里が動けば、観客が動く」と言われましたが、そうでしたか。

森本　一世を風靡したと言いますか、すごい人気でしたね。

――美里さんは、なぜ圧倒的に女性ファンに支持されたんでしょう。

森本　オーラと言えばいいのか、舞台でも私生活でも、まわりをつつみこむ不思議な魅力がありました。それと我々男性にはちょっと感知できない、「舞台の英ちゃんが心配でたまらん」と思わず肩入れしてしまう、母性本能をくすぐる特別なモノがあったのかも知れません。

――ずばり、美里英二の魅力。

森本　うまいんですけど、うまく見せない。きれいではあるけれど、過剰にきれいに見せようとしない。しゃれたフランス映画のラストシーンみたい、「ちょっと物足りひんけど、心に響く」と、余韻をのこして……。

――とことん演じて、観客を〝満腹〟にするのではなく。

森本　「また明日も英ちゃん見たい」と、そんな程あいの妙がありました。

――誰もが認める、芸達者ぞろいの劇団でした。美川竜二、中村一夫、淡島士郎、中島ひろし、河内大介、桜章次郎、市川小太郎、若波かほる、川浪千鶴、牧ピン子、三朝夕子、勝元純子、江川真由美。

森本　弟の美川竜二さんは、いい役者でした。

――人によっては、美里さんよりうまいんちゃうか、という評価も。

森本　大衆演劇史にのこる、最高の兄弟コンビだったでしょうね。美里先生は劇団員一人ひとりを立て、劇団員は座長を尊敬し、素晴らしい一座だったと思います。

――森本さんは、長年にわたって関西大衆演劇親交会の会長をつとめてこられましたが、僕が聞いた話では、寄合で議論が煮つまった時、いわば美里さんの鶴の一声で話がまとまったとか。

森本　そうでしたね。口数は少ないんですが、正鵠《せいこく》を射るというか、解決策を提示してくれました。

――ゴルフもよくまわられた。

森本　あの方は練習もせずに、うまくまわりたいという人だったんです。ゴルフに関しては、非常にきままなところがありました。

――新しい新開地劇場は、美里さんのために建てた、と聞きましたが。

森本　いや、それを言われると他の劇団に叱られます。しかし劇場を運営する上で、美里先生の存在は大きかったです。

――好きだった芝居は。

森本　『須磨の仇波』『お里沢市』『河内の野郎花』。美川竜二さんとの『一杯のかけそば』もよかった。

――美里英二という役者に出会って。

森本　つきあいは三十八年になります。だからこそ、いまでも大衆演劇をやっています。

Ⅱ

美里英二さんの通夜、葬儀に列席しながら、僕は、訃報記事をどうしようかとずっと思案していた。昭和五十七（一九八二）年からはじまった大衆演劇ブームで、美里さんがはたした役割は非常に大きかった。その桁はずれの集客力が、今日に至るまでの大衆演劇人気の礎石だったことは、関係者やファンの誰もが認める。美里英二さんの引退は、毎日新聞夕刊（大阪本社版）の平成八（一九九六）年十二月十二日の第一面に、〈大衆演劇のスーパースター『英ちゃん・男の花道』〉と大きく報じられ、翌年一月二十九日午後六時三十五分、神戸・新開地劇場での千秋楽前日の舞台を、関西テレビが夕方のニュースで生中継した。

美里英二さんは、関西で有名人であり、訃報記事が掲載される可能性がかなり高いとは考えた。もしも拒否されたら、それはそれで仕方ないと腹をくくり、新聞社の学芸部あるいは文化部に、死亡データ、美里さんの略歴と写真をメールで送信した。こと訃報告知に関しては、記者の審査は厳重をきわめ、死亡日時、死因、病院、葬儀会場、喪主、故人と僕との関係については執拗な質問攻めにあった。誤った死亡記事をのせたなら、新聞社の信用にキズがつくし、ひいては訴訟にも発展しかねない。メールを各社に送信するや否や、たてつづけに電話がはいり、それから半日がかりで対応におわれた。幸運なことに朝日、読売、毎日、産経、日本経済の大阪本社版、さらには共同通信の配信で全国の地方新聞、スポーツ新聞に美里英二さんの訃報記事が掲載された。

著名人の勲章である、『週刊新潮』（平成二十七年九月十日号）の「墓碑銘」にも美里英二さんはとりあげられ、僕は取材記者のインタビューにつきあった。微に入り細をうがつ長い電話取材だったが、迷惑とか、わずらわしいとは、ちっとも思わなかった。美里さんの芸と人、その大きな足跡を、かてくわえて大衆演劇という芸能の素晴らしさを多くの人に喧伝《けんでん》するチャンスだ、とよろこんで協力した。ご大層にも大衆演劇評論家と名のっているが、僕は大衆演劇の応援団を自認しており、ちょっと大袈裟に言えば、旅役者に人生を捧げてきたと断言しても、妄言ではないという自負はある。

新聞、週刊誌報道の影響は大きく、美里ファンから「偲ぶ会をやって欲しい」との声が寄せられた。乗りかかった船、生まれついての世話焼きであり、そのころ美里さんが乗りうつっているような高揚感も手伝って、世話人たちとともに九月三十日午後六時、大阪新阪急ホテルで「美里英二さんをお送りする会」を開いた。

落語家・桂団朝さんの司会ではじまった「お送りする会」は、まず献花のセレモニーが執りおこなわれ、百十名の出席者が遺骨と遺影を飾った祭壇にお花を手向けた。続いて世話人のジャーナリスト・石高健次さん、版画家・岩田健三郎さん、同魂会会長・紅あきらさん、劇団花吹雪・寿美英二さん、新開地劇場・森本利雄さん、山根演芸社・山根大さんが五十音順で紹介され、世話人を代表して、「お送りする会」を提案し制作全般を担当した橋本が、「美里英二さんの役者人生の終幕を、多くの人たちとお送りしたい一心でこの会を企画しました。そ

うした幕外のライターの夢をかなえていただき、感慨無量でございます」と挨拶した。引きつづいて大衆演劇界を代表し、美里さんと親族である紅あきらさんが、長きにわたって劇界をリードしてきた功績をたたえ、「美里先生のご遺徳を偲びつつ、心よりご冥福をお祈り申し上げます」と挨拶。「同じ時代を歩んできた仲間の一人として、お別れはつらい」との言葉を添えて、「春陽座」の澤村新吾さんの発声により献杯が行われました。

会場ではその後、DVD『晴れ姿！美里英二』（十五分）の三部作を上映。大衆演劇を三十有余年、ビデオ撮影してきた奥田紀之さんが特選した名舞台の、まさしく美里ワールド。芝居ファンが絶賛する『男の花道』より、実弟・美川竜二との絶妙の呼吸であやなす人形振り「櫓のお七」。美里人気を決定づけるきっかけとなった梅田花月リサイタルでの劇団員総踊り「あやめ」。座長引退後に上岡龍太郎プロデュースで公演した『美里英二を見る会』での節劇

（浪曲劇）「会津の小鉄」などがスクリーンに映写され、美里英二ファンたちがいっせいに「英ちゃん」と声をかけ、嵐のような拍手を送り、ハンカチでしきりに目頭をぬぐった。

この日、もっとも共感をよんだのが寿美英二さんの挨拶。危篤の美里さんを病院に見舞った時、手を握りしめながら芝居の話をはじめると、意識が混濁しているはずの美里さんが、強く握り返してきたというエピソードが、出席者の涙をさそった。最後に甥の美川麗士さんが謝辞を述べ、「美里先生にまなんだ芸と役者道を、ひたすら邁進して参ります」と締めくくった。

「あんたが余計なことをするから、みんなが迷惑している」という声も聞いたが、「美里英二さんをお送りする会」はおおむね好評だった。「憧れつづけてきた美里英二先生の死を、絶対に受けいれたくないが、今日こなければ、一生後悔すると思ったので、こさせてもらいました」と、目を真っ赤にして感謝してくれた座長がいた。「ご苦労さんやったな。美里さん、喜んでるで。役者さんにとっては、君は、強い味方やな」と、いままではほめてくれたことがない作詞家が、労をねぎらってくれた。美里英二ファンに後片づけを手伝ってもらい、ホテルを出て駐車場に向かおうとしたら、どうしたことか方向感覚を失い、知り尽くしているはずの梅田の街で迷子になった。心も体も、空っぽになるほどがんばったんだ。

美里英二さんといいお別れができた、と僕は思った。

Ⅲ

四十五年ほど大衆演劇を見つづけてきたが、必ずしも一人の役者だけを追っかけてきたわけではない。これまでも折にふれて記述してきたように、当初は面白半分からかい半分で舞台を見ていたが、やがて僕好みの役者に出会った。初めて心を奪われたのは外連《けれん》の初代・澤村章太郎。手に汗をにぎりながら見とれた〝四綱〟のアクロバティックな宙返り、燈籠《とうろう》抜け、竹竿での片足しばり、猫などの連続ターンには理屈抜きに感服した。

その次に心酔したのが四代目・三河家桃太郎。時代人情劇、義士物、喜劇、歌舞伎などあらゆる分野の芝居を完璧にこなす芸達者で、しかも芸全般の造詣がふかく、僕は、旅芝居の基礎知識を桃太郎に学んだ。そして、その三河家桃太郎を軸にすえ、大衆演劇の世界を記録にのこしておきたいと、昭和五十三(一九七八)年六月より楽屋で寝食をともにしながら取材をはじめた。舞台と楽屋での人間模様を間近で観察し、座長の多忙なスケジュールの合い間をぬってインタビューをかさねるうちに人となりが細見でき、一人また一人と熱中する座長がふえていった。

密着取材するまでの美里英二は、どちらかと言えば、好きなタイプの役者ではなかった。大日方満、浪花三之介と「関西の三羽烏」とよばれ、人気がブレイクする一方で、それを素直に認めればいいのに、僕には妙にへソ曲がりなところがある。芝居帰りのバスで、熱狂的なファンがまるで新興宗教の信者みたいに、「英ちゃんは、最高」と声高に言いつのるのが、なぜだか面白くなくて、「きれいなだけで、さして芸もないのに、なんで人気があるんや」と、大衆演劇をちょっぴりかじっただけなのに、僕は不遜《ふそん》にもこきおろしていた。それだから、初めて見た座長大会で、粋なマドロス姿の美里英二が登場した際の異様などよめきと客席の半狂乱ぶりが、僕には理解できなかった。

美里英二と急接近したのは、乗りこみのトラブルだった。その一部始終を拙書の『あっぱれ! 旅役者列伝』(現代書館・二〇一一年一月発行)に記しているので、「舞台の錬夢術師・美里英二」より引用させていただく。

取材に対する旅役者の心をときほぐすには、礼を尽くし、誠実に接していくしか、他に方法はないと考えた。しかも取材が興味本位や遊びではなく、本気なんだと認めてもらうために、彼らにとってはつらく、面倒な作業を手助けしようと決意した。それが乗りこみで、関東、関西、九州で取材したすべての劇団で、深夜の単純な力仕事に精を出した。

取材をはじめた昭和五十三（一九七八）年の秋、関西での乗りこみのときであった。運搬の合い間に、衣裳ケースを背負う役者や舞台にうずたかく積まれていた荷物をフラッシュ撮影していたら、劇場支配人がとんできて、「お前、何しとるんや。役者のこんな汚いとこ撮って、どないするつもりや」と胸ぐらをつかまれ、怒鳴りつけられた。一生懸命に説明したが、支配人の怒りはおさまりそうになく、仕方なく帰り仕度にかかった。その様子を見ていた座長が、二人の間に入って静かに言った。「あんたが、僕らの芝居に興味があったら、ええとこも悪いとこも全部見て、あるがままに書いてくれたらええ」。もし、あの場での取りなしがなかったら、それからの六年におよぶ取材はなかった、とつくづく思う。そのときの座長が、美里英二だった。

楽屋の美里英二は、いつも物静かで無駄口を叩かず、悪口雑言を並べることもなかった。晩年こそつまらない親父ギャグをとばして周りの失笑をかっていたが、至って温厚篤実で、いさかいや悶着《もんちゃく》を好まず、劇団員を怒鳴りつけているところを一度も見たことがない。

孤高と言うべきなのか、身にまとっている空気が、他の座長とはまるで異なり、喜怒哀楽をあからさまに表情や態度に出すことがなかった。それがために美里は計算ずくで世渡りしているようにも思え、僕は、内懐《うちぶところ》になかなかとびこめなかった。

親しくなるに従って、美里チームの一員として早朝野球にも引っぱり出された。大阪市北区の扇町公園での試合は、前夜に天満演舞場の楽屋に泊まりこみ、あるいは尼崎市から始発電車でかけつけた。

昭和五十四（一九七九）年八月二十五日、澤村謙之介チームと対戦。美里チームの出場メンバー（現在の芸名と、当時の劇団名で記載）は、一番ショート勝ひろき（嵐劇団）、二番レフト初代恋川純（嵐劇団）、三番サード淡島士郎（美里劇団）、四番セカンド美里英二、五番ファースト宝良典（嵐劇団）、六番キャッチャー美川竜二（美里劇団）、七番センター橋本正樹（助っ人）、八番ライト小松伸哉（美里劇団）、九番ピッチャー中村一夫（美里劇団）

対する澤村チームは、一番センター澤村謙之介、二番セカンド山本秀樹（助っ人）、三番ショート橘魅乃瑠（浪花劇団）、四番ピッチャー澤村新吾（澤村劇団）、五番レフト澤村京太郎（澤村劇団）、六番キャッチャー三桝豊（浪花劇団）、七番ファースト真野正明（助っ人）、八番サード二代目澤村章太郎（澤村劇団）、九番ライト浪花俊博（浪花劇団）

両チームとも他劇団の加勢をまじえた混成チームで、仮にこんな一座があるなら、是非ともプロデュースしたい、と食指を動かしたくなる、すごい顔ぶれである。それでメンバーがそろわないと、美里劇団では女形の若波かほるがライトに起用され、飛球をエラーすると、キャァと黄色い声をあげながら内股で打球を追った。

六時十分に開始した試合は、延長一〇回裏に澤村チームが一対一〇で逆転サヨナラ勝ち。試合終了は八時十分。美里英二は六打数三安打、三打点の活躍だった。

その年の十月十一日、やはり扇町公園での大日方満チーム戦。一回表の攻撃で美里英二が三遊間に内野安打し、全力疾走で一塁をかけぬけた。その瞬間、ファーストのミットが美里の足にからんで大きく転倒。診察の結果、骨に異常はなかったが、足の関節と筋を痛め、美里英二は松葉杖をついて尼崎市寿座の楽屋に帰ってきた。その時、野球道具をもって居あわせた僕は、数人のファンにとりかこまれ、「なんで、先生に野球なんか、させんねん」と、すごい剣幕でかみつかれた。その日から美里英二はしばらく、芝居にも踊りにも出演せず、歌謡ショーで歌だけを披露した。

昭和五十七（一九八二）年にはじまる大衆演劇ブームの導火線の一つとなった、初代・片岡長次郎十三回忌追善座長大会が、福岡県飯塚市の嘉穂劇場でひらかれたのが昭和五十四年九月九日。この特別興行に勝龍治、勝小龍（のちの二代目・小泉のぼる）、江味三郎（のちの美山昇二郎）、大導寺はじめらと美里英二も出演した。嘉穂劇場は、美里が大川竜之助劇団に在籍していた十七歳の時、前狂言の「喧嘩鳶」で初主演をつとめた思い出深い劇場である。その大川劇団が神戸市の新生楽園を打ちあげ、乗りこみしている最中に美里英二はドロン。その後、関西の堀江洋子、菊地市太郎、江味三郎劇団を経て、三十歳で和歌山市の戎座で一座を旗揚げした。
九州の富士川昇、坂東嘉門、大川竜之助劇団時代より、美里英二は将来を嘱望されていたそうだ。嘉穂劇場のオーナー・伊藤英子は座長大会当日、わざわざ美里の楽屋に足をはこび、「義彦やろ。こまい時から芝居は達者やったが、いまは大阪でえらい人気と聞いている。うれしかよ」と笑顔を差し向けた。「とんでもないです」と、美里は軽く首をふり、恥ずかしそうに笑った。

美里英二は座長大会の舞踊ショーで「おまえ」を踊った。実のところ、みずからの役者人生の歩みを託して、北島三郎の「歩」を踊るつもりだったのだが、師匠の大川竜之助がプログラムにすでに「歩」を書きこんでおり、ぴんから兄弟の「おまえ」に変更したのだ。九州演劇協会の二代目・片岡長次郎会長が直々に陰マイクで、「関西にこの人あり、美里英二。英ちゃん」と紹介すると、拍手と歓声が一段と大きく響いた。〽待てば　ふたりに春が来る　どんな花より　幸福な　花をおまえと　咲かそうぜ――美里英二は大粒の涙を浮かべ、およそ二十年ぶりの嘉穂劇場で「おまえ」を踊った。

尼崎の寿座は、大阪市福島区の吉野劇場、大阪府池田市の呉服座とともに三大劇場とよばれ、関西の大衆演劇では高い格式を誇っていた。ちなみに大阪新世界の朝日劇場、JR天満駅前の天満座、神戸の新開地劇場は、なおも格上と認定されていた。だが吉野劇場は昭和三十六（一九六一）年ごろにヌードに転じ、明治初年に建てられたという呉服座は、昭和四十四（一九六九）年一月に廃業し、現在は愛知県犬山市の明治村に移築保存されている。そして、僕が旅役者にのめりこみ、ホームグラウンドにしていた寿座が、一部敷地の借地契約が切れ、昭和五十七（一九八二）年三月三十日をもって閉鎖することが決定した。〝下町の玉三郎〟梅沢富美男の華々しい活躍で、大衆演劇界が活況に転じようとしている矢先の悲報で、これを機に旅芝居を見るのをやめようか、と思ったぐらいショックを受けた。

この当時の興行は半月替わりで、一月は大日方満と桜京之介、二月が市川ひと丸、三月前半が市川恵子劇団といった具合に、寿座と関係が深い劇団がラインナップされ、十六日からのサヨナラ公演、いわゆるお名残り興行を担当したのが美里英二劇団だった。そうするのが責務であるかのごとく、僕は寿座に通いつめた。

美里英二が切狂言で主演した外題は、『八百蔵吉五郎』『片腕供養』『うずまく人情』『街の放浪者』『母紅梅』『桂川力蔵』『源太郎月夜』『街の狼』『義理に泣く兄弟』『残月うらみの刃』『悲恋流れ星』『親恋峠』『渡し守の夜話』『野狐三次』『次郎長裸道中』。

「惜しまれて消える下町文化」とか「またも消える大衆演劇の灯」という見出しが新聞を飾り、テレビのニュースも流れ、美里英二人気もあいまって、寿座は連日の大入りを記録した。

千秋楽を三日後にひかえた三月二十七日の朝、座長部屋に挨拶に行くと、「もし、よかったら今日、寿座の思い出に、舞台に出てみいひんか」と美里英二にいきなり切り出された。二年前の夏、川崎市・大島劇場の若葉しげる劇団で初舞台はふんでいる。しかしながら名残り公演の大切な時期でもあり、大入り満員の舞台でしくじって劇団に迷惑をかけられない、と尻ごみしていたら、「やろ。……、やるやろ」と美里は一人決めし、ついでに武庫荘太郎という芸名までつけてくれた。『渡し守の夜話』は長谷川伸の『一本刀土俵入』を大衆演劇風にアレンジした芝居で、僕は大詰で最初に斬られる子分役だった。さらには美里英二の高価そうな衣裳を着せてもらって、歌謡ショーにも飛び入り出演。座長がギターでバンドリーダーをつとめる「美里楽団」の伴奏で、「会津の小鉄」を歌い、一万円のお花をつけてもらった。「ほんまにもらって、ええんやろか」と疑心暗鬼でお辞儀したが、三日したらやめられないという役者の心情が少し理解できたような気がした。まさしく我が人生で忘れられない、思い出の舞台となった。

口さがない座長によると、「楽屋まで押しかけてきて、あることないことを書きちらす」一介のライターに対し、石橋を叩いて渡るような慎重派の美里英二が、突然に胸襟《きょうきん》を開いたのには、それなりの理由があった。付かず離れずの距離を保ちつつ、すでに五年間も取材をつづけていた僕の人間性を承知した上で、ある大事な相談をもちかけられたのである。

話はさらに二日前の、二十六日にさかのぼる。昼の部の終演後に、「橋本君。今夜、時間あるか」と、美里英二が真顔で問いかけてきた。「はい」とうなずくと、「悪いけど、うちまできてくれへんか……。相談したい、大事な話がある」　美里英二の緑のスカイラインは、寿座を出て国道43号線を東に向かった。「われわれ役者風情《ふぜい》が、車をもてる時代がくるなんて、思ってもいなかった」、制限速度をしっかり順守しながら脇目もふらずハンドルをにぎる美里が、ぼそっとつぶやいた。かねてよりの夢だったマイカーを購入するにあたり、専属契約していた寿座の座主で、当時の劇団と劇場の親睦団体だった関西芸能新共栄会の桝原岩五郎会長に伺いをたてたそうだ。そうしてきっちりと筋を通したのは、生真面目で物堅い美里らしい。

「常打ち小屋の行き帰りに車を運転している時が、唯一のストレス解消」とも言った。大阪、尼崎、神戸の劇場で公演中は、楽屋には泊まらず、必ず自宅に帰る。スカイラインは淀川の伝法大橋を渡ると、程なく大阪市此花区の自宅に到着した。もちろん初めての訪問だった。

その夜、美里英二が言葉を選びながら語ったのは、

――笑わんと聞いて欲しいねんけど、僕な、一生に一度だけの、かなえてみたい夢がある。たった一日だけでいいから、いつもの小屋とはちがう大舞台で、大物役者になったつもりで思う存分に芝居がしたい。少しばかりお客さんがはいるようになったから、とエラソばったり、自惚れてる訳でもない。僕の、わがままなんや。たった一日だけの夢が見たい、スターになったような錯覚を味わってみたい。

もしもお客さんがはいらず、興行がこけたら、赤字は全額、僕が埋める。まだ誰にも相談していない。こんなけったいな役者の夢に、橋本君、つきおうてくれへんか――

美里英二が僕の何に期待し、そんな大事な相談をもちかけてきたのか、よくわからなかった。さらには舞台制作の何を手伝えばいいのかも不明である。ではあるが、男と見こんで真正面から頼みこまれて、逃げをうつこと

はできない。僕にやりこなせる仕事なのか、正直、不安がなくはなかったが、「はい。やらせてもらいます」と返事した。「ありがとう、やってくれるか」と美里はやんわり頬笑み、「そしたら一杯、やろ」とグラスにウィスキーをついでくれた。但しこの話は、公演の日程や会場が確定するまでは、二人だけの秘密にすることにした。

『芸能生活二十五周年記念・美里英二リサイタル』を大阪・うめだ花月で開いたのは、翌年の五月二十八日だった。美里の自宅で制作協力を依頼されてから開催にこぎつけるまで十五ヵ月を要したことになる。特別イベントについて関係者にそれとなく打診したところ、大いに賛同してくれる人がいる一方で、「組合（劇団の協会）の和を乱す」とあからさまに異をとなえる幹部もいて、制作準備がとんとん拍子で運んだわけではない。

一番の難題が会場選びだった。会場費、収容人員、利便性などから候補を絞りこんでも、美里が希望する劇場が旅役者に使用を許可してくれるとは限らない。そんなためらいもあって二の足をふんでいた時、吉本興行に強いコネをもつM企画のTさんの後押しで、イベント制作は一挙に加速した。

タイトルに芸能生活「二十五周年」記念と銘うったのは、前狂言ではあるが、『喧嘩鳶』の主演を初めてまかされ、美里英二が本格的に役者人生をスタートして二十五年、をうたったのである。四歳で『赤城の子守唄』の勘太郎を演じた初舞台から数えれば、実際の芸能生活は四十年近かったのだが……。

公演が終了して気づいて赤っ恥をかいたが、リサイタルの記載は誤りだった。なんとなく語感がよく、旅役者らしくなくて格好いいという理由で、美里と相談してリサイタルとしたが、正しくは独唱会や独奏会のことで、芝居にはふさわしくなかったのだ。

入場料は全席自由席で、前売りが二千五百円、当日が三千円と設定していた。当時の常設劇場は天満演舞場が千百円、朝日劇場と太陽演舞場が千円、新生楽園が八百円、鶴見グランドが七百円、浪速クラブが四百円だった。ところがポスターや入場券の印刷を発注する直前になって、「一人でも多くのお客さんにきて欲しいから、値下げしよう。金もうけするための興行じゃない」と美里英二が言い出し、前売券を二千円、当日券を二千五百円に急拠変更した。口さがないファンが言った「座長大会でもないのに高い」が、少しナーバスになっていた美里には引っかかったみたいだ。

公演一ヵ月前の四月二十八日、大阪・千日前のＮＳＣ（吉本総合芸能学院）で記者会見。吉本のバックアップもあってか、十名余りの記者にかこまれ、紋付袴姿の美里英二はていねいに質問に答え、神妙な面持ちでフラッシュをあびていた。その翌日、美里はスポーツ新聞を買いこみ、開演前の座長部屋に写真入りの記事をならべ、嬉し恥ずかしそうに読みくらべていた。

すでにテレビ大阪のドキュメンタリィ番組の撮影はスタートしており、在阪のテレビとラジオ番組のゲスト出演がそれぞれ二本ずつ決定していた。さらに、『週刊文春』編集部から美里英二に直々に〝イーデス・ハンソン対談〟のゲストの要請があった。「僕みたいな役者に、一流週刊誌より対談のお呼びがかかるはずがない。誰かの、いたずらやと思う。でも、もし万が一にも本当だったら、こんな嬉しいことはない……。ホンマかいたずらか、確認する方法はないやろか」と、美里より電話がはいった。さっそく吉本の広報部で調査してもらったら、本当の話だった。

『週刊文春』（昭和五十八年五月二十六日号）より〝イーデス・ハンソン対談四六八回〟の「中年女性をとろかす大衆演劇の星が大劇場に進出して・一日だけ夢を見させておくんなさい」を転載させていただく。

ハンソン　すごいブームやね。

美里　おかげさまで、いろんなところに書いてもらったり、テレビにもちょっと出してもらったりして……。以前、お客さんの中には小屋に入るのに、あたりを見まわして、サッと金を払ってコソコソ入ってくる方もいました。

ハンソン　何か悪いことをしているみたい（笑）。別にいやらしいことをやっているわけではないしね。

美里　文部省推薦みたいな芝居ばかりですよ（笑）。ぼくは舞台を離れたら、遊びも知らないし、まったく面白みのない人間です。自分で言うからまちがいないです。

ハンソン　優等生なのね。まあ、優等生にならなくちゃ、文部省推薦の芝居をやっている責任もあるし（笑）。でも、役者の中には舞台を離れても、キンキラの格好をする人がいるでしょ。

美里　ぼくはまったく地味です。

ハンソン　服の色も地味やね。

美里　舞台でガラッと変わりたいんです。「英ちゃん、よくそんなに変われるな」といわれるほど。

ハンソン　二重人格？

美里　ジキルとハイド。それ以上かも知れません。

ハンソン　梅田花月は、いつもの舞台と違うの？

美里　やることはいつも同じです。ぼくらは裏街道というか、あまりひとに知られていないところで活動してきたから、まあ、一生に一度、一日だけ錯覚させていただこうと思ったわけです。

ハンソン　どういう錯覚やろ。

美里　ちょっとえらくなったという気分だけでも。

『美里英二リサイタル』は「うめだ花月の開場以来、最高の入り」と劇場支配人が言う、二千五百人の入場者を記録した。「入場券が売れ残る可能性もある」と美里英二が自信なさ気だったので、吉本直営劇場、プレイガイド分を配布すると、残りはすべてファンに預けた。ところが美里や僕の弱腰などどこ吹く風で、二千五百枚印刷したチケットが完売してしまった。大惨事がおこらなくてよかった、といまもって冷や汗が流れるが、うめだ花月の収容人員は八百名だったのだ。

開演は午後六時半だったが、全席自由席だったために始発電車がはしると、朝五時すぎよりファンがうめだ花月にならびはじめた。午前八時には曽根崎警察署前まで列が伸び、正午に予定していた入場整理券をすぐさま発行した。

出演者は美里英二劇団の十七名、ゲストが落語家の露乃五郎、タレントの上岡龍太郎、歌手の篝《かがり》たえき、吉本からは新喜劇の木村進、原哲男、「コメディ・ナンバーワン」の坂田利夫。ちなみに原哲男は、美里英二がかつて在籍していた関西の堀江洋子劇団の仲間で、当時は五十嵐権九郎を名のっていた。

プログラムは、第一部が芝居・全四景『股旅』(『豆を食う男』を改題　作・演出美里英二)、第二部が「高砂の舞」と口上よりはじまる全八景『グランド舞踊ショー』、第三部が全十二景『ゴールデン歌謡ショー』(演奏ウエスト・ウインド)で、ショーの司会は上岡龍太郎。

『美里英二リサイタル』はまちがいなく大成功だったと思うが、僕は半日間、劇場内を駆けずりまわっていて、舞台を見た記憶がなく、記録として残しておくべき写真を一枚も撮影していない。

十五ヵ月間、さまざまなトラブルを美里と二人でクリアしてきたが、公演前日、美里英二と僕が衝突した。争点はショーでプレゼントされる一万円札のお花で、「できればマスコミに取りあげて欲しくない」というのが美里の主張だった。言い分は僕にもよくわかる。大衆演劇ブーム以来、テレビや雑誌がクローズアップするのは、一万円の乱舞や女形の変身などの珍奇さばかりだ。梅沢富美男の「下町の玉三郎」に対し、「浪速の玉三郎」とマスコミにネーミングされたことを、美里は快く思っていない。

だからと言ってわざわざ取材にきてくれた記者やカメラマンに、美里側からは何ひとつ注文をつけるべきではないし、一万円の件は取材者の判断にまかせよう、と僕は反論した。すると疲労のピークに達していたのか、「マスコミの取材はすべて断ろう」と美里は言い立てた。お互いに自説を曲げずに五分ほど口論したが、「橋本君にまかせるわ」と、結局は美里が折れてくれた。

写真週刊誌『フォーカス』（六月十日号）に「〝浪速の玉三郎〟一世一代の晴れ姿」と題し、一万円札をぶらさげた傘をもって踊る美里が紹介された。このフォーカスの〝効果〟は絶大で、映画『居酒屋兆治』『必殺！』やNHKの連続テレビ小説『いちばん太鼓』の出演、アルバム『男の舞台』（日本ビクター）で歌手デビューをはたし、美里英二は盛名を馳せていく。

その上げ潮にのって、M企画のTさんは美里英二のメジャー進出をはかったが、「役者の甲斐性は誰よりも自分がいちばん承知している。僕みたいな座長をずっと支えつづけてくれた劇団員を、路頭に迷わすことはできない」と同意しなかった。そう選択して芝居道を歩みつづけた美里英二を、日本一あっぱれな旅役者だと、いまも僕は思っている。

あとがき

オリンピックには魔物がついている、などとスポーツの実況中継で常套句になった感がある「魔物がついている」を、初めて文章にしたのは僕ではなかったか、とかねがね思いこんでいた。特許を申請したわけでもなく、別段どうってことでもないが、魔物つきには僕なりのこだわりがある。

まえがきでも記したように、永六輔さんに勧められ、月刊誌『話の特集』に年一回のペースで雑文を発表していた。大衆演劇、河内音頭とともに題材にしてきたのが、阪神甲子園球場のトラキチ（熱狂的なタイガースファン）。昭和三十九（一九六四）年に優勝して以降、ジャイアンツの九連覇をふくめ、十五年間も優勝から見放されたトラキチの悲哀を描いたのが、昭和五十四（一九七九）年十二月号の「クレイジータイガースその後・広い世間を狭くして」で、「タイガースが優勝するまで結婚しない会」を、歌手の新谷のり子さんや心友の岩田健三郎さんらと結成していた僕は、やけくそで甲子園魔物論を展開した。

〈阪神甲子園球場には魔物がいる、と僕は密かに信じている。負けて絵になるのは西本幸雄監督と阪神タイガースだと言われているが、わがタイガースの脆さは甲子園球場が魔物憑きとしか考えられない。世界には多くのスポーツ種目と競技大会があるが、敗者を称賛する大会は春と夏の高校野球をおいて他にない。延長戦のサヨナラ負けでも大差の敗戦でも、一回戦でも決勝戦でも、敗者をつつみこむ温かい拍手は不変である。時にはその拍手は、試合中の逆転ホームランより大きく長く大マンモスを揺るがす。これが魔物の正体である。タイガースの本拠地、阪神甲子園球場には、敗者に共感する魔物が棲みついている〉

この文章を発表した翌年から、在阪局のプロ野球実況で、アナウンサーが魔物のフレーズをよく口にするようになり、やがて全国にひろがったみたいだ。と、さかしらに開陳したが、とっくの昔に魔物と表現したライターがいたなら、とんだお笑い草なのだが……。

ところが、阪神甲子園球場よりも魔物がついていると強く感じたのが、旅役者の世界だった。典型的な庶民の街である兵庫県尼崎市で生まれ育ったせいか、僕は、いわゆるサブカルチャー（裏通り的文化）が大好きで、肩肘をはらずにつきあえる大衆演劇と河内音頭を四十年ほど取材してきた。幸いなことに大衆演劇界では、梅沢富美男、松井誠、早乙女太一を輩出し、その時どきに脚光をあびてきたが、いまもって大衆演劇の魅力が一般的に知れ渡ったとは言いがたい。それゆえに、大衆演劇の応援団長を自認する僕は、旅役者たちの芸と人となり、舞台と楽屋人生、時代背景、家族、師弟の絆と葛藤などを詳しく記録してきたつもりである。そうして全国の常設劇場やヘルスセンターで垣間見た、血と汗と涙にまみれながらも、ひたすら観客サービスに徹する旅役者に、魔物がついていると確信したのだ。

本書は、大衆演劇専門誌『演劇グラフ』二〇一二年十二月号より二〇一六年三月号に連載した『あっぱれ役者街道』『あっぱれ役者水滸伝』をまとめ、四代目・三河家桃太郎の追悼記事を書きおろしました。『あっぱれ！旅役者列伝』『晴れ姿！旅役者街道』につづく、シリーズ三作目となる。併せてお読みいただければ、昭和と平成の大衆演劇をとくとご理解いただけるかと存じます。

前の二作と同じく『演劇グラフ』の菅野雅之さん、田中健次さん、装丁を担当いただいた版画家の岩田健三郎さん、写真家の臼田雅宏さんにご協力を賜りました。現代書館の菊地泰博さんに心より謝意を申し上げます。

二〇一六年十二月

橋本　正樹

参考文献

長田幹彦『旅役者』瀧書店　1947年
浅香光代『女剣劇』学風書院　1958年
大井広介『ちゃんばら芸術史』実業之日本社　1959年
鶴見俊輔ほか編『日本の大衆芸術』社会思想社　1962年
三田純一『上方芸能』三一書房　1971年
村松駿吉『旅芝居の生活』雄山閣、1972年
留美坂英編『定本嘉穂劇場物語』創思社出版、1977年
小林伸男ほか『三吉橋界隈のこと』疾風怒涛社、1979年
川嶋康男『北の昭和放浪芸』太陽、1979年
後藤みな子『女芸人聞書』潮出版社、1981年
筑紫美主子『旅芸人の唄』葦書房、1981年
南博ほか編『大衆劇団の世界─かぶく』白水社、1982年
大江美智子『女の花道』講談社、1982年
九州演劇協会編『旅役者座長銘々大全集』創思社出版、1982年
橋本正樹『旅姿男の花道』白水社、1983年
梅沢冨美男『下町の玉三郎・夢芝居』有楽出版社、1983年
内川秀治『役者バカだよ人生は─博多淡海物語』創思社出版、1984年
美里英二『俺は天下の旅役者』祥文社、1984年
村松友視『反則すれすれ夢芝居』講談社、1984年
森崎和江『悲しすぎて笑う─女座長筑紫美主子の半生』文藝春秋、1985年
飯田一夫『旅回り松園桃子一座』筑摩書房、1986年
内川秀治『わがいちばん太鼓』創思社出版、1986年
竹沢龍千代『旅の終りに』文園社　1988年
森秀男『夢まぼろし女剣劇』筑摩書房、1992年
銅野陽一『心棒ひとすじ・嘉穂劇場物語・伊藤英子聞書』西日本新聞社、1993年
鵜飼正樹『大衆演劇への道─南條まさきの一年二カ月』未來社、1994年
盛田嘉徳『中世賎民と雑芸能の研究』雄山閣　1994年
吉見俊哉編『都市の空間　都市の身体』勁草書房　1996年
松井誠『座長・誠！』光文社、1999年
伊井一郎『女剣一代・中野弘子伝』新宿書房　2003年
三咲てつや『楽屋つれづれ草』三咲プロダクション　2005年
沖浦和光『日本民衆文化の原郷』文藝春秋　2006年
沖浦和光『旅芸人のいた風景』文藝春秋　2007年
橋本正樹『あっぱれ！旅役者列伝』現代書館　2011年
白幡洋三郎編『都市歴史博覧』笠間書院　2011年
橋本正樹『晴れ姿！旅役者街道』現代書館　2014年
木丸みさき『わたしの舞台は舞台裏』KADOKAWA　2014年
季刊『上方芸能』66号〈関西の大衆演劇・その光と影〉上方芸能1980年
月刊『演劇グラフ』1〜184号　演劇グラフ事業部　2002〜2016年
別冊『芝居通信・大衆演劇座長名鑑』芝居通信、2003年
季刊『上方芸能』170号〈大衆演劇が熱い〉上方芸能　2008年
冊子『新世界　朝日劇場の百年』橋本土地興行　2012年
会誌『日仏文化』84号　日仏会館　2015年

橋本正樹（はしもと・まさき）

一九四七年、兵庫県尼崎市生まれ。明治大学文学部演劇学専攻卒業。

大衆演劇研究の先駆者であり、第一人者。一九八五年放送のＮＨＫ朝の連続テレビ小説『いちばん太鼓』の考証を担当。

河内音頭の普及に尽力。中国・上海、アメリカ・ラスベガスや東京・国立小劇場、錦糸町大盆踊り大会など国内外の公演をマネージメント。作詞した河内音頭は十数作を数える。

著書に『竹田の子守唄』（自費出版）、『旅姿男の花道』（白水社）、『あっぱれ！旅役者列伝』『晴れ姿！旅役者街道』（現代書館）、共書に『かぶく──大衆劇団の世界』『上方笑芸の世界』（白水社）など。

風雪《ふうせつ》！　旅役者水滸伝《たびやくしゃすいこでん》

二〇一六年十二月十日　第一版第一刷発行

著　者　橋本正樹
発行者　菊地泰博
発行所　株式会社　現代書館
東京都千代田区飯田橋三―二―五
郵便番号　１０２-００７２
電　話　０３（３２２１）１３２１
ＦＡＸ　０３（３２６２）５９０６
振　替　００１２０-３-８３７２５
組　版　デザイン・編集室エディット
印刷所　平河工業社（本文）
東光印刷所（カバー）
製本所　積信堂
装　丁　岩田健三郎

校正協力・西川亘

ISBN 978-4-7684-7650-5
定価はカバーに表示してあります。落丁本・乱丁本はお取り替えいたします。
http://www.gendaishokan.co.jp/

晴れ姿！ 旅役者街道

橋本正樹 著／装丁 岩田健三郎

A5判上製 264ページ／2300円＋税

近年オープンの劇場は、「低料金で気楽に」から「最高の舞台で最高の芝居」を志向し始めている。前作『あっぱれ！ 旅役者列伝』に登場した座長の大半が戦前生まれであったのに対し、本書では次世代と戦後派の代表的座長19名を紹介。大衆演劇の歴史と用語解説も掲載！ また、関東・東海・九州の劇場事情も詳しく紹介する。

見海堂 駿
紀伊国屋章太郎
二代目・南條 隆
小林真弓
二代目・小林隆次郎
旗 丈司
二代目・都 城太郎
勝 龍治
かつき浩二郎
澤村新吾
大導寺はじめ
橘 魅乃瑠
二代目・梅田英太郎
不二浪新太郎
三咲てつや
高峰調士
美影 愛
近江竜子
明石たけ代